华为管理内训丛书

华为你学不会

孙科柳 易生俊 陈林空 著

中国人民大学出版社
·北京·

是什么使华为快速发展呢？是一种哲学思维，它根植于广大骨干的心中。这就是"以客户为中心，以奋斗者为本，长期坚持艰苦奋斗"的文化。

——任正非

经过近 30 年的发展，华为已经成为一种现象，成为众多中国企业学习的标杆。"华为现象"代表着中国 30 多年改革开放的经济成就和经营管理成就，对"华为现象"的研究某种意义上也是对中国企业经营管理的研究。正是因为这种意义，本书作为一个课题，获得了多位管理研究专家、企业管理者以及华为工作人员等多方面的支持和帮助，他们为本书的内容研究贡献了自己的智慧，在此我们致以诚挚敬意。

（按姓氏笔画排序）

王　杰　南方泵业股份有限公司人力资源总监

王　霁　中国人民大学管理哲学研究中心主任

左　骏　用友网络股份有限公司高级副总裁

吕意凡　国美集团副总裁 &CIO

刘智强　华中科技大学管理学院教授

孙　丽　北京华通正元管理咨询公司管理研究员

孙亚彬　华商永续精益生产咨询公司总经理

李　场　广州蓝水晶企业管理咨询服务有限公司总经理

张　展　厦门网中网软件有限公司副总经理

陈燕婷　新华社中国新兴领军者研究推广中心记者

罗建华　顺丰速运人力资源部经营人才管理负责人

季勇军　曾任华为客户经理、华三通信行业代表，现任上海智臻智能网络公司北方大区总监

周文明　华为原 2012 实验室网络安全研究员，现从事金融投资行业

封扬帆　柠聚力科技 CEO，财经作家

钟虹添　中国人才战略学院院长，美国和思顾问集团首席专家

侯振锋　职通线教育科技（北京）股份有限公司副总裁

夏　凯　销售罗盘创始人，原用友高管

柴金山　华为原开发中心 PL（项目负责人），现任深圳创捷科技公司第一事业部总经理

郭楚凡　知名培训师，曾任华为市场部经理、中兴通讯市场总监

唐锦忠　深圳市女神时代投资有限公司董事长

彭剑锋　《华为公司基本法》起草小组组长，中国人民大学教授

蒋云飞　容纳咨询集团董事长

路　雷　顺丰速运华南大区销售管理负责人

臧云鹏　《华为真相》总策划

潦　寒　作家，学者，企业副总，《销售与管理》主笔

《华为公司基本法》起草小组组长、中国人民大学教授 彭剑锋

1996 年年初受任正非先生的邀请，我与包政、黄卫伟、吴春波等人大六君子进入华为，参与《华为公司基本法》的草拟工作。如同任正非先生在其文章中所描述的那样，当时的华为既面临发展方向选择的迷惘，又面临高速成长中管理链条被撕裂、组织乏力、管理体系与人才队伍跟不上发展等诸多问题。《华为公司基本法》帮助任正非及高层管理团队完成了对企业未来发展的系统思考，确立了华为成为世界级企业的关键驱动要素和管理规则体系，使华为上下对未来的发展达成共识，形成凝聚力，力出一孔，走出混沌。同时，它也开启了华为全面管理体系建设的步伐。二十年弹指一挥间，今天我们再看华为的成长奇迹：1992 年华为的销售收入 1 亿元，1999 年突破 100 亿元，2008 年突破 1 000 亿元达到 1 250 亿元，2015 年达到 3 900 亿元，2016 年华为销售收入将达到 800 亿美元，2018 年将步入千亿级美元行列。华为在中国经济步入下行，中国绝大多数企业身陷成长困境之时，又创造了中国企业高速成长的奇迹。从华为的成长曲线我们可以看到，华为的成长不是波浪式，而是连续挺拔而均衡的，这在世界企业的成长史上都是独特而与众不同的。华为为什么能不断突破企业成长的瓶颈，不断跨越企业成功的陷阱，让竞争对手由"轻视"华为到"平视"华为，最后到重视华为，畏惧华为，最终到尊重华为？这是全球企业家和学者都想探究的。

成者为王，败者为寇！市场只承认成功者，作为成功者的华为已然成为中国甚至全球企业最优实践的学习标杆，学习、模仿华为的管理已成为一种现象，这是一件令人欣慰的事，标志着中国企业不仅为全球 GDP 的增长在做贡献，也在为世界的管理思想和最优实践在做贡献。

中国企业的发展历史其实相当短暂，我们对企业经营管理的认识、理解也有一个慢慢积累和沉淀的过程。在这一过程中，从市场竞争中发展起来的企业，华为、联想、海尔可以称为第一批，这些企业或多或少都带有一种鲜明的中国时代特征和企业家个性风格：它们都是伴随着中国经济的发展成长起来的，其文化都烙上了企业家的个性特点，它们都在探索前行的过程中积累了丰富的经营管理经验，当然也都走过各式各样的弯路。它们坚持到现在，发展成为今天这样的企业，可谓九死一生。如果它们的经营管理经验不值得借鉴，那还有什么企业的经营管理经验值得借鉴呢？

人们常说"前事不忘，后事之师"，人们还说"他山之石，可以攻玉"，这是企业经营者应当具备的心智视野。进一步要考虑的问题是，我们究竟应该怎样学习华为，"他山之石"怎样才能为我所用？在现阶段，中国绝大多数企业与华为的差距还是很大的，华为的技术创新能力、系统化管理平台及人才厚度不是一日之功。我们当然不能拿一个刚刚发展起来的中小企业跟华为比，要求这样的企业一分不差地照猫画虎学华为，那当然都是离题万里。

最近一次在与任总交流时，我问任总华为的成功如果用一个字概括，是什么？任总回答："傻！"认准方向傻干、傻付出、傻投入，真正做到以客户为中心，以奋斗者为本。学华为也来不得半点虚假，不能走形式、耍花架子，一定要考虑两个问题：务实的理念和发展的远见。我认为，这两个方面的特质也是我们很多企业所欠缺的。华为是很务实的，一直以来华为倡导的是艰苦奋斗精神，要有危机感，努力地"活下去"，这些理念很实际、很质朴。企业经营管理容不得花架子，市场竞争靠的是真刀实枪。务实是什么？务实是尊重实际、克服不足，是不断地补足短板、修炼内功，最终真真切切地满足客户的需求。

　　用务实的态度去经营企业，就要想到企业的成长发展不能依靠投机，不能有侥幸心理，要踏踏实实地依据自身的企业环境、经营条件做好基础管理和业务建设，要持续不断地改善自身的基础管理水平和业务成长能力。反观一些企业，基本管理体系很不规范、业务运行没有保障、人员管理水平很差，经营过程中各种"低级问题"一而再地产生，这样的企业经不起风吹浪打，依赖一时机会的成功也常常会昙花一现。

　　当然，光靠务实也不行，经营者还要有远见。我这里所说的远见不是说你要看到未来的社会经济图景，企业家不是预测未来的超人，也不需要当这样的超人。我说的远见，是有意识地为未来做准备。现在有人总结说，华为的成功有两个凭力之处：一是管理，二是技术。华为从 20 世纪 90 年代起开始搞管理体系建设，然后日复一日地不断完善，其实这既是务实的选择，也是抓到根本的、有远见的举措；说到技术，华为就更是如此了，世人皆知华为在技术研发方面是很舍得投入的。现在看华为的领导班子布局问题，也是如此。真正的远见是从企业的发展出发，抓住核心发展驱动要素，为未来谋划，为变化做好准备。

　　务实和远见这两者在逻辑上本身没有冲突，但是在经营管理实践中常常会成为一个矛盾问题。有的企业只看到眼下的收益，过于沉迷于当下的问题或者成就，对未来的投入不足；有的企业好高骛远，还没跑起来就想飞。这两种情况当然都不是企业长久发展之道。要平衡现在和未来，企业既要把基础夯实，练好基本功，也要有投入的眼光和远见。

　　客观地说，华为很难学，但也要学，这是对多数企业过去多年里粗放发展的补课。《华为你学不会》一书，提供了一个系统学习的视角，是读者们学习华为的一个窗口。受邀为此书作序，借此也表达了我自己的观点，希望对读者朋友们有益！

2015 年 12 月 19 日

国美集团副总裁&CIO　吕意凡

经过近 30 年的成长，华为已经成为国内最优秀的民营企业之一，引起了极大的关注。当下，更是兴起了一股学习华为的热潮，应该说这是一件好事，中国企业从学习外国企业转向学习咱们自己的企业，值得骄傲和欣慰。但是，布道者们往往对华为的成功加上自己的理解和演绎，更多的是在展示自己的观点、深度和境界，违背了学习的初衷，掩盖了华为的真相，反而令学习者迷惑了。

面对华为今天的巨大成功，不去思考其发展过程和昨天，一味地处于仰视的角度，就容易陷入盲目崇拜和冲动学习，这容易爱屋及乌，偏离学习本身。学习华为之后，不可能再创一家华为，聪明的做法是体悟华为的经验，运用于自己的企业。诚然，一个公司的成功秘诀，并非显而易见，探究和学习并不容易。但是，从一些基本的思路出发，探求本质，我们或可一窥端倪。

简单心态学习

一个人的成功，一个企业的成功，其实往往很简单，并不复杂。

任正非刚从南油出来时，和普通人并没有多大区别。以至于他当时南油的同事，对他后来能够把华为做得这么成功和展示出的才能，感到很吃惊，这说

V

明他在南油时并没有展现出太多的过人之处。他的这种才能更多的是在他经营华为的过程中获得的，与他经历的事、见过的人和遭遇的困难有关。任正非没有时间和人闲扯，几乎从不喝酒，从不抽烟，也从不坐下来品茶，而是有计划地去选书读，有计划地和人交流。他一直处在学习、思考、求生存状态，对现实的担忧和对未来的向往，驱使着他不断地前行。长期艰苦奋斗，他身体患有多种疾病，动过两次癌症手术。在他身上形成了一种感召力，他用自己的身教垂范他人。以这种精神从事其他行业，相信任正非也能成功。用任正非的话说："因为我不比别人差，我又如此拼命，怎么会不行呢？没道理呀。"能够这样做事，不成功反而不正常了。其实道理都很简单，大多数人也都知道，但是就是做不到，所以成功的只是少数人。

司马迁的《史记》里有一篇《货殖列传》，对西汉富豪们的致富秘诀进行了总结，答案只有一句话——"此皆诚壹之所致"，就是专心经营一件事的意思。这句话放到现代同样适用。华为的成功也不例外。华为围绕通信行业，提出"聚焦管道战略"，一心一意就做一件事，包括现在大力做的手机业务也是围绕这件事。通过制定《华为公司基本法》，更是从制度上确保了华为长期行驶在既定的航道上，有的只是小的调整和纠偏。而许多企业，经不住诱惑，今天房地产挣钱就做房地产，明天金融挣钱就改做金融，后天手机挣钱又改做手机，三心二意，没有定力和坚持，又怎么能把企业做好。

系统理性学习

企业是一个系统，具有一套自己的内在运行逻辑，所以学习一个企业，一定要系统理性地学习。华为这些年发展这么好，有人说华为的研发好我就学华为的研发，华为的人力资源好我就学华为的人力资源，华为的项目管理好我就学华为的项目管理，听着很有道理，也很有针对性，实则不然。这就像苹果手机一样，各项配置可能都不是最高的，但它用起来体验却是最好的。而有些手机，某方面配置确实如宣传的一样是业界第一，但是运行效果却并不好，原因就是不兼容，单项第一的优势发挥不出来。做企业也一样，你学华为的长期艰苦奋斗，教育员工要做一个奋斗者，但是却不给员工高工资和股份，没有配套的绩效管理体系，说破天又能有什么用？你学华为的研发，却舍不得研发投入，而华为的研发人员占了几乎一半，你能成功吗？

所以学习一个企业，绝不能浮于表面、照搬照抄，一定是系统地学习，理性地思考，体悟其成功的经验，借鉴到自己企业的运营中。这正是《华为你学不会》这本书的不同之处，也是我推荐这本书的主要原因。

成长对标学习

学习一个企业，如果一定要说有捷径的话，大概就是成长对标学习。但凡一个企业值得学习，肯定是它已经取得了某种意义上的成功。华为发展到目前的体量，2015 年已经有 17 万人，销售额 3 900 亿元，而很多学习的企业可能就几百人，营业额也就几亿元，直接把华为成功的做法复制过来，肯定不合适。就像一个小孩向成年人学习健身一样，更加恐怖的是这个成年人还是运动冠军级别的，这就很可能不但达不到健身的目的，还很有可能早早地就把身体练垮了。更科学的方法可能应该是，看看这个成年人在他还处于小孩这个阶段时，他是怎么补充营养的，他是怎么健身的。

更特殊的是，向企业学习，即使成长阶段相同，相同的阶段所处的市场环境也不可能完全相同，所谓"世易时移"，企业还要适当地变通，进行"环境还原"，才能真正消化吸收，达到学习的目的。

华为成功的原因很简单，但是学习华为却并不简单，关键是知道了能不能做到，知行能不能合一，重要的不在于"知"，而在于"行"。我希望通过《华为你学不会》这本书，大家可以更好地学习华为，也希望华为能够发展得越来越好，最后也希望中国能有更多华为一样的企业。

写作缘起

大概是从 2005 年起，我们的团队开始接触很多企业，为他们提供管理上的建议、咨询和辅导工作。时光过隙。在这十年，中国企业快速扩张发展，并经历了 2008 年经济危机的洗礼，现今又迅然迈进互联网整合的大变革时代。似乎，国内的企业和企业家们一刻也无法消停地被迫应对疾变的环境，常如海上扁舟，漂浮不定。

然而，细致观察则会发现，一些积极的变化正在发生，包括企业经营者的视野、经营意识、产业结构升级的意愿，劳动者群体的创造力、社会大众对商业企业的认识等，多方面的变化正在静静地但大范围地改变着企业的生态。那些经过危机洗礼的企业以及新一批企业也正在以崭新的理念、更宽阔的格局迎接这个时代各种不确定的经营挑战。

诸多变化中尤为明显的是，大量企业开始严肃地对待企业的运营管理工作。人们意识到，必须向运营管理要适应力，要竞争力，要发展力。这是相对而言的，过去我们也认同管理重要，但绝没有像今天的认识这样深刻，这样自觉紧迫。

由此，几乎自然而然地，华为公司再一次回归人们关注的焦点。长期以来，华为公司是中国企业经营管理的一个符号。而最近几年里，华为逆势增长，在国际市场上不断拓展；同时，当社会都在呼吁互联网思维的时候，华为几乎悄无声息但却迅速地发展起了自身的智能手机业务，并取得巨大成绩。很多人惊讶于华为的谋篇布局能力，惊讶于华为如何能够如此从容地应对经济变化。如果把时间线拉得更长一些的话，华为表现出这种能力当然不止一次，华为似乎总是能够在一次次经济变局中突破瓶颈或障碍而凤凰涅槃，其发展也许恰如任正非自己期许的那样，"烧不死的鸟就是凤凰"。华为很可能已经成了那只烧不死的鸟。

今天的企业管理者对华为的感情既包含着惊叹，包含着作为民族企业的自豪和认同感，也包含着一种更深刻的认知状态：华为的经营管理哲学是有着鲜明中国文化特色的管理哲学，华为的成功也表明中国企业可以有也应该有属于自身文化环境下的管理思想和管理模式，而不仅仅是照搬照抄西方企业的管理理论。更进一步，那些还在进行管理摸索的企业，向身边的、同属一个文化血统的华为学习也许客观上要好过学习西方企业那一套理论和思想。

正是这样，当下中国的企业界掀起一股向华为学习的风潮。很多企业试图学习华为的管理，把华为当作榜样来推进企业自身的管理水平提升。由于工作上的便利，我们接触过很多这样的企业，我们也向这些企业提供过不少管理教育与咨询辅导。但是，我们所能帮助的企业，其数量毕竟是有限的。而另一方面，众多企业在学习华为的经营管理时，往往是盲目的、不科学的。一些企业要学习华为的狼性文化，却没有意识到基础业务管理、人员组织混乱无序；一些企业试图学习华为的项目制管理，却没有意识到激励系统、权责系统很不健全不健康……我们接触的这样的企业很多，更别提我们没接触过的众多企业。

我们为什么要写这本书？答案清晰明了：我们希望那些向华为学习的企业，客观地、系统地、理性地了解华为的企业经营逻辑，我们以此书给那些学习者以系统的学习框架和问题视角，避免企业停留在肤浅地照搬照抄、人云亦云层面上。应该说，大部分企业经不起管理上的反复振荡，深入现实、冷静思考，才能最大程度地降低管理革新的风险。还应该说，我们虽诚惶诚恐但不惮于借"学习华为"之命题出版这样一本书，也与当下管理群体、管理研究者的浮躁有关，浮躁者当然不深入，当然误人误己，我们谨希望这本书更深入一些。

学华为，应该怎么学？

企业是一个系统，这不是理论上的言说，而是管理实践中必须具备的视野。换言之，你必须把企业当成一个生态系统来对待，这就是系统思维的一般要求。或者可以这样说：要有效地进行企业管理水平升级再造，必须以系统思维方式和系统方法来推进。

现在有很多人发表自己的观点，认为华为是学不会的，他们的理由各式各样，他们的观点当然都具有参考性。而在我们看来，根本性的障碍是，一个企业与另一个企业无论看起来多么相近，事实上仍然是完全不同的某种"系统"。它们在管理体制、领导风格、市场环境、业务特征、发展阶段、资源条件等各个方面的差异，决定了我们无法把某个企业现成的经营策略和管理措施独立抽取出来加以学习，我们也不能寄希望"这种学习"能够见到成效。

当然，这并不意味着我们不需要学习华为。客观上说，即使企业经营策略和管理措施有很大的不同，但是有一点始终是应该记住的：企业经营管理有其基本规律，企业的经营发展也存在着基本的逻辑。学习华为，与其学习华为的管理策略之类的手段，不如深入进去研究华为的基本经营管理逻辑和成长逻辑。如果认同这样的观点，那么下面提出的四个方面的思维方式，就尤其值得注意：

1. 要了解华为的成长逻辑，掌握发展性思维方法

必须认识到，罗马不是一天建成的，华为也不是。每一个企业的起点是不同的，要用发展的眼光看待自己的企业。发展的眼光意味着思考：我们的现状如何？我们处在哪个起点上？在哪个管理水平阶段？在这个起点和阶段上，我们应该做什么？我们这样做将如何发展起来？

当你学习华为今天的成功时，你必须考虑到华为在其发展过程中所走的每一步都是依据自身的情况来推行的，而这种推行也始终遵循着它自身经营管理的发展理念。问题是，你们企业的发展理念是什么？你们企业的发展方向、发展路径，以及可行的发展策略是什么？弄明白这些问题，再看华为。或者说，

通过看华为知晓自身也必须发展自身的发展理念和成长逻辑，以及它们应该是什么，这样才能有所收获。

某种程度上说，华为的昨天可能是我们的今天，而华为的今天可能是我们的未来。华为发展至今，它的整个发展过程并不是割裂开来的，其管理模式的发展是随着时代和市场需求的嬗变而不断演进的。如果孤立地去看华为某个阶段的管理经营成功经验并直接拿来为己用，这势必是难以成功的。

2. 了解华为经营管理策略的来龙去脉，掌握问题思维方法

经营管理始终是面向问题的。任何一个企业，无论是不是华为，当它采取某种业内人士看来"非常成功"的经营策略和管理方法时，它一定是为了解决某种问题。问题常常是有普遍性的。例如，人的积极性问题、创造力问题，或者结构问题、流程问题、企业市场空间问题、竞争问题，等等。华为会遇到这些问题，其他企业也会遇到。华为依据自身的体量、理念来处理这些问题，发展自己的经营策略。

我们学习华为当然不能只看到它的策略、它的方法，我们还要看到策略和方法究竟是解决什么问题的，成效怎么样。换言之，学习华为要深入进去了解问题背景，用问题思维方法来改善自身的管理工作。如果我们本身并没有这个问题，而存在另一种问题，却偏偏要去学某种方法，这就很愚蠢。当然，当你知道华为在问题面前创造性地发展了各种不同的经营策略和管理方法，你是不是也可以依据自身的问题和情况创造性地发展别的方法呢？也许达到后面这种状态，才是最有利你的经营管理工作的。

3. 要认识到企业系统的关联性，掌握系统思维方法

我们曾受邀调研一家企业，这家企业把华为狼性文化列为标杆，说我们就要学习这种狼性文化，但是学不下去，员工反对。然后，我们问这家企业的领导：员工的工资水平怎么样？员工的绩效是如何评价的？员工们如何安排、评价自己的工作？调研的结果是：他们的工资水平在地区内保持中等水平，员工的绩效评估与薪酬是脱节的，岗位责任大、范围不明确。员工为什么反对？原因很简单：我凭什么这么辛苦为公司做贡献？公司希望我们变成狼，对我自己

有什么好处？我们只需要听上级的安排就行了。

这些人性上的问题其实简单明了，企业领导者看不明白吗？不完全是。依我们看，原因有两点：第一，要扎实地做好企业的基础管理客观上是很辛苦的事情，企业领导或者管理层经常投机取巧，寄希望于一步到位的奇迹发生；第二，企业的现状，包括经济条件、体制等，提供不了更好的工作环境、发展空间支持，但企业又希望发展出更好的管理效果，所以顾头不顾腚，闷着头朝前走。

清醒一些，系统地看待自身的企业运行的各方面，然后量体裁衣发展自身的经营管理系统是重要的。这意味着，你首先要关注企业经营管理基础层面的建设问题，要把经营管理的基本要素作为一个系统，打造好这个系统，然后在此基础上才可能有效地发展创造性的经营管理策略。所以，德鲁克才有这样的观点：管理者最重要的任务是对基本要素的优化管理，基本要素的恶化才是企业衰败的原因。

4. 要从华为的特性出发，看出自身企业经营环境的特殊要求

华为在经营管理上始终是具体的个案，我们每一个企业也是个案。个案之间的行业现状、自身水平、发展环境等情况，可能截然不同。在这些截然不同的情况中，存在一些通用的管理思路，也有一些是特殊的要求。问题在于，一般性要求的满足常常只是基本条件的满足，产生决定性力量的往往是对特殊性要求的满足。所以，我们该怎么做？建设好基本面，然后依据自身企业的特性发展适用性的方法。在这方面，你可以借鉴华为处理特殊问题的思路、逻辑和风格，但关键是你自身找自己的方式。

综合以上的看法，与其说我们写这本书的目的是让你学习华为，不如说是通过华为这一个案例学会系统地考虑企业经营管理的发展要素；向华为学习也不是试图成为另一个华为（这也许根本不可能），而是要从华为的发展历程中发现建设一个企业的逻辑参考。我们的企业未必都要成为华为，但可以成为与华为一样有着自身鲜明理念、发展思路、发展特色和成长活力的企业。

本书内容与研究方法

当你考察一个企业的时候，你应该怎么看呢？就如同现在你要了解华为，

你应该有怎样的系统视角？我们的观点是，任何一个企业的经营管理工作，都可以列为五个相互联系、相互支持但又相对独立的领域，分别是"组织方式"、"战略管理"、"领导体制"、"管理科学"以及组织群体执行任务的"工作方法"。为了便于更深刻地理解和记忆，我们研究团队将上述五个方面组成的系统框架命名为"五维（5w）管理系统"。

1. 对本书框架的说明

应该说，无论一个企业经营什么产品，在哪个市场领域——产品和市场领域可以依据变化调整，就像华为不断更新自身的产品线而同样确保成功一样——企业本身都需要一套运营体系和方法。运营体系和方法正是企业不断发展、不断获得突破的内在原生力量。而这套运营体系和方法无一例外地必然包含着我们所述的五个相关支持的方面，即"组织方式"、"战略管理"、"领导体制"、"管理科学"以及企业内各种人员在任务执行层面的"工作方法"。

（1）组织方式：解决"资源在哪里、怎么整合"的问题。不理解组织概念的人是做不好经营管理的，"有效组织"是企业运营体系的先决条件。有效地组织意味着企业不是一盘散沙，意味着高度整合从而形成真正的聚合力量。所以，管理学研究上有一种普遍认可的说法：企业的力量就蕴含在"有效组织"之中。没有科学组织的企业是注定走不了多远的。我们已经见识过小米如何创造性地组织企业内外部资源展开营销，我们也听说过斯隆如何通过"组织方式"变革改造企业，这正是组织的特定意义所在。

组织问题包含着这样的要素：我们有什么资源（以何如何获取资源）？这些资源如何有机地分配、整合起来？这些分配、整合的资源以怎样的方式产生价值？资源整合的力量足以支持企业的长远发展吗？等等。人财物，无形的知识技术、信息、市场与客户群体、群体的创造力等都是资源。每一个从事企业管理工作的人，首先要盘点自己的资源，然后再创造性地发展资源的整合方式。经过多年的发展，华为已经形成了自己系统的组织哲学和先进的组织方式，这就包括开放式的组织理念，以使命感和奋斗精神为基本的组织内涵，系统的资源整合方式，注重人员和企业成长的学习型、批判型文化，等等，这些实践探索都可以成为管理者的参考。

（2）战略管理：解决"朝哪个方向走、做什么"的问题。把各种不同的零件组装成一辆车并能够高速运转起来是组织问题，车往何处走，走哪条路，这条路上的沟沟坎坎怎么跨过，则是战略问题。很多人认为，战略是空洞之物，而事实上只要企业有明确的、合适的战略（多数企业确实没有在这方面下多大的功夫），它对企业的拉动牵引、资源聚焦，以及发展变化的预见性等都大有裨益。所以，企业要讨论的不是要不要战略，而是要怎样的符合自身发展方式的战略导向、路径以及约束方式。

企业中存在的战略盲目、战略否定会导致预见性谋划不足、后续发展乏力、不恰当的扩张和收缩、商业决策缺乏判断标准、受市场变化的严重干扰等。若一个企业没有明确的方向、目标导向，经常性临时起意、市场投机，谈坚持、谈奋斗、谈理想，那几乎相当于笑话。我们看到，华为的一个鲜明特色是始终保持着战略定力，它始终坚持自己的战略理念，包括管道战略、系统的规划、创新发展等。华为不是不犯错，但基本发展战略一脉相承，并在策略上不断补充和修正。正是这种坚持、韧劲以及不断反省修正的战略定力，指导着华为日渐强大。我们也可以犯错，但我们坚持的是什么呢，或者我们始终在摇摆不定中？如果有这种坚持，我们需要在哪些方面不断完善呢？这也是很多企业要思考的。

（3）领导体制：解决"怎么指挥与协调"的问题。一艘船要有个好船长，好船长要团结好大副、水手，在狂风暴雨中能够集众智想办法，协力前行；一个企业也要有好领导，领导们还要能够团结、整合各级干部的聪明才智，这是"领导体制"的部分。在任何一个企业中，"领导体制"都是一个严肃的问题，一个企业可能有非常好的组织方式，也可能有明确的战略方向，但是如果领导体制不佳，它将成为企业发展的障碍；反之，强有力的领导群体，则是推动战略发展的巨大力量。现在我们都看到了，华为很重视领导体制建设，干部能上能下、轮值主席制度等都是领导体制建设的前沿探索。

无疑，华为在领导体制的建设上是有前瞻性的。从根本上来说，华为领导体制的建设立足点是解决两个突出问题，一是激发领导层的活力（包括能力），二是聚合群体的心智力量。为什么立足于这两点？在历史上，无论是企业管理历史，还是政治历史，我们见到过弱领导层的危害，我们也见识过独断主义的危险。前者使组织混乱、分离，后者使组织盲目、丧失理性、压制创造力。"既强也不独断"的追求正是领导体制要关心领导群体活力和聚合群体心智力的关键原因所在。深刻认识华为这些举措的原因及其背景，我们也应该回过头来看看自己的企业可以做些什么或应该做些什么。

（4）管理科学：解决"怎么管"的问题。如何衡量员工绩效，如何进行项目推进，如何进行岗位责任划分，如何协调各个不同的组织单元……这些问题是在组织、战略和领导层面之下的微观管理活动，管理活动注重科学规范并兼顾灵活适应力。在本书中，你将看到华为如何平衡授权与控制的关系，如何进行规范化管理，如何发展激励性质的牵引机制等。如果说组织、战略、领导方面的问题是上层建筑的话，管理科学则是组织各个不同的群体协调、落实各项工作的具体规则。没有科学的管理，组织总是会存在各种各样的矛盾、冲突，导致组织群体混乱无序、无所适从。

（5）工作方法：解决"怎么做"的问题。一个人与另一个人工作成效的差异，绝大多数时候是因为工作方法差异的缘故。优秀的企业负有为员工提供恰当工作方法的责任，特别是企业规模庞大、人员众多的时候，发展全员科学的工作方法，提高全员的工作能力，无疑能给企业带来巨大的收益。你可以看到大量的企业为提高员工的工作效率和工作成果持续努力，这有时候被理解为"执行力建设"的一部分，是过去多年里人们关注的一个焦点问题。无论如何，我们要知晓的是，员工群体的成长事实上也是企业成长的一部分，所以企业负有促进员工成长的责任。正是在这个意义上，我们也将用一章的篇幅系统地考察华为是如何实践的。现在很多企业都注重员工培训，注重工作总结与员工指导，华为的实践可以在这方面给我们更开阔的视野。

以上五个方面构成本书的基本框架，也是企业经营管理的基本框架，我们也可以用这个基本框架进行对照，帮助我们有目的、有比较地理解华为，也帮助我们系统地看待自己的企业应该怎么做。

2. 本书的研究方法

本书从开始创作到出版，经历了一年多时间。在此之前，我们也断断续续地讨论过华为的一些管理事例。而这一次，是我们最为系统地，应该说也是最深入地研究、讨论这个问题。大体上，我们的研究采用了以下几个方法。对这些研究方法的理解也可以帮助读者朋友们更好地理解这本书的内容。

（1）系统归纳方法。本书内容的研究最基本的特征，是将华为的管理实践进行了理论框架的系统归纳。因而，你看到的这本书不是零散地讲述华为的故事，而是遵循着一般性的、普遍性的经营管理规律和要求，将华为的历史实践进行了梳理。如前所述，我们这样做的目的，是为了让读者朋友能够在阅读过程中形成管理实践的基本框架思维。这包括本书所讨论的组织、战略、领导、管理和工作这五个紧密相关的、高度概括的主题，也包括每个主题下的具体内容构成的实践逻辑。

采用系统归纳法当然便于理解，但也会存在另一个问题，即我们所收录的关于华为的事例也是有取舍的，因而不全面，这一点敬请读者理解。确切地说，我们希望读者在阅读的过程中对相关概念和理论进行思考，并有目的地学习。

（2）调查访谈方法。本书获得了数十位华为内部工作人员的支持，他们提供了个人的直观体验和见解，这是直接调查访谈的部分，已经全面融入本书的内容中。出于个人原因，部分人的姓名未见于本书，但他们提供的无碍于华为商业机密的信息和见解，对我们这本书的成型至关重要。在此之外，我们收集整理了在过去十多年里华为的各类资讯、文章，以及相关的著作，这是资料调查的部分。我们相当谨慎地判断书中的各项内容，尽最大努力保证客观、公正地讲述华为的事例。

（3）比较分析方法。我们当然不能只看到华为的经营管理实践案例（大众称为华为管理故事或理念的那些东西）。我们认为，还应当在了解华为管理实践的同时，了解一般企业可能出现的问题、其他企业的优秀实践、管理理论观点这三点。换言之，华为的实践、一般管理问题、其他企业的实践、管理理论这四者如果能够对照起来，是更有利于我们开阔视野的。因此，本书依据每一个主题，采用了比较分析方法，其结果是将上述四个方面的内容在必要处进行对照处理。

我们认为，这样的处理方法对大多数管理者都是有益的。就像一本高阶管理普及读本，从本书中你既可以看到华为处理各类问题的策略和方法，还可以比较多种经营管理理念、方法和策略的优劣。通过比较，可以增进你自身对管理的洞见。

致谢

本书的研究和出版工作是一个艰辛的过程，也是一个项目团队合作的过程。在这里，我们对为这本书的内容研究付出努力的专家、那些在华为工作过的人员，以及执笔团队致以最诚挚的敬意。

本书的主要组织人孙科柳、易生俊、蒋业财、孙亚彬是有着十多年企业管理咨询顾问经历的专家。他们（也包括其他一些人）在企业顾问生涯中所了解的企业普遍现状和问题也系统地整合进了本书。这使得本书的内容安排更有的放矢，更具实用指导价值，而且他们愿意积极加入为企业的后续咨询服务过程，这尤其难能可贵。另外，本书的主要研究指导人职通线教育科技（北京）股份有限公司董事长孙科炎、中国人民大学管理哲学研究中心主任王霆教授，为本书的内容研究付出了大量的心血；中国人民大学出版社考试分社李宏社长为本书的出版工作出谋划策，为本书得以顺利出版提供巨大支持。在此，我们致以最真挚的谢意。

我们要重申，华为的故事不是一本书可以完全概括的，研究华为公司的管理也并非一件简单的事情，这非我们团队一己之力可以完成；确保我们的书中没有任何差错，也似乎是不可能的。对此我们期望读者朋友们谅解，并提供批评意见以供我们改正。

我们的期望是，尽最大努力为中国企业当下的经营管理实践提供一个进行标杆学习的系统、简要说明。倘若这本书能够给管理者带来哪怕一丁点的收益，我们也心感庆幸。谢谢各位参与者，谢谢读者朋友。我们共同祝愿华为公司不断发展壮大，屹立于全球顶尖企业之巅，也祝愿我们中国每一个优秀企业都茁壮成长！

作者
2015 年 11 月于北京

第一章
组织哲学

3. 制度规范化

4. 人才管理

5. 牵引机制

第五章
工作方法

1. 专业主义

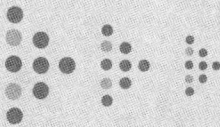

第一章　组织哲学

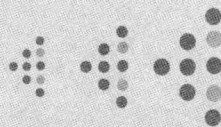

在时代前面，我越来越不懂技术、越来越不懂财务、半懂不懂管理，如果不能民主地善待团体，充分发挥各路英雄的作用，我将一事无成。从事组织建设成了我后来的追求，如何组织起千军万马，这对我来说是天大的难题。

——任正非

1. 组织是个大问题

当一个管理者试图思考企业管理问题时，他头脑中首先要想到的是"组织问题"。如何将各种人和资源"有效地组织起来"是核心命题之一。学华为，向华为学管理，最重要的当然是剖析华为的组织理念和组织哲学。脱离这一点，我们很难相信这个人是真正懂管理的，是能够把企业管理好的。

世界上有很多企业对企业组织方式进行过探索。在管理实践历史中，斯隆的事业部组织、韦尔奇的无边界组织、稻盛和夫的阿米巴模式，都曾产生过深远的影响。为了更好地说明华为的组织哲学，我们从最基本的"对组织的理解"的说起。

【辅助阅读】从阿米巴模式看组织问题

1964 年，稻盛和夫为日本京瓷公司创立了阿米巴组织模式。"阿米巴"是指工厂、车间中的最小工作单位，如一个部门、一个班组甚至每个员工。阿米巴的突出特征是，它是一个独立的利润中心，阿米巴成员会针对与生产经营计划、人员组织、业务管理等相关的所有事宜进行自行运作。可以说，每个阿米巴都是集生产、运营、财务等功能于一体的，而各个阿米巴小组之间又可以进行灵活组合。同时，稻盛和夫还全面考虑了市场因素对企业生产运营的影响，并大力倡导全员参与经营。在实施阿米巴模式后，京瓷公司在面对市场变化时总是能够作出迅捷反应，并能走出困境。可见，企业管理者了解企业特征，并基于这种特征去为企业探索一种最适宜的组织管理模式，是十分重要且必要的。

1.1　思考组织

企业首先是个组织，这有两层意思。其一是，企业是一个组织实体，是个单位，是个机构；其二是，企业中各种各样的资源都需要管理者有效地组织、利用起来，无论资源多少，充足还是欠缺。简言之，只有把各种资源高效组织起来的企业，才能算得上是一个管理优良的企业。

管理学者们通常会说："组织是人们为了实现一定的目标，互相协作结合而成的集体和团体。"在这个定义中潜藏着这样的含义：如果组织的领导者或管理者无法精准地界定自己的目标，无法通过一定的管理行为使人们互相协作，那么这个由多个个体组成的集体和团体，不能算是一个真正意义上的组织。

组织从来就不是一件简单的事，即使对华为创始人任正非来说也是如此。在《一江春水向东流》一文中，任正非曾慨叹道，"一个人不管如何努力，永远也赶不上时代的步伐，更何况知识爆炸的时代。只有组织起数十人、数百人、数千人一同奋斗，你站在这上面，才摸得到时代的脚……然而，在刚刚创立华为公司时，如何组织起千军万马，这对我来说是天大的难题。"

在创立华为公司初期，任正非凭借超强的勇气抓住了历史机遇并使企业得以极速壮大。但他自身也认识到，他此前的人生经历中并没有合适的管理经验，从学校到军队，都没有做过有行政权力的"官"。他非常缺乏相应的组织管理经验。而随着华为快速发展，各种各样的组织问题开始出现，早年的华为公司在不短的一段时间里事实上是处于混沌状态的。

任正非回忆称："那时公司已有几万员工，而且每天还在不断大量地涌入。你可以想象混乱到什么样子。我理解了，社会上那些承受不了的高管，为什么选择自杀。问题集中到你这一点，你不拿主意就无法运行，把你聚焦在太阳下烤，你才知道 CEO 不好当。每天十多个小时以上的工作，仍然是一头雾水，衣服皱巴巴的，内外矛盾交集。"

在这样的状态下，任正非听任员工们自由发挥。在华为创立的前十年里，华为几乎没有开过办公会议。任正非总是飞到各地，去听取各位主管的工作汇报，后者说怎么处理就怎么处理，任正非会对他们的工作汇报表示理解并给予足够的支持；而研发人员们的所谓"研发"也乱成一团，没有清晰的方向，大家如同玻璃瓶里的苍蝇在胡乱寻找出口———一发现客户有改进要求，便全力以赴地寻找各种改进机会，研发效率低下，浪费现象严重。

彼时的任正非被人们戏谑为"甩手掌柜"。当然，这并不是他真的想做甩手掌柜。如同所有的管理者在早期都会经历的那样，当你突然间面对大量杂乱的人、事、物时，"有效组织起来"并不容易。不是说在工商局注册了一个"公司"，就是办企业；不是说有一个好的创意，资源的获取、组织都不考虑，公司就可以发展起来。经营一个企业，管理一个公司，其本质就是获取资源、组织资源以实现目标，而且必须是高效组织起来才具有竞争力。

任正非当然是清醒的，他认识到，仅仅依靠上层的"理解和支持"，对于一个有志于干一番大事业的企业而言当然是远远不够的。华为必须具备一套组织模式，必须用一套方法和规则把大家整合起来，同时也管控起来，以使组织的运行、管理更加高效和规范。

1.2　两端徘徊

组织的运行依赖一套成型的活动方式或规则。这些活动方式或规则最终形成的就是"组织模式"。在现代管理史上，侧重以等级管理来组织资源和管理活动的传统等级模式，一度是极为盛行的组织模式。典型的等级式组织模式有直线型组织模式、职能型组织模式、事业部制组织模式等。在等级管理模式下，命令必须按等级由上而下传达；信息按等级由下而上传递；上级监督和指导下属，底层人员听从命令，工人不参与设计他们自己的工作过程。

【辅助阅读】 美日的等级管理模式

在 20 世纪初到中叶，欧美企业盛行等级管理模式。时值西方工业革命和制造业的大发展时期，企业以追求大批量、高效生产为目标。这时候，企业中的员工只需要按指令行事、高效生产即可，等级管理模式自然而然成了绝大多数企业的选择。

当然等级管理模式的应用不仅限于欧美，在日本企业同样是经常被提及的。日本是一个等级森严的社会，日本企业也表现出鲜明的等级制模式。日本企业普遍有一种特殊性：既强调西方的科学管理，同时又保留了儒家文化的忠诚伦理观。所以我们会看到，日本企业界长期盛行终生雇佣制，强调进入一个企业从一而终，直至退休。遭企业辞退在日本企业和社会中，都被视为耻辱。科学管理、森严的社会等级、企业内的绝对忠诚要求——这些特征和理念的结合，进一步强化了日本企业内明显的等级服从特征。可以说，社会文化背景对日本企业普遍存在的森严的等级管理模式有着极大的影响。

与等级管理模式相对的是人本管理模式。人本管理模式是以人为中心的组织模式，强调人在企业发展过程中的突出地位。华为最初更倾向于这种模式。由于华为公司身处一个强调人的创新力的行业环境，且在创业之后的很长一段时间里，其领导人任正非都非常看重"个人"（管理者和员工）本身的能动性和自觉性——今天仍然如此——华为最初的组织模式或多或少带有一种"人

本管理"的特性。

这种倾向于放松的组织管理模式对创业、创新型企业是重要的。但是,在华为的实践中也看到了不足——它也使华为内部陷入了无组织状态:项目的运作可能显得十分随意,通常并不会预设可行的计划以及技术标准;设计人员可能各行其是,只对每个产品进行设计,不考虑后续生产的实现度,由此造成极大混乱和成本浪费……过于追求"人本"的随意性管理,使得华为的组织管理风险难以控制和预防,最终完全陷入一片混沌状态。这恰恰是华为早期组织管理模式的弊端所在。

为了消除混沌状态,解决这些弊端,任正非和华为高层开始尝试设计华为的组织模式:将等级管理模式导入内部,在运作过程中进行层层运作沟通和结果确认,强化组织结果可控性。伴随着这种组织模式更迭,华为的规范化管理也就此启动,人们展开了进一步思考:如何组织才能保障产品输出结果?

毫无疑问,更新换代后的组织模式迅速见效,"层层确认和协调"使得组织行为结果的可控性大幅提升。然而,看得见的效果使得人们更加追逐"确认和协调",甚至变得胆小:没有人敢为项目拍板了!人们不敢承担责任了!

2010年,华为的一位友商兄弟曾为此大为抱怨:谈一件事情,前后谈了三天,华为主管们的汇报计划一份又一份往上递交,最终却没有得到一个确认结果。也就是说,华为内部人员采用等级管理模式,通过大量"确认和协调"行为,将责任推到自己的上一级!原本为了规范管理和强化结果控制的组织模式变革,在"度"的失控状态下,反而成为华为公司发展的掣肘点。

今天的管理者会发现,我国的大部分企业,尤其是中小企业,其管理往往是在控制与放权之间摇摆不定,其遭遇的各种组织问题与华为最初的状态何其相似。毫无疑问,任何一个企业都必然需要一套组织规则以及相应的活动方式。关键是:这种组织规则与活动方式应该遵循何种方式得出来呢?华为又是怎么做的呢?

1.3 组织要考虑什么

事实上，组织模式的最初选择，以及其在后续应用中的适用性考量，都需要从制约因素开始。可能对组织管理造成制约的因素有很多，比如，经营战略、企业规模、技术特征、管理体制等都会给组织管理带来不同的影响，自然其适用的组织模式也会随之有所差异。

（1）经营战略。

经营战略对组织模式的制约力是最强的。组织模式必须服从于经营战略的指导，并随着经营战略的变化而作出调整。通常，企业在初创阶段，其战略重点是扩大组织规模，因此不需要极为系统的组织结构模式，但部分企业也会设立职能部门，以协调各项工作的开展。当企业进入快速发展阶段时，其战略重点是拓展业务，占领市场，此时就可以采取等级管理模式，以自上而下的形式来规范管理，进一步扩大组织功能，并掌控组织效果。

华为的研发组织模式即在很大程度上受到经营战略的影响。在华为创立之初，华为的业务开发聚焦于国内市场的程控交换机。在这种经营战略下，华为的首要任务是所有部门集中力量去开发同一类产品。因此，华为采用了职能式研发组织模式，职能划分明确，各部门各司其职。而到了 1995 年，华为开发的程控交换机在中国市场呈现火爆状态，华为的经营战略开始倾向于向国际市场拓展。于是，其研发组织模式开始向矩阵式研发组织模式发展，力图打破过去的部门设置，实行项目管理模式，设立跨部门矩阵组织，以便适应差异化的外部战略环境。在这种组织模式下，职能与项目操作交叉，根据实际需求随时组建新的项目组织，面向市场的灵活性更强。

（2）企业规模。

企业规模较小时，管理工作量相应较小，为管理服务的组织结构自然也相应简单；而当企业规模逐步扩大，管理工作量也会随之增大，需要设置的管理机构势必增多，各机构间的关系也会日益复杂。也就是说，组织的规模和复杂性是随着企业规模的扩大而相应增加的。

华为最初创业时只有几十个人，组织管理较为随意。因人员数量较少，矛盾冲突比较容易化解，冲突本身也并不明显。然而到了1995年，华为在C&C08交换机的技术上取得了重大突破，华为由此进入高速发展阶段。此时，华为的人员数量达到1 200人，而到了1996年人员数量达到2 400人。人员数量激增使得内部管理混乱状态加剧。如果华为仍然延续过去的组织模式，势必给企业组织运营带来诸多障碍。跳出规模因素对组织管理的负面影响，也是华为设计弱矩阵型项目研发组织模式，并制定《华为公司基本法》的起源。

【辅助阅读】阿里巴巴的组织模式变化

事实上，企业组织模式因战略和规模变化而有所调整，这是一种常态的组织规律。比如阿里巴巴，其战略定位就是为世界上的商人建立一个较为完善的综合信息交易服务平台。在不断完善创新的服务产品创造过程中，阿里巴巴陆续创造了淘宝网、支付宝等服务产品。而为了将庞杂的业务进行有效梳理，淘宝网于2011年被分拆成沿袭C2C业务的淘宝网、B2C电商服务平台淘宝商城和一站式购物搜索引擎—淘网。这样一来，阿里巴巴在各个业务领域的运作也更加独立和灵活。

当然，为了因应这些变化，阿里巴巴集团的业务架构和组织模式也必须持续作出调整。最为典型且突出的调整莫过于发生在2013年的大调整：将7个事业群拆分为25个事业部，整合后交由9个集团管理执行委员会成员负责。如今，阿里巴巴的各项战略都有条不紊地实现，这与其适时调整组织模式有着密切的关联。

---

(3) 技术特征。

再说说技术特征。技术特征主要涉及技术复杂程度和稳定程度两方面内容。

技术复杂程度决定了组织的分工和作业的专业化程度，决定着部门规模、管理层数量、管理跨度、管理人员与技术人员比例、生产经营活动特征等一系列因素，这也造成了企业在组织模式方面的差异。

技术稳定程度决定了组织结构模式的选择。对于变革小且相对稳定的技术，宜采用机械式组织模式；对于多变而不稳定的技术来说，采用有机式组织模式最为有效。

【辅助阅读】机械式组织与有机式组织

机械式组织又被称为"官僚行政组织"，这种组织形式具有高度复杂化、正规化和集权化的特征。在这种组织模式下，管理跨度相对较窄，专业化分工优势却较为明显，且特别强调正规化管理。虽然在管理实践中并不存在纯粹意义上的机械式组织模式，但仍然有为数不少的大型企业集团和政府单位机构呈现出机械式组织模式的特点。

与机械式组织形成鲜明对照的是有机式组织，它是一种相对简单化、非正规化和分权化的组织。在有机式组织模式下，管理跨度较宽，结构层次少且扁平，组织成员能够对问题作出迅速反应。在实践中，这种组织模式更为关注的是人性化管理和团队协作。

华为所在的电信行业，几乎每隔三个月便会发生一次技术革新，所以华为公司必须积极采取应对措施，而这就需要一个形式灵活的有机式组织结构来辅助应对并实现这样的技术改变。在传统的机械式组织模式下，职能分工

略显臃肿，部门协调的默契度亦有不足。况且华为将战线拉得较长，在海外拥有很大的市场，如果其一味选择臃肿、复杂的机械式组织模式，势必难以应对复杂的变化。因此，华为不得不面向市场需求，不断摸索更有效的有机式组织模式。

（4）管理体制。

管理体制是指企业决策的形成和传递的形式。在一定的管理条件下，管理体制的制约力量是不可小觑的。比如，以行政手段为主的管理体制，它通常强调企业组织模式与政府机构工作的对接，企业内部工作对接非常精准。但是，这些要求一旦处理不善，又极易造成机构臃肿、人浮于事、效率低下等弊端，管理成本高且市场适应能力较差。特别是在市场环境复杂多变的时候，如果中下层管理人员缺少随机处理权，那么企业的适应力将难以匹配环境变动。

【辅助阅读】松下公司的管理体制

松下是一家跨国性公司，人们非常关注其管理体制的变化以及对组织模式的影响。

松下公司创立之初，为了全面把握公司运作状态，松下幸之助采用的是集权管理体制——下级需要向上级汇报工作，但随着企业发展，松下发现：人的精力有限，集权管理体制带来的疏漏也是不容忽视的。1933年，松下开始实行分权管理体制，与这种开创性的管理体制创新所对应的是事业部制组织模式的形成。所谓"事业部"，是按产品类别，将组织划分成一个个事业单位，实行独立核算。这种组织模式一度引领松下取得了非凡的业绩。

不过，至20世纪90年代，松下的组织结构变得极度膨胀，在原有事业部之上，松下公司叠床架屋地设立家电和信息通信等两大部门，随后文件主义、部门主义等问题日益凸显，于是在2000年出现了中村变革。

松下的案例告诉我们，管理体制给组织带来了极大的影响；而在变化的环境下，相同的管理体制既可能促进组织的发展，亦可能制约组织的发展。

华为的管理体制也一度给组织带来极大的问题。在华为公司发展进入一个阶段后，华为部分主管开始习惯于以领导为中心，只对上层领导一人负责，而上层领导一人对业务负责。与此同时，这种体制还会导致人们吝于探索企业真正需要、真正适用的管理方法，只想着把领导糊弄住，报告写得好便可以含混过关，最终严重影响对实际业务的聚焦，最终形成了官僚习气。

最典型的事件就是网络上对徐三年的讨伐。不可否认，徐三年确实为华为作了很多贡献（不少研发制度都是他思想的结晶），但是其管理实践中过度强势导致下属怯于如实反馈信息。于是，在组织内部汇报作假盛行，组织根本无法有效评估决策或制度所取得的实际效果，最终使得民怨沸腾，得不偿失。事实上，这也是徐三年从研发部黯然离任的根源所在。

毋庸置疑，在任何企业中，经营战略、企业规模、技术特征、管理体制对组织模式的制约都是始终存在的，而企业针对这些制约因素探索适宜的组织模式也是时时刻刻要做的。华为也是如此。

1.4　持续的探索

在一次次的管理实践中，华为瞄准一系列可能制约组织发展的因素，不断地进行组织模式探索：从职能型组织模式，到弱矩阵型项目组织模式，再到强矩阵型项目组织模式，体现出了华为组织模式发展变迁的三个主要阶段。

第一阶段：职能型组织模式

从创立之初到 1995 年，华为与很多企业一样，采用的是职能型组织模式，职能分工明确，管理者认为这样的组织模式可以帮助企业实现规范化的管理。毋庸置疑，华为人都在努力做好自己手头的工作。然而，不可否认的是，人们的思维认知却始终停留在各自为战的状态：产品设计人员只知设计而不知生产过程，各部门只履行自己的职能，而不顾及整个项目的成本、质量等。这种情况造成的后果表现为华为的产品问题、缺陷非常多，企业成本被无端浪费，甚至高达30%的收入被用于"救火"。

【辅助阅读】职能型组织模式的起源

职能型组织模式起源于20世纪初。当时，法约尔在其经营的煤矿公司担任总经理时建立了这种组织结构形式，故而这种组织模式又被称为"法约尔模式"。它是按照职能来进行部门分工的，即从企业高层到基层的设置，都是将具有相同职能的管理业务及管理人员组合在一起，设定为对应的部门和职务。而随着产品种类增多和市场多样化发展，企业还会根据产品种类和市场形态，来分别建立集生产和销售为一体、自负盈亏的事业部。

通常，职能制结构主要适用于产品品种单一、生产技术发展变化较慢、外部环境稳定的中小型企业。一旦企业规模、内部环境复杂程度和外部环境不确定性程度等方面超出了职能制结构所允许的限度时，则不宜再采用这种组织模式。

第二阶段：弱矩阵型项目组织模式

鉴于职能型组织模式的弊端，华为开始向弱矩阵型组织模式过渡。1995至2000年，华为的组织结构虽然未出现太大变化，但开始设置职能经理（FM）岗位，全面负责整个项目的系统工作，有计划、有控制地实施组织管理，项目管理模式由此初具雏形。在实施过程中，FM对涉及本部门的任务负关键责任，并作出关键决策，因此使得华为公司的业务拓展速度和质量水平在此阶段有了很大的提高。弱矩阵型组织模式如图1—1所示。

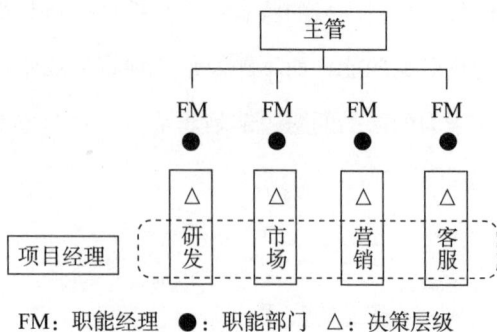

FM：职能经理　●：职能部门　△：决策层级

图1—1　弱矩阵型组织模式

【辅助阅读】矩阵型组织模式的起源

矩阵型组织模式具有一个突出特征：按照专业划分事业部，再根据不同工作任务，从各事业部抽调人员形成项目组，由项目经理负责工作任务的指挥，统一领导。最典型的矩阵型组织是美国国家航空航天局（NASA）。

在矩阵型组织里，项目经理的角色等同于总经理，主要负责对公司管理资源进行整合，以完成整个项目目标。职能经理的角色则类似于技术专家，主要负责高质量地完成产品任务。每个员工隶属于两个经理——项目经理和职能经理。通常，对项目性职责，向项目经理汇报；对职能性职责，则向职能经理汇报。

按项目经理的权力大小及项目特点，矩阵型组织被分为三大类型：弱矩阵型组织、平衡型矩阵组织和强矩阵型组织。

第三阶段：强矩阵型项目组织模式

2000年之后，华为的职能组织结构明显被打破，建立了大量的跨部门矩阵组织，这使得华为产品在全球市场的竞争力得到了大幅度的提升。这种组织模式具有以下特点：

①项目经理在任务管理中发挥主要的、直接的作用。

②项目组组员完全代表相应的职能部门行使权力。

③项目经理和成员在项目中承担主要责任，并对等行使权力。

④职能经理对新建立的临时部门提供支持，而不是干预、决策。

强矩阵型组织模式如图1—2所示。

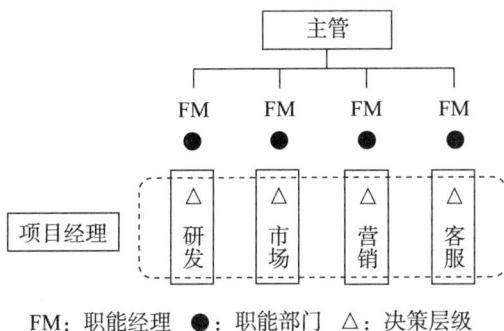

FM：职能经理　●：职能部门　△：决策层级

图1—2　强矩阵型组织模式

为了辅助强矩阵型项目组织模式的推行，华为也发展了一套完整的组织哲学。这套组织哲学由五个鲜明的主张构成，即开放式组织理念、使命驱动、系统整合、学习型文化、自我批判。了解华为的人知道，这些组织主张和落实构成了华为不断向前发展的驱动力。

开放式组织理念　是指以开放的心态对待组织发展，这种理念要求华为"走出去学习"、"同行业共享"，要求华为人以开放的意识实施自我管理，以主动的态度来拉动华为的自主成长。

使命驱动　是指华为确立了自己的使命，并围绕这一使命去发展自身。任正非曾多次提到华为的使命：第一个是华为的最基本使命——活下去；第二个使命是面向客户的服务使命，即聚焦客户关注的挑战和压力，提供有竞争力的通信与信息解决方案和服务，持续为客户创造最大价值。这两个使命驱动着华为结合市场发展，采取各种有效的措施实现快速发展。

系统整合　是指从企业管控的层面对企业实施综合的、系统的管理。虽然企业发展追求细化、规范化，但这并不意味着数十年固化不变。在华为，组织演变是一种随时可能发生的事情。华为认为，影响组织发展的元素数以万计，那么就需要因应这些元素来随时全方位地自我调整。

学习型文化　是促进企业进步的原动力。作为一个技术创新型企业，不学习就意味着退步、落伍、死亡。所以，华为必须是一个学习型组织。为此，华为进行了多方面的努力——于 2005 年正式注册的华为大学，为华为人及客户提供了众多的培训课程，使华为人快速掌握所需的技术和管理技能。

自我批判　是指以批判的态度去持续提升自己，不满足于当下的状态。在《刨松二次创业的土壤——关于管理体制改革与干部队伍建设》一文中，任正非指出，社会是会自动产生惰性的，而不是自动产生创新，领导干部没有自我批判能力，那么公司很快就会消亡。各级主管和员工要勇于面对过去存在的问题和失误，这样才能不断进步。

在实践中，华为在自身组织决策方面的坚持非常多。拨开繁杂的各类管理元素，我们发现：恰恰是这五大组织哲学作为华为组织模式下的支柱，促动着华为公司健康有序地持续向前发展，并成为世界上知名的通信设备商。下面，我们来感受一下华为这五大组织哲学的魅力所在。

2. 开放式组织

随着市场竞争的日趋激烈，为了更好地应对市场变化和提升企业竞争力，华为必须以持续进步的态度去设计组织模式。2012 年 7 月，任正非在与"2012 诺亚方舟实验室"专家的座谈会上提出："华为不能建立封闭系统，不开放就要死亡。"概言之，华为的组织必须是一种开放式组织。

2.1 广泛合作原则

封闭式组织是指企业或部门完全借助自身能力来进行运作，而开放式组织是指企业或部门通过合作分享模式来实施组织运作。作为创新型企业，为了保证技术的保密性，很多企业会选用封闭式组织模式。任正非认为，企业确实需要在技术上做好保密工作，所以华为每年投入巨资，建立了全球最大的专线网，以此避免技术泄密；但是，企业要做好保密工作，并不意味着就得自我封闭，而应在一些成熟的技术上与竞争对手合作，让有限的资源发挥出最大的效用。这就是任正非在产品开发上主张并遵循的广泛合作原则。

在华为创立早期，华为在市场中没有任何竞争力。任正非曾言："华为既无技术，又无管理。"说这话时是 1993 年，任正非当时走在北京中关村的大街上，有人问他："你怎么评价方正公司？"任正非的答案是："有技术，无管理。"问："怎么评价联想？"任正非的答案是："有管理，无技术。"最后，当被问到华为时，任正非的答案更直接："既无技术，又无管理。"

然而这段问答却使任正非突然认识到：一味封闭管理，并不会推动华为快速发展；唯有建立开放组织，才能让华为走出中国，与世界级企业站在同样的舞台上，否则必将走向失败。

【辅助阅读】王安电脑公司的封闭组织

1971 年，王安电脑公司推出了当时被称为"世界上最先进的文字处理机"的 1200 型文字处理机。凭借着这一项技术，王安电脑公司很快成为全球最大的信息产品商，而王安的个人财富一度超过了 20 亿美元。在 1985 年的《福布斯》"美国 400 名最富有人物"名单上，王安高居第 8 名。

然而，好景未能持续多久。王安电脑公司长时间在技术方面采取封闭路线，不愿意与别人合作，这导致这家原本拥有极为强大的技术研发能力的企业很快走向了衰落。1992 年，王安电脑公司宣布破产保护，公司股票价格也由全盛时期的每股 43 美元跌到每股 75 美分。

王安电脑公司给任正非和华为提了一个醒：在这个技术快速变化的社会，企业要想持续发展，就必须采取开放式组织模式。

1999 年，任正非在"答新员工问"中明确表示："华为要活下去就要学习，要开放，不能关起门来赶超世界。我们所有的拳头产品都是在开放合作中研制出来的。"所以，如果我们愿意敞开大门与人合作，我们就能得到意想不到的收获。

基于这种组织思想，任正非要求华为人学习拉宾用土地换取和平的精神，打开大门，与竞争对手共同开发市场。

【辅助阅读】 为什么学习拉宾？

拉宾是以色列第一位提出"以土地换和平"概念的政治领袖。他改变了以往对阿拉伯国家采取武力解决争端的手段，承诺在以色列的"安全得到切实保障"的前提下，通过政治谈判和平解决争端，并把侵占的阿拉伯领土逐步归还给有关阿拉伯国家。拉宾还促使以色列与巴勒斯坦实现相互承认，相继签署《临时自治安排原则宣言》和《塔巴协议》，允许巴勒斯坦自治；他与约旦签订和平条约，正式建交，从而使中东和平进程取得突破性进展；在叙以会谈上，拉宾更是采取积极态度，承认叙利亚对戈兰高地拥有主权。

任正非非常赞赏拉宾的这种"以土地换和平"的"至柔"思想。2005 年 7 月，任正非在《华为与对手做朋友，海外不打价格战》一文中说道："华为现在还是很弱小，还不足以和'国际友商'直接抗衡，所以我们要韬光养晦，要向拉宾学习，以土地换和平，宁愿放弃一些市场、一些利益，也要与'友商'合作，成为伙伴，和'友商'共同创造良好的生存空间，共享价值链的利益。我们已经在很多领域与'友商'合作起来，经过五六年的努力，大家已经能接受我们，所以现在国际大公司认为我们越来越趋向于朋友，不断加强合作会谈。如果都认为我们是敌人的话，我们的处境是很困难的。"

将华为定位成一个"开放型组织"无疑是明智的。这种开放的理念也赋予华为人一种直面外部世界的精气神，"敢于以一杯咖啡，与世界上的大人物进行思想碰撞。""地球村"本身就是一个开放式组织，处处有关联，处处有合作。

2.2　主动走向开放

"开放"一词说起来容易，做起来难。华为的前 10 年，活下来是第一命题。在这个阶段里华为一直奉狼性精神、个人英雄主义为圭臬，与大多数处于原始积累期的企业一样，华为挣扎求生，稍不留神就可能被其他大型企业击垮。当华为逐步壮大后，"开放"便迅速成为对华为进一步发展的一场考验。

事实上，我们稍加观察便会发现，华为的发展天生具有诸多约束性条件：民营属性、缺少资本、缺少技术背景，即便是创始人都缺少管理经验……这些紧迫的形势困境，推动着华为主动寻求开放的道路。与此同时，一些事件也迫使华为必须对开放作出更多、更快速、更有力的反应。这种要求的最典型体现就是当年思科与华为在美国打的一场官司。

【辅助阅读】思科与华为的诉讼之争

2003 年 1 月，当时的全球数据通信巨头企业思科起诉华为侵犯其知识产权，其起诉内容几乎涵盖了知识产权法中列明的所有类别，起诉书长达 70 多页。一时间，西方媒体甚至中国媒体几乎众口一词地将华为诬为技术小偷，华为陷入巨大的危机之中。

　　事件突如其来，华为公司仓促间被迫迎战。有人说："华为应该将自身定义为民族企业，借助国家保护的力量来帮助企业渡过危机。"但任正非认为："商业是无民族的，市场是世界的。""全球化是不可避免的，我们要勇敢地开放自己，要积极与西方竞争，在竞争中学会管理。过去，我们从未提过自己是民族企业，因为我们是全球化的。如果我们把门关起来，靠自己生存，一旦开放，我们将一触即溃。"任正非及其领导的华为人坚信，如果这次危机能够把握得好，反而可能成为华为的机遇。

　　于是，华为在美国高价诚聘了极好的法律顾问，在诉讼与媒体两个方面与思科展开一场正面较量。一年半后，这场官司以双方和解告终，诉讼费各自负担，无道歉和赔偿，而且法院还判定：思科永久不得就同一问题起诉华为。自此，华为的国际化进程势不可挡。2003年，华为的产品开始突进整个欧洲大陆，随后打入日本、南北美市场。至2010年，华为销售额的70%来自国际市场。

　　思科与华为的诉讼，使得华为经历了美国法庭的最严厉审查，此后，华为每次要进入欧洲市场都要经历客户的轮番拷问。但是，之前的危机处理过程已磨炼了华为人的意志，为华为积累了经验，使之足以应对市场要求。

　　有人曾问"华为进入国际市场有什么成功经验"，任正非回答道："遵从法律。一定要遵守所在国的法律、联合国的法律……"同时，任正非告诫公司高层：不要局限于以自己的规则做事，华为要想不被他人定义为"神秘的黑寡妇"，就要全面开放。虽然华为认为自己的过去是开放的，别人却认为华为是非常闭塞的，这说明华为的开放程度还远远不够。所以，华为必须向国际市场证明：华为是按国际规则做事的。这种迫于市场形势作出的主动认识，促使华为开始探讨新型的组织模式——被集成组织，并以此为途径实现全面开放。

2.3　被集成组织

任正非曾这样说道："华为的发展壮大，不可能只有喜欢我们的人，还有恨我们的人，因为我们可能导致了很多个小公司没饭吃。我们要改变这个现状，要开放、合作、实现共赢。前20年我们把朋友变成了敌人，后20年我们要把敌人变成朋友。当我们在这个产业链上拉着一群朋友时，我们就只有胜利一条路了。"在主动开放的意识下，华为的组织模式和活动规划也开始发生变化。

大概就在这个时候，华为管理层已经认识到，在当今世界，新技术日新月异，市场更是复杂多变，华为不可能一切事务都从头开始做，华为也没有独霸天下的本事。相反，只有强强联合，采取竞合模式，企业才能越做越强。所以，2005年，任正非决定将"与竞争对手合作"放到改变华为未来发展的高度上，与很多竞争对手建立了伙伴关系。比如，与德州仪器、IBM、英特尔等公司建立联合实验室，在多地设立研究所；与西门子、赛门铁克等公司成立了合资公司，以推进双方的优势互补。

再后来，华为将这种强强联合的开放组织模式定义为一个新的概念：被集成组织。要注意这个"被"字，世界上有很多企业都因为试图主动整合别人而让自己万劫不复。"被"字表达的经营哲学就是：守弱，同时成为强者的支持者、合作者，在守弱中发展自己。商业定位大师杰克·特劳特也表达过类似的观点：有时候"甘当老二"也是正确的，以此方式图强的企业不计其数。

在被集成组织模式下，华为永远不会成为合作者的竞争对手，特别是在行业领域，华为绝不轻易涉足他人的业务领域，而双方之间的合作也只限定在技术、方案及服务层面上。任正非认为，在激烈的市场环境中，竞争是一种必然的企业行为，但企业也要学会和其他企业实现战略合作，并且是真心诚意的合作，这样才能为企业增加自我提升和发展的动力。任正非还指出，虽然华为要与强者合作，而且合作伙伴的数量多多益善，但如果我们去主动集成，就相当于为本企业树立了无数敌人，自己的工作难度无异于颠覆整个世界。所以，华为要走向被集成的道路——建立多种伙伴群，然后再通过伙伴群将产品卖给客户群。华为是这样设想的，也是这样运作的。

比如，2012 年 7 月 26 日，在北京举行的 SAP 中国商业同略会上，华为与 SAP 签署了合作协议，正式成为全球性技术合作伙伴。这意味着，华为永远不会进入 SAP 的领域，而双方则在研发合作、技术整合与技术支持、建立互操作性测试中心、构建有竞争力的企业应用解决方案以及全球共同销售和营销活动等方面，开展深度合作——双方不是竞争对手，而是合力共进的双赢关系。在此过程中，华为即充当着被集成组织的角色。

华为企业业务中国区总裁马悦对渠道合作发展思路有着自己独到的看法，他认为，华为"被集成"正在从"重销轻营"向"营销并重"转变，着力构建一套流程简化、高效合作的管理体系。同时，华为一方面将自己定位为"产品集成商"，聚焦在集成的层面；另一方面，支持华为的合作伙伴直接面向客户，构建解决方案。如此一来，便让产品与集成形成了一种有效的市场渗透，进而促进用户、合作伙伴与厂商之间的三赢。而这一系列举措的目的都聚焦在一个主题上：强化被集成组织策略在广度与深度上的拓展。

2.4 力量在"民间"

对外开放不仅表现在对外策略上，华为对内部组织运作同样持开放式思路，并由此延伸出一套行之有效的组织创新。如今在业界广为人知的"全员导师制"和"全员持股制"，就是华为的成功探索和实践。

（1）全员导师。

全员导师是指华为的每个人都需要有一个导师，为自己进行指导。

在华为的内部刊物《华为人》报上，曾经刊登过这样一个故事：

一个汽车的 QCC（品管圈）发现零件有毛刺的问题，就自己买了一把锉刀，把问题零件的毛刺锉掉，这样，零件就能够 100% 合格了。可是，等到他退休了以后，同样的一批零件却有大部分不合格。原来是他并没有把自己的经验告诉别人。

这个故事在华为引了很大的反响，也引起了华为管理者的重视。通过这件事情，无论是华为员工还是华为管理者都意识到：为那些工作经验不足、工作技能掌握不到位的员工找一位"导师"是非常有必要的。后来在华为公司内部发展起来的导师制是全员性、全方位的——不仅新员工有导师，所有老员工也有导师。导师制不仅在生产系统实行，在研发、营销、客服、行政、后勤等系统也全部实行。

华为的理念是：所有员工都需要导师的指导，通过"导师制"实现"一帮一，一对多"，从而让自己更快地成长起来。为了确保"全员导师制"落实到位，华为还特意采取了几种手段。

在新员工到岗之前，公司就会提前做好导师安排，以确保入岗第一天就接受导师全方位的指导。华为在新员工培训中，一营培训设立思想导师；二营实习设立技能导师，确保全程有导师指导。在此期间，没有特殊情况，华为不轻易变动"师徒"关系。即使是"久经沙场"的老员工都要遵守导师制，而且这是华为员工晋升考核条件之一。华为以此来打破"权力"壁垒，保证导师制在全企业推广。华为导师的职责不仅仅在于业务、技术上的"传、帮、带"，而且还有思想上和生活上的指引，以解决员工的思想和情感问题，使其与工作保持平衡。

通过这些措施，华为新员工有更多的机会掌握更多的工作常识和专业技能，从而迅速成长为会"打枪"的人，华为的发展当然也离不开持续不断地培养出这样一群能干的人。

【辅助阅读】导师制与企业导师制

　　导师制是一种教育制度，它与学分制、班建制被并称为"三大教育模式"。导师制创立于 19 世纪，最早实施导师制的是牛津大学。导师制的最大特点是师生关系密切——导师不仅要指导学生们的学习，还要指导学生们的生活。

　　企业导师制被视为培养员工的一种重要手段。企业导师制的重点是提倡对知识、经验与智慧进行分享、沟通与交流，以此来提升员工的工作能力及其企业忠诚度，培养后备干部和核心员工的管理水平和责任心，进而实现企业与企业成员之间的共赢。

（2）全员持股。

　　现在人们认识到，华为公司的全员持股是一个非常有胆魄，也非常有远见和格局的战略性举措。很多企业想学华为，但仅此一条所体现的格局和视界，便是很多企业不具备的。这并不是说一个企业必须人人都持股，也并非只此一途才能与企业全员形成合力，这里主要强调的是经营格局和魄力。

　　任正非将"全员持股制度"的确立说成是"无心插柳"。当时的局面是，任正非认识到依靠自己个人力量是不够的，必须依靠全员的力量，要靠全体华为人共同的智慧和努力才能成就一番事业。现在，华为的每个人都持有公司的股份，并以股东身份参与到组织管理过程中，这就形成了一种利益均沾、共同发展的利益纽带。这种措施的直接结果就是使得每个员工都心系公司命运，并自然而然地为之奋斗。

　　全员持股是华为于 1990 年提出的激励措施，当时华为股份每股售价 10 元，以利润（税后）的 15% 作为股权分红。员工进入公司一年后，依据职级、季度绩效等进行股权分配，用员工的年度奖金购买。如果年度奖金不够参股额度，公司会帮员工通过银行贷款来购买股权。

华为的这种全员持股方式有两个好处：其一，公司现金流风险降低，且内部融资无须支付利息，使得财务风险大大降低，并且不需要向外部股东支付高额分红。其二，员工的归属感大大增强。全员持股相当于为员工描述了这样一幅愿景：员工在未来会获得高额的回报。此外，因全员持股，员工自身便产生了一种主人翁意识，责任感和归属感也随之而来。这种责任感不仅体现在华为研发人员、市场人员身上，甚至在华为的司机身上亦可窥见一斑。据说，华为的司机在接客户时，无一例外地都着装笔挺、整齐干净，至少提前三分钟抵达目的地，对待客户更是非常热情周到。一位日本客户曾专门向华为公司发了表扬信，并称"华为在这一点上做得比日本企业还要好"。这便是全员持股带来的深度激励效果。

不过，另一方面，华为员工也自嘲道：这些纸面数字不知何时能兑现。然而，他们也清醒地认识到，如果自己不够努力，这些数字永远不会在自己的手中复活。因此，华为人越来越努力地奋进，随之而来的是华为的市场越来越被看好，其研发技术也逐步迈上了一个新台阶，公司的财富也越积累越多。仅到2000年底，华为的销售额便已经突破了220亿元。而华为的股份呢？几乎99%都是员工持有的。换言之，华为有100元的收益，99元是分配给员工的。

【辅助阅读】 员工持股制

员工持股制是员工所有权的一种实现形式，它主要是从制度上对企业所有者与员工可能分享到的企业所有权和未来收益权作出规定。员工可以通过购买企业股票（或股权）而获得企业的部分产权，并获得相应的管理权。实施员工持股计划的目的则是使员工成为企业股东。

从国外的常规做法看，它一般可分为两种类型：非杠杆型的员工持股与杠杆型的员工持股。

①非杠杆型的员工持股，是由企业每年向该计划提供一定数额的股票或用于购买股票的现金。这个数额通常为参与人员的工资总额的15%。而当这种类型的计划与现金购买退休金计划相结合时，该数额则可达到工资总额的25%。

②杠杆型的员工持股，主要是借助信贷杠杆来实现的。其运作流程是：以实行员工持股计划为名，由公司为员工作担保，向银行贷款购买公司股东手中的部分股票。当员工将贷款全部还清后，股票便可归员工所有。

总体来说，华为初创期的全员持股模式，以开放的状态，以满足员工物质需求和精神需求为导向，激发了企业成员的能动性。如今，不仅是国内员工，国外员工也被纳入到持股范围内；而与国内企业总裁通常占股51%以上不同的是，华为总裁仅拥有1.42%的股权。在这方面，华为无疑走在了时代的前列。

时至今日，华为的组织模式已经演变为一个崭新的模式——一个基于主动开发、全面开放的组织：对外，它是一个被集成组织；对内，它是一个全员参与的组织。这其中的经营智慧、胆识和视界，值得管理者们认真品味。

3. 使命驱动

就像大多数成功者在生活中努力弄明白"为了什么活着"一样，企业也必须弄明白"企业为什么存在着"，相应地，企业员工也必须弄明白"我做这份工作的意义何在"，这就是使命。使命有高有低，但在驱动人们行动上，不分高低。

华为是非常注重使命驱动的企业。确切地说，使命驱动在非营利性组织的表现最为明显，例如红十字会的"救死扶伤"就是典型。但是，企业同样可以向非营利性组织学习这种组织哲学。彼得·德鲁克曾经说过："企业可以向非营利性组织学三件事，而第一件事就是使命感。"在市场中，我们很容易发现："使命驱动"使那些成功的企业变得与众不同并且更成功，就像华为。华为人具有强烈的使命感，他们能跨越企业的围墙去建设社区，而不只是单纯地创造利润。

3.1 找到存在的理由

对于一个企业而言，使命是指企业在社会进步和经济发展过程中所应承担起的角色和责任。它决定了企业的根本性质和企业存在的理由，会清晰地阐明企业的经营领域和经营思想，为企业目标的确立与战略的制定提供有力的依据。

20世纪80年代，比尔·盖茨也复制了这个概念："让美国的每个家庭和每间办公室桌上都有一台PC。"时至今日，微软公司已经基本实现了他们的使命。在某种意义上，使命完全可以影响到一个企业的发展。彼得·德鲁克基金会主席弗兰西斯女士提出这样的观点：一个强有力的组织，是必须要通过使命来驱动的。企业的使命不仅诠释企业是做什么的，更重要的是诠释企业为什么做这件事，这才是企业存在的终极目标。而一个明确、富有感召力的使命设定，不仅能够为企业指明未来的发展方向，还能够使企业成员明晰自己的工作意义，激发出其内心深处的行为动机。

———————————————————————————

【辅助阅读】企业使命的含义

①企业使命是企业存在的理由。不论这种理由是"提供某种产品或者服务"、"满足某种需要"或"承担某种责任"，如果企业找不到合理的原因或者未能明确自己存在的理由，那么企业便已失去了存在的必要性。使命缺失最直接的后果就是凝聚不了人，更无法让利益相关者协同一致。

②企业使命是企业经营的哲学定位。使命为企业确立了经营思想、经营原则、经营方向、经营哲学等。具体而言，这包含了以下问题：企业经营的指导思想是什么？如何认识事业？如何看待和评价市场、顾客、员工、伙伴和对手？这些都会影响人们的决策和思维。

③企业使命是企业经营的形象定位。它反映了企业努力树立的形象，诸如"愿意承担社会责任"、"服务贴心"、"技术卓越"等，在明确的形象定位指导下，企业的经营活动就会始终向公众呈现这一点，而不会朝令夕改。

企业使命是企业存在的目的和理由。华为在《华为公司基本法》中将企业使命定位为："聚焦客户关注的挑战和压力，提供有竞争力的通信与信息解决方案和服务，持续为客户创造最大价值。"华为的一切企业行为活动，包括"华为人的行为"，都围绕这个使命进行。

3.2 企业人的使命

华为从通信设备领域的门外汉成长为世界巨头，靠的就是一批肩负和认同企业使命的华为人。在很长时间里，虽然华为人要面临很大的竞争压力和恶劣的生存条件，每一步都走得异常艰难，可是，当他们遇到问题的时候，首先想到的不是逃避，而是反问自己："我们在等谁来帮助，为什么不自己行动？"这样的例子在华为数不胜数。

华为在伏尔加设有办事处。一次，某项目开展过程中，客户的组织结构发生调整，导致内部协调不畅，这就影响到汤文（化名）所负责的工程实施进度。汤文向当时的区域经理亚历山大（化名）建议，一定要在本周的例会上让客户动起来。等到召开例会的时候，客户都来了，而且比以往多了很多人。下午6点是客户的下班时间，可是，直到下班前的20分钟，亚历山大才拿出事前准备好的问题列表分发给客户，并且要求客户在下班前给出明确的答复。

看来，亚历山大是准备跟客户周旋到底了。

果然，每当有客户交表，亚历山大就会请他暂留，一起将问题逐一过滤，而且一直都不紧不慢。下班时间很快就到了，客户显得有点急躁了，他们也纷纷议论起来，似乎都在抱怨。亚历山大假装什么都没听见，还不时地征求汤文的建议，直到有明确的答复。到了晚上 8 点多，客户对绝大多数问题都承诺解决以后，会议才宣布结束。

后来，汤文问亚历山大怎么敢跟客户这样正面"交锋"，不怕客户翻脸吗？这个年轻的小伙子说："我必须对客户负责，对结果负责，如果不这样，很多问题无法解决。"正是这种真正为客户服务的精神，鼓舞着汤文和项目组的同事们积极地面对挑战。他们并肩作战，成功完成了近 60 个 RNC 局点建设，汤文也从一名无线新人成长为一名成熟的项目 TD。

从这里可以看到，企业使命是企业工作人员的行为规范指导，一个人做什么、怎么做是基于使命。简单地说，当企业使命明确了，那么人们在行为时会自然而然地问自己："我的行为对企业使命的履行是有益的吗？"

应当说，以企业使命驱动全员努力是组织管理中的常态，是经营管理的常识。但问题是华为能够通过确立实实在在的企业使命，从上至下坚持下来，让华为全员认可其使命，并以此为决策和工作准则，这是不容易的。比较起来看，真正能够将这一"常识"贯彻下去的企业少之又少。也由此，当我们反思企业的管理之道、经营之道时，去伪存真，持之以恒，也许才是正道。

3.3　让客户需要你

华为的企业使命的核心是"为客户创造价值"，其中心点是客户。这并不高深和神秘——管理大师德鲁克曾提出了三个非常经典的问题："我们的业务是什么？我们的客户是谁？客户心目中的价值是什么？"最后，德鲁克给出了这样的答案："从规定企业的宗旨和企业的使命来讲，这样的中心论题只有一个，即客户。"德鲁克认为，在企业界，赢得客户才能取得最后的胜利，而企业的一切活动也应围绕赢得客户这一使命展开。在华为，企业使命的驱动力也是如此展现出来的。

（1）使命：为客户服务。

在为客户服务的使命驱动下，华为奉行着普遍客户和贴身服务原则，为公司树立了明确的目标和方向，让员工有目的地工作；同时不断地给客户提供一流的服务。华为与联通综合智能网的合作就是典型的例子。

为了满足联通的实际需求，华为为联通量身定制了 iGATE 平台。这个平台同时具备 GSM、CDMA、固定数据网三种网络的关口局功能模块，这不仅大幅度降低了联通关口总局的建设成本，还适应了联通网络的持续发展。到了2005 年，该平台在国内 16 个省会城市得到应用，几乎占据了整个 GSMC 新增容量的市场份额。另外，为了能够让联通智能网的优势得到充分发挥，华为准确地理解客户的需求基础后，与联通合作在上海、海南和内蒙古等地开通了统一账号业务和综合 VPN 业务等，成为联通综合智能业务运营的成功典范。

即便在竞争更加激烈的海外市场，华为也是靠着"为客户服务"的理念赢得了客户，甚至朗讯、阿尔卡特等国际品牌的老客户也买了华为的产品。

早在 1998 年，泰国的 AIS 公司还只是一个名不见经传的小移动运营商，华为却从其身上看到了商机。华为与 AIS 合作之后，不仅为该公司提供了高质量的产品，还向该公司提供了快速响应的服务：华为仅仅花了不到 60 天的时间就完成了设备安装和测试工作，这对于其他公司来说几乎是办不到的。此外，华为还专门为 AIS 开发了近 80 项发展过程的新需求，并先后 8 次对设备进行建设和扩容。在华为的帮助下，AIS 公司成功地将最大的竞争对手 DTAC 甩在身后，奇迹般成为泰国最大的移动运营商。

【辅助阅读】IBM 的企业使命

随着移动技术、云计算等新技术被不断深化应用，传统的商业模式在业界被颠覆。在市场角色中，客户掌握了前所未有的主动权，企业则由此进入"首席执行客户"时代。在这样的时代背景下，企业面临着三大趋势变化：移动互联与电子商务成为关键、个性化成为主流、客户拥有主导权。

2013 年，IBM 因应新趋势，提出了新的企业使命："企业应当重新理解客户需求，连接客户与价值链并优化客户交互，并在与客户的各个交互过程中打造优质的客户体验，实现以客户需求驱动的业务价值链的打造。只有这样，企业才能真正实现智慧商务的落地。"同时，IBM 指出，零售行业有必要实现以客户为中心的业务转型，并充分利用新技术手段（如移动技术、社交网络等），重塑新的客户体验，从而实现企业业务的创新与增长。

（2）服务原则：普遍客户＋贴身服务。

在为客户服务的过程中，华为坚持着独特的服务原则：普遍客户与贴身服务原则。这是华为在客户使命驱动下总结出的两大工作原则。

先来说说"普遍客户原则"。任正非指出："一个不起眼的细节和一个不起眼的角色很容易决定在一个项目中华为的去留。"任正非认为客户是华为的衣食父母，无论大小、职位高低都要公关到位。作为华为总裁的任正非，身体力行地贯彻这一原则。

2004 年，华为与文莱电讯公司在一家酒店举行华为承建文莱 NGN（Next Generation Network，下一代网络）的开通仪式。这是当时全球规模最大的商用 NGN 网络之一（12 万用户），华为特意邀请了全球 40 多家运营商共同出席会议。4 月 22 日清晨，任正非站在会议大厅门口，向入场客户逐一发放名片，并说道："您好，我是华为的，我姓任。"那些初次与任正非见面的客户，在看到名片上的姓名、头衔以及任正非本人时，无不感到惊讶不已。

任正非以及华为人的这种谦逊的态度，感动着每一位客户。任正非指出："我们每层每级的干部和员工都要贴近客户，分担客户的问题，客户就给我们一票，这一票、那一票加起来，就是好多票，最后，即使最关键的一票没搞定，也没多大影响……"在普遍客户原则的指导下，华为一步一步地拓展着国内外市场，并为华为奠定了今日的地位。

再来说说"贴身服务原则"。任正非深知客户的重要性，他曾多次在不同场合向华为人强调："为客户服务是华为存在的唯一理由。客户需求是华为发展的原动力。我们必须以客户价值观为导向，以客户满意度为标准，公司一切行为都以客户的满意程度作为评价依据。"因此，华为人一直都把"贴身服务，实现快速响应"作为发展的宗旨。

1997年年初，华为开发的一个新产品在北方某地第一次使用，由于其中一台设备出现了故障，于是向华为驻当地办事处求援。但办事处的技术人员不在，而客户又很着急，华为公司决定立即派遣研究开发部的四名开发人员搭乘飞机赶过去，以最快的速度将设备恢复到正常状态。

四个人一到办事处，就立即赶赴现场，为了节省时间，他们随便在办事处附近的小饭馆吃了快餐，然后就出发了。到了目的地后，就开始检查设备。设备使用时间已经比较长了，属于旧产品，四个人也不是很熟悉，不得不让办事处秘书找来说明书，打通用户电话，几经周折以后，才找到故障设备地点。

四个人同办事处的人员开着车子去故障设备地点，那时候已经是晚上9点多钟了，路况很差，后来都迷路了。好不容易找到了几处村落问路，在凌晨1点钟左右赶到县城的时候，却被告知故障设备在60公里外的小镇上。大家再次开拔，连夜赶路，在次日凌晨3点的时候赶到了现场。大家赶紧给设备换上配件，终于让设备恢复了正常运作。

虽然在很多人看来，华为人在故障发生后半夜三更赶到现场是一种愚蠢的行为，但是正因为华为人的这种快速响应的工作作风，客户才愿意将华为发展为长期、稳固的战略伙伴关系，这也成为华为公司持续发展的新动力。

【辅助阅读】海尔的贴身服务

　　与华为一样，海尔也是凭借为客户提供贴身服务成功打开市场的典范之一。海尔刚推出洗涤、脱水、烘干三合一的全自动洗衣机时，向客户提出：凡是购买该产品的客户将会享受免费上门安装、调试和现场咨询等服务，当时号称"海尔国际星级一条龙服务"。海尔彼时在全国建立了100多家服务中心、300多家安装单位、1 000多家星级服务站，其目的是，为海尔用户提供"连锁星级服务"，确保每位用户在第一时间享受海尔专业的服务。这种服务模式一出台，便帮助海尔赢得了良好的市场口碑，产品销量也随之大增。

　　客户是企业的魂。企业要想实现长期的稳定和可持续发展，就要建立起为客户服务的体系和价值观，并且把这种理念传达给每一个员工。客户不会无缘无故支持你，要么你产品过硬，要么你服务到位，两者失其一，为不足，两者失其二，必然失败。

3.4　活下去不简单

　　面向客户、聚焦于客户服务是华为被书面化的使命，是一个对外的使命；除此之外，华为还有一个最基本使命，这个最基本的使命被确定为简单至极的三个字：活下去。

【辅助阅读】为什么有面向自身的使命？

　　企业使命具有一个突出特征：它是基于公益目标的，而不是基于利润目标的。因此，人们理所当然地会将"为客户服务"视为企业使命；但是，为什么"活下去"这样简单的三个字也被视为企业使命？

"活下去"是企业组织管理的基础行为。一方面，唯有企业能够活下去，它才有机会去为客户服务。另一方面，企业能够活下去也为社会提供了大量就业机会，为企业内部成员提供了致富机会，比如，其每年都聘入大量的应届毕业生。这在利己的同时也履行了社会责任。因而，活下去同样应被视为一种企业使命。一些企业习惯空喊理想和社会抱负，但真真切切的问题其实就是"生存下去"。所以任正非提出的"活下去"的观点，是朴素而务实的。

与"创造客户价值"一样，"活下去"也是一个朴素的常识。华为提出这个诉求，虽然看起来简单，但实际上却寄托着任正非与众不同的追求。即便如今，华为已经成为众人瞩目的中国 IT 企业巨无霸，任正非却仍然不曾忘记"活下去"的念头："对我个人来讲，我并没有远大的理想，我思考的是这两三年要干什么，如何干，才能活下去。我非常重视近期的管理进步，而不是远期的战略目标。活下去，永远是企业的硬道理。"

对这一使命的认知深深影响着任正非和华为。华为的一系列决策，包括"引进外脑"、"专注于单一领域"等，都深受"活下去"这一使命的影响。

（1）引进外脑。

任正非曾多次提出引进外脑的概念，并将这一概念应用于企业实践中。

1998 年 8 月，华为与 IBM 公司启动"IT 策略与规划"项目，开始规划华为在未来 3 到 5 年内需要开展的业务变革和 IT 项目，包括 IPD（集成产品开发）、ISC（集成供应链）、IT 系统重整、财务四统一等 8 个项目。除此之外，华为还从著名的人力资源公司 Hay 集团引进了"职位与薪酬体系"，并将英国国家职业资格管理体系（NVQ）引为企业职业资格管理体系。华为的整个企业管理运作层大规模、全方位的变革运动开始了。

在人们热议"互联网"这个词汇时，任正非亦说道："华为是不是互联网公司并不重要，华为的精神是不是互联网精神也不重要，这种精神能否使我们活下去，才是最重要的。"也就是说，一切行为或命令只要是基于"活下去"这一使命，且有助于其实现，那么这些行为或命令便是被允许的。

【辅助阅读】理解外脑与内脑的差异

外脑主要是指来自企业外部的智慧力量；内脑主要是指来自企业内部的智慧力量。对规模大的、战略性的项目，以引进外脑力量为佳；但如果意图解决一些实际问题，利用内脑会更见成效。

为什么这样说？因为，外脑的优势在于其具有丰富的外部经验并与企业内部管理保持相对独立。要解决关乎公司整体战略的大问题时，企业往往需要突破旧有思维、抛弃老套经验、实现新型转变，这往往是内脑的力量难以实现的——内脑的优势在于其对企业内部的全面了解和对管理成本的节约。

事实上，如果企业要将外脑和内脑相结合，企业的一般程序是：先导入外部战略和实施技巧，然后培养企业内部讲师（内脑），最后再进行思维、经验、技巧等方面的传输。

（2）专注于单一领域。

专注是华为活下来并强大起来的另一种力量。《华为公司基本法》第1条规定："为了使华为成为世界一流的设备供应商，我们将永不进入信息服务业。通过无依赖的市场压力传递，使内部机制永远处于激活状态。"华为长期坚守在通信设备供应这个战略产业中，不仅满足了应对公司运营高压强的需要，也为结成更多战略同盟打下了基础。

有时候，商业上的竞争是很奇怪的，因为，企业为了排除潜在的竞争者，可能会不吝成本。在通信运营这个垄断性行业中有一种现象是极为常见的：一个企业在某个区域获得一小部分的收益，但是却在更多区域，被其他运营商们关闭了其切入的通道。任正非深知人性的弱点，所以，他借助坚守本业务领域的方式，来守护华为的长远利益。

【辅助阅读】 马云解读专注力

一位创业者问马云：我曾经经营了一年的酒店，不到一年关门了；接着，我看到买房子的人很多，随后我卖起了整体橱柜和卫浴产品，做了五年，但反而赔了钱。最近，我发现山寨手机利润还可以，我开个手机店可以吗？

马云听后回答道："为什么你一直在赔钱？你没有入错行，只是你永远追在市场之后，追在今天最赚钱的行业之后……"绝大部分的失败企业之所以会失败，都是因为不够专注，它们总是追随着他人的脚步，这样只会使得整个市场范围逐渐变小；而企业自身也会因资源供给不足而最终走向失败。

企业作为一个经营实体，必须有属于自己的发展愿景，虽然每个企业都有一个"做大做强"的梦想，但是领导者们却必须时刻保持清醒：包括华为在内的无数成功企业之所以能够取得成功，恰恰是因其对经营领域保持着足够的专注。而一些企业却未能在发展的过程中聚焦于某一个点，一味追求做大做强，虽然它们可能一度位列行业内、市场上、全球范围内的排行榜前列，但这毕竟仅仅是一个符号罢了。企业唯有集中于一点去打好市场经营和运营管理的基础，才能在提升过程中仍然保持稳定。

一个不专注的企业必然难以维系生存，难以"活下去"。唯有保持专注，围绕一个区域去打拼，这才是每一个企业最应奉行的组织哲学。

最后我们要说的是，每个企业都应树立一个基于公益目标的使命，这个使命是能够激发责任感的，而不是完全意义上的利己主义的；它不应是人云亦云的，而应是符合自身的；它应该在企业内被持续宣讲，耳熟能详，深入骨髓，而不是流于浅表的；它应该有力地驱动人们去履行、去实践，而不是挂在墙上、写在制度里的口号。我们所能理解的是，当一个企业真正思考和落实

"如何将使命植入全员日常管理和业务行为之中"时，这一企业定然会在各个领域发现管理水平提升的方式和方法。

4.　系统整合

任何一个企业，当其在市场竞争中谋求生存之时，必须考虑系统整合问题。系统整合是指将企业运营涉及的各类资源（不论是物力资源还是人力资源），通过某种方式，使之彼此衔接，从而实现系统化的资源共享和协同工作。系统整合的要点在于将零散的要素组合在一起，并最终形成有价值、有效率的一个整体。

4.1　外部整合与内部整合

说起系统整合的价值，80多岁的中国工程院院士郭重庆曾如此说道："现在，谁有本事整合，整合者得天下。核心技术不是成败的决定因素，这似乎给我们一向迷信核心技术的中国人一个机会。我老是说，4G手机有核心技术，假如你今天有一个好的介质，你可以造一个新的核心的网，你是一个整合者。把自己的手脚和思想解放出来。"由此足见系统整合对于企业组织管理的重要影响力。要相信这个理念：没有科学整合的资源是无法发挥经济效用的，甚至都不能称之为资源。

系统整合可以分为两个方向：外部整合和内部整合。

（1）外部整合。

外部整合是指对企业外部的各类资源进行整合，使之发挥各自长处。垂直整合就是外部整合的一种流行模式。垂直整合，是指企业围绕着自身供应链条的上下游关系进行整合，这种整合既可包括供应商，也可包括自己的用户群。与坚信开放组织的理念如出一辙，华为也关注外部资源的有效整合。

2013 年开始，华为高端智能手机主要采用海思平台，推出数款采用海思平台的高端智能手机；华为平板电脑也开始采用海思平台，首款四核芯片平板电脑 MediaPad 采用的是海思的 1.5GHz 四核处理器。在任正非看来，华为高端智能手机和平板电脑都采用海思平台，主要看重的是海思的处理速度，它的快速能够为华为与竞争对手展开差异化竞争提供助力。

华为的这次转变不可谓不重大——华为将海思的市场地位提高，使之成为华为高端智能手机芯片的第一供应商，而华为业务管理也自此开始走向垂直整合的道路。

【辅助阅读】外部整合的概念和形式

外部整合通常是指两家企业在运营、组织和文化等各方面进行融合。外部整合的五种类型有：用户互动、应用连接、流程整合、建立集成、信息集成。这五种整合行为之间保持着互补关系，忽视其中任何一个方面，都可能导致企业在降低成本、提高效率、增加收入等方面出现失败。同时，它们彼此之间又是相对独立的，企业开始进行业务整合时，完全可以根据自己的实际需求，从其中一个方面着手，随后再逐渐在其他方面展开，最终实现业务整合的目标。

（2）内部整合。

内部整合是指企业根据优化组合的原则，将其内部产业和业务进行重新调整和配置。

1996 年，华为市场部所有正职干部（上至市场部总裁，下至各区域办事处主任）都提交了两份报告，一份是述职报告，一份是辞职报告。在竞聘考核中，包括市场部代总裁在内的大约 30% 的干部都被替换了下来。企业发展需要变革，但变革难免存在阻力，而阻力的最大源头在于组织内部的思维惯性。为此，华为必须对企业内部管理系统、人力资源进行大力整合，华为要让最明白的人、最有能力的人来承担最大的责任，这也是系统整合的核心目标之一。

【辅助阅读】内部整合的概念和目的

内部整合是在现有资本结构的基础上，通过调整内部资源（包括人员调配、开发新产品、拓展市场渠道等）的方式，来创造和维持现有的竞争优势。这种调整的核心是调节企业的产品结构、经营模式或组织的行为状态。

通过内部整合，企业现有资源会得到充分利用，生产规模得到一定程度的扩大，企业的核心能力也会因此得到强化。而后，它会在此基础上进行有目的的外部交易（如联合或参与 OEM 等），使企业的核心能力持续提升和强化。

在这一整合过程中，企业在内部管理机制和资产配置方面都出现变化，但是资产的所有权并不会因而发生转移。也就是说，内部整合是企业内部的经营管理行为，不与其他人或其他企业生成任何法律层面上的权利变更关系。

从内外部系统整合来看，被整合对象可以分为三大类别：流程、资源和人员。下面分别说说华为是如何对这三个领域进行系统整合的。

4.2 以流程为线索

在实际工作中，一些流程可能只有几个环节，也有一些流程可能有数以百计的环节。在一些复杂的流程中，一旦其中某一个环节排序不当、不合逻辑，将极大地影响到工作效率。因此，一个努力实现科学管理的企业，必然会针对业务流程、管理流程等进行系统化改造和优化，甚至重新设计，以实现流程整合。

在这方面，华为经历了无数的痛苦和反复的尝试。比如华为与 IBM 的合作项目"IT 策略与规划"，该项目的主要内容是对华为未来 3~5 年内即将开展的业务流程和 IT 支持系统进行系统的规划，具体内容包括：集成产品开发、集成供应链、IT 系统重整、财务四统一（财务制度和账目统一、编码统一、流程统一和监控统一）等。

IBM 顾问团队在 1999 年的调研报告中指出，华为的供应管理水平与领先的跨国公司相比，存在着极大的差距：华为的订单及时交货率仅为 50%，而同行业领先的跨国公司的平均水平为 94%；华为的库存周转率为 3.6 次/年，而跨国公司平均为 9.4 次/年；华为的订单履行周期长达 20 ~ 25 天，而跨国公司平均水平约为 10 天。IBM 顾问总结道，华为的供应链管理效率仅仅实现了 20%，存在着较大的提升空间。

IBM 顾问团队在经过长期调研后特别强调，华为供应链管理效率极为低下，仅仅提升产业链控制力是远远不够的，企业还应关注"端对端的整合力"，即：从原料采购、产品输出到客户管理等各价值环节中，借助自身独特的竞争优势，来重新整合资源（如原材料、制造、渠道、品牌等），重新设计作业流程。

管理者必须重视流程。同时，管理者也必须重新确立看待流程的方式：一些人仅仅把流程看作工作的程序——一种确保工作无误的程序性或规则保障，这种观点极其狭隘；流程的本质是资源整合的途径和管道，资源（人、财、物）必然通过流程流动起来，而流程是否合理，从根本上影响的是资源的经济效用。

（1）逐步设计新流程。

科学合理的流程是需要有意识地加以分析和设计的，有时候是优化现有流程。另一些情况下，通过对流程的诊断，如果发现流程中出现问题，亦可考虑重新设计流程。不过，虽然重新设计的是一个全新的流程，但必须在充分理解、认识工作任务和原有流程的基础上进行。

按照华为的做法，流程设计的第一个步骤就是深层次地理解现有流程。虽然有时不需要了解所有细节问题，但是却必须找出所有的核心流程；必须分别识别所有问题环节中的因果关系或 6~8 个核心流程，并在结束这一步骤之前，分析每个流程的关键环节以及现有流程的产出结果。

在这方面，企业常犯的错误是主观武断。人们很容易在直观上受到流程不合理的强烈冲击，所以企业中经常会出现各种对流程的批评。由于这种冲击很强烈，人们常常在没有深入研究现有流程的情况下按照直观印象设计新流程。这是极其不当的。经常出现的情况是：对也许只需要稍微改动的流程进行大幅度更改，当然更大的可能是新流程反而漏洞百出。

如果确认需要设计新流程，在将思路转变成设计的过程中，华为的流程设计人员会广泛征求对于流程、人员和技术的意见，同时会进行多次深入检讨。华为奉行的是这样的原则："以最快、最好、最省、最简单的方式做最正确的事情。"

（2）促进流程协调性。

如何促进流程最大程度的协调？这是另一个严肃的问题。华为在这方面做了很多的探索，但基本的思路可以归纳为简单的四条。

第一，要保证信息顺畅流转。为此，华为采用了工作流和门户等信息技术，实现信息在各环节之间的顺畅流转，及时沟通情况和传递信息，保证配合顺畅，提高流程的效率。

第二，要提高各环节操作者的能力，尽量减少各环节间高频率支援的机会，从而简化协调的环节。华为在北非所配备的人力资源远没有国内齐备，常常需要一人多能。客户通常需要对问题有个综合的快速判断和结论，需要华为在第一时间拿出解决方案和交付使用方案。客户的需要是多方面的，而接触客户的一线员工都是多面手。由客户经理、问题解决方案专家、交付使用专家三个人组成一个小组，可以就任何涉及工程合同的问题，现场拍板作出决定。这种高效工作模式让整个流程顺畅、快捷，为客户所乐道。

第三，要减少各环节操作者面对面直接交流的机会。华为公司的采购流程优化工作，通过共享数据库的方式来简化部门之间的协调，减少了各环节操作者面对面直接交流的机会，从而也从源头上控制了频繁交流带来的时间浪费，降低了造成理解误差的可能性。

第四，要采用全局的并行工程模式。流程各合作方的关系是相对的客户—服务的关系，但不是单向直线关系，而是双向反馈关系。这就要求各环节之间的协作能突破所在环节的限制，树立并行工程作业的思想，充分利用网络通信、共享数据库和远程会议等系统来协调各并行的独立活动，尽量避免各环节操作员工产生冲突。

（3）流程协调性检测。

新流程设计完成后以局部试点的方式进行检验。考虑到新流程设计的高风险性，华为在局部试点时一般不会选择核心流程，而是选择辅助流程。在见效比较快、职工基础好、管理者认识全面到位、对核心流程不形成致命影响的流程段进行试验，对工作的负面影响将是最低的。

事实上，为了全面验证新流程方案的科学性和适宜性，华为人会进行同时多点试验、长效试验或多轮反复试验，以期最终取得一套完整性强且可信度高的原始验证数据。

关于新流程中各环节之间的协调，华为关注两点：一是员工执行任务时的信息交流、沟通以及异常的检测处理，二是在新流程设计时充分考虑流程中人、技术和管理等要素和谐的问题。可以说，环节之间的协调处理被视为新流程设计过程中极为重要的阶段。

当然，新流程设计的完成，并不代表流程优化就此结束。华为也会要求流程中各环节的操作者在接下来的操作中不断发现问题，完善流程设计。这是一个持续不断的过程，事实也是如此：只有各环节始终保持协调运作，才能实现业务流程重新设计的最初目的。

4.3　资源整合与共享

资源整合是指针对物资、信息等资源的供应情况进行统筹整合，以实现精益的供应状态。事实上，华为的每一项业务，即便是他们引以为傲的研发工作，也是离不开对于研发资源的强力整合的。

【辅助阅读】资源整合的概念

在不同的层面上，资源整合的概念理解是有所不同的。

在战略思维的层面上，资源整合是一种基于系统论的思维方式。企业内部职能通常相互关联却又彼此分离；企业外部合作伙伴，通常既参与共同使命又拥有独立经济利益。而在资源整合时，企业会通过组织和协调的方式，将它们整合成一个为客户服务的系统，最终取得 $1+1>2$ 的效果。

在战术选择的层面上，资源整合是一种有助于优化配置的决策模式。它根据企业发展战略和市场需求情况，重新配置一系列相关资源，用以彰显企业核心竞争力，并寻求资源配置与客户需求满足之间的最佳结合点。其主要目的是通过制度安排和管理协调等模式，来强化企业竞争优势，提升客户服务水平。

2012 年，华为副董事长兼轮值 CEO 胡厚昆在亚太经合组织（APEC）工商界主题论坛上发言指出，在当下的商业环境下，资本、物资、信息必须在全球范围内方便地流动，这使得"全球化公司"和"本地化公司"这两个概念变得越来越统一。这段话，你可以理解为：本地化公司也是全球化公司，反之亦然。华为的商业实践便是要将"全球化"与"本地化"结合在一起，整合全球最优资源，打造全球价值链，并帮助本地化公司发挥出全球价值。

每一个全球化公司都必须对本地化需求予以足够的关注，并提供一系列差异化产品和服务，这样才能确保自己在全球范围内取得的成功得以延伸至本地市场。另一方面，在这个信息技术高度发达、经济高度全球化的环境里，那些具有明显的本地化属性的文化、产品、服务，往往能在较短的时间内被推广到全球范围内，这便使得更多的本地化公司具备了实现全球化运营的潜力特质。

【辅助阅读】UPS 的资源整合

在商业环境中，资源整合行为不仅发生于华为，它在很多企业中都是存在的。以 UPS（联合包裹服务公司）为例，该公司也曾对供应链管理服务资源进行有效的整合。UPS 原本为客户提供供应链管理服务的有物流集团公司、货运服务公司、金融公司、咨询公司和邮件管理公司等。2002 年，UPS 将这些公司进行了整合，新设了供应链管理解决方案事业部。

UPS 之所以重新整合供应链管理服务资源，主要是因 UPS 在 2002 年年初决定将公司定位为"一个完全的供应链管理服务公司"。可见，广受推崇的"一站式"服务经营模式，从本质上来讲仍然是一个企业资源整合的过程。

（1）理解全球化的资源整合。

对于全球化，胡厚崑表示："全球化不仅仅意味着运营的全球化、投资的全球化，更需要建立一种新的商业理念。这种理念是将全球市场视为一个单一市场，像在单一市场一样构建全球的价值链，并将全球的优质资源都整合到这个价值链里面，使每一个单一节点上创造的价值都有可能在全球范围内被分享。"

目前，华为在全球各地建立了 16 个研究所、28 个联合创新中心和 40 多个专业能力中心。通过这些机构，华为与全球数百个合作伙伴展开亲密合作，将自己的全球价值链打造成为一个全球化的创新平台——几乎全球的客户都可以通过这个平台，在最短的时间内了解到一系列来自全球的最近的创新成果。

（2）理解本地化的资源整合。

对于本地化，胡厚昆则指出："本地化不仅仅意味着本地雇用、本地纳税和提供适合本地需求的产品。更高层次的本地化应该是通过与本地优秀企业进行产业分工合作，将它们的创新能力整合到华为的全球价值链，并通过这个价值链将本地的创新成果推广到全球，使本地创造真正发挥出全球价值。"

在与全球范围的优秀公司进行合作的过程中，华为对全球合作伙伴的能力也进行了高度整合。所以，在华为的全球业务得到发展的同时，其合作伙伴的业务也得到了良性而广泛的拓展。华为作为全球化的企业公民，全力促进与合作伙伴在全球范围内的共赢，这无疑是华为价值的独特呈现。

由是而观，全球化与本土化的实践结合，无疑使优秀企业更好地作出了更大的贡献，也使任何一个企业都能够更好地利用自己的优势资源，从广泛的全球价值链中获益。

4.4　充分发挥人员合力

从资源的概念范畴来看，人员也是资源，因而人员整合也应位列资源整合的范围内。但由于人员整合是华为组织管理中的一个重点，因而特别列出来讨论。

人员整合的重点是，针对现场需求与人员现状之间的对应状态进行整合与调整。由于企业内外部元素随时可能发生变化，企业管理者必须慎重考虑人员整合问题，确保人员整合到位，能够适应当下环境要求。华为的人员整合主要从两个方面来切入，一是基于成本考量，二是基于职能实现。

（1）基于成本的人员整合。

人员组织管理在企业运营中的重要性，无论怎么强调都不为过。要理解的是，人员组织管理的重点不在于机械地、盲目地压缩人员成本额度，而在于人员利用率是否实现最大化——人员利用率最大化，人员价值才得到充分发挥。有什么方式可以实现这样的效果呢？华为的做法是充分在"人员定岗"、"片联组织"、"临时安排"三个方向上下力。

"人员定岗"是指将固定人员安排在固定的岗位上，在一定时间段内他将持续承担此项工作。当人员定岗后，人员专业水平将有机会持续提升，公司整体的运行效率会随之提高，同时也可以减少人力方面的不必要浪费。就我们的了解，华为的岗位管理体制是非常先进的，在某种意义上这也是国内诸多企业在学习华为的人力资源管理时要充分考虑的一个方向。

【辅助阅读】人力资源定岗管理的原则

①因事设岗原则。人员组织管理应按照职责范围划定岗位，而不应因人设岗；当岗位设定完毕后，再去配置适宜的人员。即：岗位和人应是设置和配置的关系，而不能颠倒二者的关系。

②人事相宜原则。指将适宜的人员安排到与之契合的岗位上。通常从人员能力、性格的角度来考虑人事匹配度的问题。

③整分合原则。指在现场管理整体规划下，实现明确分工，然后在分工基础上有效地综合，这样便可以使人们在落实个体岗位职责的同时又能实现多方的同步协调，最大程度地发挥人员组织效能。

④最少数量原则。在保障工作任务能够按期、保质保量完成的基础上，将岗位与人员数量压缩到最低程度，既考虑到最大限度地节约人力成本，又要尽可能地缩短岗位人员之间的信息传递时间，提高现场组织的战斗力和竞争力。

"片联组织"是华为的一种人员整合机制、内部人才流动机制。2013 年 7 月 19 日，任正非在华为内部会议上宣布成立"片联"组织，该组织是个新生

事物，甚至连名字都是华为自创的新名词，其主要职责便是主管华为内部干部队伍的循环流动。

【辅助阅读】对华为片联组织的理解

所谓片联，即片区联席会议。根据华为的定义，它是代表公司协调和监督权力以及干部管理的特派员机构。片联组织独立于正常公司运营流程之外，并联于流程运作，其作用是激活流程的流动性。

华为的片联组织要求，其成员必须是具有资历、经验、威望的华为资深管理层。这样的素质要求，与片联所担负的组织责任有着莫大关系。任正非希望以片联组织的形式，推动华为干部呈"之"字形成长，从实践中选拔优秀管理层，消除地方主义和部门利益对公司发展带来的损害。

应当说，这是华为正在探索的一项管理创新，其主要出发点可以理解为通过一个相对独立的机构推进人才发现和选拔，以人才发现和选拔的方式拉动人才成长。此项组织创新效果可期，但仍然还需要观察其发展实践。

所谓"临时安排"主要指人员安排或临时组织建设。在现场中出现临时性任务时，当下人力不足，如果为此项目聘用更多人力，那么待任务结束后便会面临人员闲置的问题。对此，华为的管理者会针对某些工作事项来聘用临时工，当任务结束后即结束用工关系，如此便可以极大地节约用工成本。

此外，在处理一些非常规事务时，华为的管理者亦可以临时从其他部门或现场调配人员，建立一个临时性组织，来处理事务。待任务结束后，便宣布解散该临时组织，人员便复归原位。对于企业而言，仅仅是人员调动而已，却不会带来人员招聘、培训、离职等诸多成本。

（2）**基于职能的人员整合。**

人员整合的目的是为了实现指定的职能，而职能实现程度需要从绩效考核结果、员工工作态度两个方面来评估，如图1—3所示。

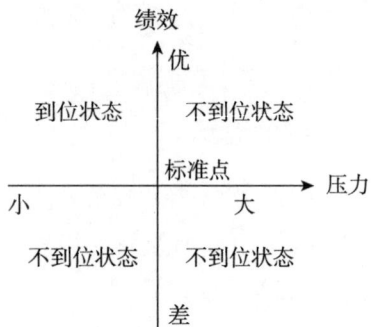

绩效

优

到位状态 | 不到位状态

标准点 ——→ 压力

小 | 大

不到位状态 | 不到位状态

差

图1—3 职能实现程度

华为对待人员职能整合是否到位的判断标准就是这两个：结果与态度。如果绩效考核结果（如速度、质量、数量）都是达标的或处于合理水平，而员工亦抱持着积极的态度去面对工作，即可判断为人员整合状态很到位。如果绩效考核结果未达标，而员工又感到工作压力较大，对工作较为抵触，那么即可判断为人员整合不到位。

保障在职能实现方面人员整合到位的措施可以归纳为三个方面：专项工作小组形式、职能协作小组形式以及跨职能部门联合。

【辅助阅读】人员整合的三种常用形式

人员整合的实践是基于职能实现而发生的。有效的人员整合形式主要有三种类型：

①专项工作小组。专项工作小组是围绕某个业务单元开展单一项目的工作人员的集合。专项工作小组组建更强调小组成员的专项业务能力。契合的专业业务能力更有助于实现整个业务单元的职能。诸如"××研发项目小组"命名等，都属于专项工作小组的范畴。

②职能协作小组。职能协作小组通常是由职能或能力互补的工作人员组成

的小范围团体（一般6人左右，最多不超过10人）。这类小组的最大特征是互补性，这种互补有助于达成整体目标；并且，他们补充彼此的能力短板，能够在彼此需要时提供必要的支持和帮助。

③跨职能部门联合。跨职能部门联合是指不同职能部门或岗位之间，通过灵活的联合、协调、沟通完成某项任务。从功能上来说，跨职能部门联合相当于职能协调小组的规模放大。

从整体来看，华为的三大整合方向和手段，使得华为可以消除组织运作过程中的浪费，各项资源均得到了充分而有效的使用。人员充分整合是比简单地提高员工个体效率更为有效、更有价值的组织管理思路。

5. 学习型文化

企业持续的成长和发展有多重要？遵循不进则退的规则，企业不成长不发展意味着它将不断地被边缘化，最后被市场消灭，简言之就是"不成长就死亡"。关于这个道理，任正非的表述更入心，在《华为的冬天》一文中，任正非直言：十多年翻来覆去想的不是成功，而是失败。

企业作为一个组织必须培育成长力。成长力是指有助于企业持续获利的竞争能力。企业组织是有生命周期的，它就像树木，从一棵幼苗长成参天大树，便是一个成长的过程。而我们所需关注的不仅是它的成长结果，还要关注它的成长过程，以及成长过程中所需的空气、水、土壤等养分。这些养分在企业经营领域可能是企业文化氛围、人员、市场环境等。

5.1　成长也是硬道理

企业成长主要是企业从结构、投入、组织氛围建设等多个方面而展开的能力提升，是促动企业发生质变的过程。企业成长的发生表现为各个方面，比如，开放合作、内部管理变革、研发型投入、学习型组织等，都会给企业带来一定的影响。其中，内部管理变革会使组织的核心运作机制能够持续强化；创新性投入则可强化内部管理和成果研发，从而逐步强化企业组织的成长能力；而建立学习型组织，是为了建立有助于企业成长的企业氛围。

以开放合作为例，任正非指出，一个企业要想成长，那么它必须实现开放合作，绝不能自我封闭。华为在开放合作方面的成长管理，主要表现在两个方面：第一，与客户和供应商建立稳固的合作关系，加强与国际、国内主流运营商的战略合作，提高供应链的响应速度和服务优势；第二，扩大与爱立信、诺基亚、西门子、摩托罗拉、高通、惠普、IBM 等友商的多层次合作，共同构建面向未来的、多赢的、共生的发展模式，以更好地为全球客户创造价值。通过开放合作，华为增强了自己的竞争能力，加快了自己的成长速度。华为从昔日的小作坊发展为一个国际性大公司，其成长力自然是不容小觑的。

【辅助阅读】关于企业成长力的观点

林平凡：一个企业的自身结构和功能与当地企业群体的关系如何，并没有发现这方面的专门文献，但可以肯定的是，这种关系是客观存在的。也就是说，企业的成长必然受到周围企业的影响，如竞争与合作的关系处理，业务关系中有竞争、替代、互补等，还有学习问题，所有这些都会在企业结构与功能上有所反映，而且在企业规模上也会有所反映。一个企业是更加"依赖于"企业群体，还是更加"独立"？

吴晓波：如果我们要判断一家企业是否是一个稳定和成熟的企业，首先要观察的是，它在过去的两到三次经济危机、行业危机中的表现如何，它是怎样渡过成长期中必定会遭遇到的陷阱和危机的。如果你面对的是一家在几年乃至十几年的经营历程中一帆风顺、从来没有遇到过挫折和失败的企业，那么，要么它是一个上帝格外呵护的异数，要么，它根本就是一个自欺欺人的泡沫。

注：林平凡，广东省社会科学院研究员、教授，研究生导师，中山大学EMBA 校外导师。吴晓波，"蓝狮子"财经图书出版人，绿地控股股份有限公司独董候选人。

5.2　用管理变革拉动

长期以来，组织效率低下是国内很多企业所要面对的大问题。如何建立起高效运作体系，推动企业的持续成长？实践证明，只有随着企业发展过程而坚持不间断的管理变革，才能打造出有核心能力的运作体系。华为从 1996 年起草基本法开始，20 多年来从来没有停止过的管理变革，也证实了这一点。

华为的管理变革，主要经过了自主优化、引进复制、创新发展三个阶段。

（1）自主优化阶段。

华为的自主优化阶段从 1988 年一直持续到 1998 年，这一阶段的主要变革工作包括：《华为公司基本法》起草、QC 品质圈实施、ISO 质量体系认证以及各职能优化。

在这一阶段中，华为的管理变革以解决企业管理中的具体问题为主要任务。比如研发管理变革，主要强调把握战略机会点、集中优势能力，这在华为发展初期取得了非常好的效果，也为企业的快速发展提供了极大的帮助。当然，自主优化阶段虽然取得了成功，但同时也非常痛苦——在持续摸索过程中，华为的业务进展极为缓慢，且走了不少弯路。以《华为公司基本法》的制定为例，1995 年，华为开始酝酿基本法；1996 年，由中国人民大学教授彭剑锋、黄卫伟、包政、吴春波、杨杜、孙建敏等组成的顾问专家组，谨慎斟酌基本法的核心内容和细节；经过三年时间，八易其稿，最终《华为公司基本法》在 1998 年 3 月出炉。时至今日，基本法仍然指引着华为人的行为。

总体来说，在 1988 年至 1998 年，虽然华为人仍然存在一定的认知局限性，且经常为事务性工作所束缚，但他们无时无刻不在努力寻求突破口和更好的发展机会，这也为华为公司建立了良好的变革文化。

（2）引进复制阶段。

引进复制西方管理体系阶段从 1998 年开始，直至 2008 年。在这个阶段里，华为陆续与 IBM、Hay、Mercer、德勤、盖洛普、Oracle 等诸多国际型公司合作，并对华为公司实施了六个方面的变革，内容包括业务流程、组织、品质控制、人力资源、财务客户满意度等。

在这一阶段里，华为为自己作出了明确的定位：一个包括研发、销售和核心制造的高技术企业。同时，华为还确立了"建立流程化组织"的目标。同样以研发工作为例，华为成立了由市场人员、开发人员、服务人员、制造人员、财务人员、采购人员、质量人员组成的团队（PDT）；同时，为了确保产品研发全过程的信息透明化并使客户需求得到一次性满足，华为还借助各种先进的管理理念及工具，对整个产品开发过程做好决策和管理。

此外，华为还进行了信息化管理工作。华为将经过实践验证的成功的流程科学纳入信息系统，有效实现了电子化流程管理和业务信息数据化管理。这样一来，华为便建立了从客户端（需求）到客户端（供应）的规范的信息化控制体系，摆脱了企业管理对个体的依赖，真正实现了对企业的职业化与专业化改造。

在复制阶段，华为将变革重点放在了外部咨询公司的力量上——华为希望通过专业咨询公司的帮助建立起标准化的管理体系，使企业管理的可控性得到大大改善。

然而，随着西方管理体系在华为逐步建立和实施起来，西方管理体系的缺陷也逐渐暴露出来——管理体系中有过多的流程控制点。这不但降低了运行效率，而且易于滋生官僚主义、教条主义，这使得华为的管理变革再一次被提到了日程上。

(3) 创新发展阶段。

2008 年金融危机可以称得上是中西管理模式的分水岭，越来越多的企业家开始从新的角度去评价西方管理模式的优势和弊端。因此，基于之前引进的管理模式进行管理创新行动，一时间成为中国企业管理变革的新型特征。华为将自己在这一阶段的工作设定为：以一线作战需求为中心，来进行组织与流程变革。

为了对各地区部、代表处、产品线、后方平台等的一线作战模式进行行之有效的落实，华为公司在本阶段主要推行了两件大事：一是，确定一线组织结构，该组织结构的典型特征是"以代表处系统部'铁三角'为基础，轻装及能力综合化"；二是，借用美军参谋长联席会议的组织模式，提出了片区的改革方案。

在这一阶段中，任正非开始强调自主创新与自我复制，提出"要善于总结我们为什么成功，以后怎样持续成功，再将这些管理哲学的理念，用西方的方法规范，使之标准化、基线化，有利于广为传播与掌握"。这不但是这一阶段华为管理变革的指导思想，也为华为未来管理变革指明了方向。

【辅助阅读】企业变革的概念与动因

企业变革是指企业人员（通常是管理者）主动对企业原有状态进行改变，以适应企业内外环境的变化，并以某个目标或愿景为取向而展开的一系列活动。企业变革的动因可以归纳为以下几个方面：

①企业一般外部环境的变化。企业一般外部环境是指企业面临的 PEST：政治法律（Political/Legal）、经济（Economic）、社会文化（Social/Cultural）和技术（Technological）等外部环境因素。企业外部环境的变化会使原有制约得以放松，如新技术的采用等；也可能会对企业经营活动造成一定制约，如日

益加强的环保要求等。

②企业具体外部环境的变化。企业具体外部环境是指与实现企业目标直接相关的那部分外部环境。企业具体外部环境的变化，主要取决于企业产品或服务的范围变化及对应细分市场的变化。

③顾客需求的变化。顾客需求日益多样化、个性化，客户需求不确定性随之飙升，同时客户对产品的性能、质量、价格和交货期等方面的要求也越来越严格。企业必须适应顾客需求的变化，故而，源于这种推动力的变革也显得日益重要。

④企业内部环境的变化。当在企业内部出现某些情况时，企业就必须进行变革，否则企业很容易被市场淘汰。这些情况包括：官僚主义、业务流程不顺畅、部门冲突加剧、组织僵化、集体利益被严重忽视、缺乏创新等。

5.3 跨地域的交流

一个企业的快速成长，有赖于企业个体的行动观念的一致性和业务能力水平的提升。在这方面，华为率先采取的措施是：让国内外员工成为同路人。所谓同路人，是减少不同区域员工之间的文化、语言等障碍，使员工了解华为、认同华为，在建立一致价值认知的基础上再去共同学习与进步。

华为早年策划过一个行动，叫作"掺沙子"行动。2007年8月，华为位于国外的销售服务体系启动了这项计划，为一些优秀的海外本地员工提供业务能力培训，以使之有能力去承担更大的职责；同时，提升华为国内工作人员的英文能力，更有效地倾听国外员工的声音。在这一风潮下，华为体系内各部门根据业务特点及实际情况，迅速开展起各具特色的"掺沙子"行动，如：全球技术服务部门的"金种子计划"、销服干部部门的"Star计划"、全球产品行销部门的"候鸟行动"、全球销售部门的"凤凰行动"，等等。

在"掺沙子"行动中，海外代表处率先推选出一些优秀的本地员工到中国；国内工作人员则为他们量身定制出极为详细缜密的培训计划和项目实践计划，并指定对应的导师，为其提供指导、答疑解惑。就这样，海外本地员工按计划参加项目实践、技能培训、文化培训、参观交流，身临其境地切实了解华为管理运作模式，并感受华为的内部组织文化；而国内工作人员则与海外本地员工不断沟通，学习后者的工作经验，同时倾听海外本地员工的需求与困惑、思考和收获。当 2 ~ 6 个月的实践期结束后，华为组织了正式的培训答辩活动，以此检验"沙子"们的学习成果。在这个答辩过程中，业务导师一一为"沙子"们给出评价意见，指出优点、不足及改进的方向。

华为销售服务管理人员对"沙子"们及国内工作人员后来的表现进行了跟踪调查。结果表明，"沙子"们的业务能力有所提升；对华为的价值观更加认同；与中方员工、中方主管的相处、沟通和互动更加和谐融洽；他们会将在国内的所见所学与其他海外本地员工分享，对后者也产生了非常积极正向的影响。国内工作的员工们在"沙子"们到国内进行交流学习的过程中，也感受到了"沙子"们带来的国际化气息：最前沿的工作经验、第一线的工作视角、本地化的工作思考，等等。

总体上说，跨地域地整合华为人的认知，通过经验分享和业务培训，来强化华为内部交流、学习与进步，这是"掺沙子"行动的初衷，是华为学习型文化建设的突出成果。不过，这仅仅是华为文化建设的一小步而已。

5.4　推进全员学习

随着华为的不断发展，华为的文化建设思路越来越明确，即：将自己打造成一个学习型组织。为此，华为做出了各方面的努力，并于 2005 年正式注册华为大学。目前，华为大学已经拥有 300 余名专职和逾千名兼职培训人员，他们遍布华为位于中国和世界各大洲的分部/代表处。

华为大学的建立，旨在借助中西管理智慧和华为管理实践经验，来培养一大批优秀的职业化经理人。简言之，华为大学被视为华为培养人才、选拔干部的重要阵地，而按照任正非的话来说就是"把华为大学变成培养将军的摇篮"。

在实践中，对内，华为大学依据企业发展总战略和人力资源战略，建立了企业人员培训管理体系，并通过培养工作人员和管理人员，来推动企业的战略落地、业务发展和人力资本增值等目标的实现。对外，华为大学积极配合企业业务发展和客户服务策略，为客户和合作伙伴提供了极为全面的技术和管理培训解决方案，极大地提升了客户满意度；同时，通过积极分享企业管理实践经验，华为也与同行业者共同提升了企业竞争力。

为了更好地建设学习型组织——华为大学，华为特别做出以下要求。

（1）讲师资质方面。

讲师必须是有实践经验的人，没有实践经验的人不允许授课，只能担任组织管理工作，而且以后全部被派遣到一线去服务。市场竞争没有人们想象中那么复杂，也没人们想象中那么简单，如果讲师在授课时抓不住要领，不知道如何应对实践，那么参训的学员面对问题时亦将无从应对。

（2）教学案例方面。

华为大学的所有教学案例都来自于华为或社会的真实的企业管理案例，那些本本主义的案例完全被禁止使用。虽然这些真实的案例有时难以成为最理想的培训教材，但它具有实用性——他人可能在这方面取得了成功，学习者能学以致用或加以完善补充。

（3）学习思想方面。

华为奉行"不断学习"的思想，要求员工善于不断学习，事实上，这也是学习型组织的典型特征。所谓"善于不断学习"涵盖了四重含义：

一是强调"终身学习"，即：华为倡导员工终身学习，认为这样才能形成组织良好的学习气氛，促使企业上下在工作中不断学习。例如，虽然任正非已年逾70，但他仍然坚持读书。

二是强调"全员学习"，即：企业上下都全心投入学习，尤其是经营管理决策层，他们是决定企业发展方向和命运的重要一层，因而更需要学习。最为典型的事例莫过于华为人学外语。华为最初拓展海外市场时，很多技术人员并不会外语，而招聘来的会外语的员工又不懂技术。为了解决这个问题，与客户有效沟通，华为要求所有技术人员学好外语。当时，那些工号100以内的老员工的外语水平很差，但却不得不每日苦练外语，甚至在国外出差时会专门聘请硕士学历的助理，由他们担任秘书加翻译的工作，并请外教持续教授外语。就这样，华为人开始能够流畅地与国外客户沟通。

任正非不仅鼓励内部的新员工和老员工学习进步，甚至还鼓励员工家属努力学习。在一封致员工家属的信中，任正非这样写道："不要以为过了学生的时代，就不用读书了，要让读书成为生活的一部分。很多人都说自己没有时间读书，那要看我们如何挤出读书的时间。对一个职业女性来说，要想有一个完整的几个小时的学习读书时间几乎是不可能的……"由此足见华为学习氛围的浓厚。

三是强调"全过程学习"，即：学习必须被贯穿于企业组织系统运行的整个过程之中。美国管理学者约翰·瑞定提出了一种被称为"第四种模型"的学习型组织理论。他认为，任何组织运行都包括准备、计划、推行三个阶段，而学习型组织不应该是先学习再准备、计划、推行，而应强调学习与准备、学习与计划、学习与推行的同步。

四是强调"团队学习"。华为不仅重视个人学习，更强调企业全员的合作学习和群体智力的开发。在华为中，项目小组是最基本的学习单位，项目小组本身应理解为彼此需要他人配合的一群人，其学习目标也是面向群体目标实现而设计的。

总体上说，华为的学习型组织主要要求人们通过保持学习的能力，及时铲除发展道路上的障碍，不断突破组织成长的极限，从而保持持续发展的态势。

【辅助阅读】学习型组织的概念

当今所有企业，不论其遵循着怎样的管理理论，皆可分为两大类型：一类是等级权力控制型，另一类是非等级权力控制型，即学习型组织。

"学习型组织"这一管理概念最初源自美国管理学者彼得·圣吉，彼得·圣吉在其著作《第五项修炼——学习型组织的艺术与实践》中提出：企业应建立学习型组织，其含义为：面临变化剧烈的外部环境，企业组织应力求精简、扁平化、弹性因应、能熟练地创造、获得和传递知识；同时，组织内部成员终身学习，善于修正自身的行为，不断自我组织再造，以改善和提高整体的能力，维持企业的竞争力。

任何企业组织的成长都应伴随企业发展的始终。企业管理者应认识到这一点，寻找各种方法和策略，去深入考虑如何提升企业的成长力。华为如是，每个企业也应如是。

6. 自我批判

众所周知，任正非一直强调自我批判，甚至将自我批判精神看成他对华为人最大的期望和要求。在任正非看来，自我批判的能力，实际上是一个人自我领导、自我管理的理智力、自律力和内在控制力，它是一个人在思想上、观念上吐故纳新，不断升华和成长的过程。从一个组织的角度来说，它使得全员拥有强大的内心，进而转化为高效的组织行动力。

6.1 把全员的心打开

"为什么要强调自我批判？我们倡导自我批判，但不提倡相互批评，因为批评不好把握适度，如果批评火药味很浓，就容易造成队伍之间的矛盾。而自己批判自己呢，人们不会自己下猛力，对自己都会手下留情。即使用鸡毛掸子轻轻打一下，也比不打好，多打几年，你就会百炼成钢了。"任正非在《华为的冬天》一文中慷慨将激昂地陈述道。

华为的发展历程，不乏大量的败笔，但华为一次次地实现了超越。从 HJD48 的模拟 PBX 交换机研发开始，到 A 型机、C 型机、B 型机、128 校园卡、201 校园卡，A8010，都是华为在原有错误、不足的基础上，不断地进行优化改进研发出来的。华为人在对错误、落后进行批判的同时，也使自己得到了成长和陶冶，成为强者。

【辅助阅读】批判与进步

自我批判与安于现状是一种相对的组织管理状态。一些企业在发展至一定规模后会固守成果，认为做好维护工作便已足够。但是，组织管理如逆水行舟，一旦没有进步，就会出现后退，无法因应时代和市场的发展。企业管理者想要进步，则要秉持自我批判的意识，努力从本企业的当前现状中找出有待改善的空间，并采取有效组织行为，推进企业组织的持续进步。

（1）破除狭隘思想。

2008 年，华为的一位一线人员听到客户不经意说了一句："我们的机房空间有限，却要安装你们三套网管系统，或要摆几台电脑。我不明白，都是华为的设备，为什么不能统一网管，搞得这么麻烦？"当时由于传送、接入、城域、IP 等产品领域各自为营，网管自然没有统一的解决方案，也就出现了客户口中的有几类设备就要摆几台网络管理终端的情况。

听取了客户的抱怨，产品线决定开发统一网管解决方案，来协助客户优化管理。不过在开发过程中却出现了专家互相"打架"的局面：传送网管的技术专家坚持按"设备"管理方案；接入网管的专家坚持按"特性"管理方案……几方人员皆不退让，前后讨论了十几轮，问题始终未能得到解决。

这时，一位主管说："我们每个领域专家不能只看到自己方案的优点，每个人都自我批判一下，别人的方案究竟有没有真正出色的地方？"大家听完顿感愧疚不已。于是，大家开始心平气和地交流，最终融合了原有设计，解决了架构难题。

在 2009 年的网络技术专家反思会议中，专家们再次提及这次经历，不少人感慨道："之前的确是因为自己心态不够开放，习惯于从自己的角度考虑问题。其实我们更需要如海绵一样开放的心态，去接纳和欣赏别人。"

华为的网络技术专家由最初互不相让，之后通过自我批判，认识到了自己在思想上的狭隘性，转变了观念，从而开放心态，通力合作，完成了架构难题。工作中多一些自我批判和反思，会让团队成员更容易达成一致，发挥优势互补作用。

（2）为优化和建设而批判。

华为与国际巨头相比还是一个年轻的公司，这也是大多数企业的现实状况。而且，华为公司里年轻人占了大多数，公司内部充满了活力和激情，但不可否认的是，华为在管理和认识上也因此带有一些幼稚和自满，例如，决策轻率、意气用事、管理随意化等，这使公司和个人业务经常遭遇挫折。对此，任正非强调："只有不断地自我批判，才能使我们尽快成熟起来。我们不是为批判而批判，不是为全面否定而批判，而是为优化和建设而批判，总的目标是要提升公司整体核心竞争力。"

2001 年，由于在程控交换机上的成功，华为自信满满地选择 iNET 作为软交换的潮流。但是，中国电信最终却选择了爱立信、西门子、朗讯、阿尔卡特、中兴在内的五家公司开展试验，唯独华为公司被排除在外。同时，在 GSM 项目上 MSC 从 G3 到 G6 市场没有大的突破，UMTS V8 项目也遭遇失败，3G 电路域核心网、PS 分组域长期投入没有回报……华为公司在业界遭受了重大打击，华为的严冬似乎就这样到来了！

此时，任正非祭出了华为的法宝——自我批判，反思造成种种失误的原因。当华为认识到错误——故步自封、以我为中心的观念，让下一代产品的规划偏离了客户需求后，华为在 NGN 上重新站起来，最终得到了中国电信的认可，被纳入试验对象。

由是而观，华为为自己的自满、幼稚付出了不小的代价，好在华为的自我批判让公司及时调头，避免了再次遭受打击。可见，自我批判确实是克服自我幼稚病的良方。对此，任正非在《为什么自我批判》一文中写道："我们处在 IT 业变化极快的十倍速时代，这个世界上唯一不变的就是变化。我们稍有迟疑，就失之千里。故步自封，拒绝批评，忸忸怩怩，就不只千里了。我们是为面子而走向失败，走向死亡，还是丢掉面子，丢掉错误，迎头赶上呢？"任正非认为，不断地自我批判才能够让人抛开面子，直达问题本质。

（3）努力活下去。

企业，要么生存，要么灭亡。如果选择生存，就要更好地生存。这是华为的生存哲学。如何活下去，并活得更好呢？任正非是这样说的："要'活'下去，就只有超越自我；而超越自我的必要条件，是及时去除一切错误。去除一切错误，首先就要敢于自我批判。"某种程度上也可以说，是自我批判的精神成就了今天的华为。

华为的 C&C08 机正是因为不断地否定、肯定，又不断地否定，才有今天的 C&C08 iNET 平台。

"如果有一天停止自我批判，iNET 就会退出历史舞台。"

"如果没有长期持续的自我批判，我们的制造平台，就不会把质量提升到 20PPM。"

"没有自我批判，克服不良习气（散漫、自由、富于幻想、不安分、喜欢浅尝辄止的创新），我们怎么能把产品造到与国际一样高的水平，甚至超过了同行……如果没有这种与国际接轨的高质量，我们就不会生存到今天。"

"只有长期坚持自我批判的公司，才有光明的未来。自我批判让我们走到了今天；我们还能向前走多远，取决于我们还能继续坚持自我批判多久。"

面对上千员工，任正非这样说。

2000年9月1日下午，研发体系组织了几千人参加"中研部将呆死料作为奖金、奖品发给研发骨干"的大会。会上，华为把研发中因工作态度不认真、测试结果不严格等造成的废料器件，把那些为了去救火而购买的机票，都用镜框一一装裱起来，作为"奖品"发给了研发系统的数百名骨干工作人员。在这次"颁奖大会"上，任正非这样鼓励华为人："只要勇于自我批评，敢于向自己'开炮'，不掩饰产品及管理上存在的问题，我们就有希望保持业界的先进地位，就有希望向世界提供服务。"

任正非说得没错。任何危机事件的发生，都必然会经历从无到有、从小到大、从轻到重的累积发展过程。就像这个"颁奖大会"，如果华为没有举行"颁奖大会"，那么研发人员可能始终认识不到问题的严重性；而当他们发现问题的时候，往往已经给华为带来了巨大损失。

时隔八年之后，同样的会场，主题却是"表彰大会"。然而，八年前的自我批判和八年后的表彰，都是华为坚定不移地坚持自我批判，不断反思，以实现组织进步的结果。

6.2　有批判才有进步

任正非在《为什么要自我批评》中写道："真正的科学家，他的一生就是自我批判的一生，他从不满足于现阶段的水平，不断地深究、探索。当一个科学家要退休时，你问他，他的成果怎样，他滔滔不绝地说的是存在的问题，改进的方向，以后要达成的目标，他就是自我批判。没有自我批判，我们的08机早就死亡。正因为我们不断地否定，不断地肯定，又不断地否定，才有今天暂存的C&C08 iNET平台。如果有一天停止自我批判，iNET就会退出历史舞台。"

那么，为什么要进行自我批判呢？为了让华为人不断地进步，任正非要求华为人能够"每日三省吾身",每天都及时、深刻总结自己工作、学习中获得的各种经验与教训,并能发现自身不足、不断改进,最终一步一步走向成熟。

为了响应任正非的号召,华为公司会定期召开民主生活会,全国各地的代表处也无一例外。一开始,华为颁布的这个制度让很多人感到费解,连外界的同行也深感不可思议,但任正非却将这个制度坚持施行下来,并且一直沿用至今。

华为的民主生活会主要有两个主题:批判和自我批判。其中,自我批判的比重很高。华为的员工甚至被要求在每季度的例会上都要做一次自我批判,他们不是在领导的办公室里,而是在众人面前。刚开始很多员工有些难为情,但还是参与并坚持下来,从而得到了成长和进步。

对此,任正非特别强调:华为人要有自我批判精神,在危机萌芽状态就开始否定自己。为了能让员工、干部不断进行自我批判,华为在《华为人》报、《管理优化》报上开辟专栏,匿名/不匿名批判和反思自己的错误;同时,还通过召开自我批判大会,不断公开企业内部和个人身上的不足,披露已经发生的各种错误。这为华为全体员工的自我批判活动的实施,提供了宽松的氛围。

【辅助阅读】　自我批判的两个认识

①自我批判,不是源于自卑,而是源于自信。因为只有真正心理强大的人才会敢于积极地自我批判,同时,只有积极地自我批判,人们才会逐步成为强者。

②自我批判是一种武器,也是一种精神。自我批判不仅让员工知错能改,而且华为员工带着自我批判的风气走向世界各地,融入各条战线、各个岗位,让自我批判成为一种工作方式、一种信念。

华为开展自我批判活动的目的之一是,提高员工的个人修养,最重要的

目的是要求员工不断发现机会，或寻找更有价值的奋斗目标，并且立刻行动。为了更好地自我批判，华为开起了"民主生活会"，这主要是就个人的思想作风、行为等加以批判，我们称之为"思想批判"；在此之外，华为还发展了一种特别的组织：红蓝军组织。这一组织是完全就组织发展模式进行的批判，是针对组织发展战略决策层面的，我们称之为"组织批判"。

6.3　民主生活会

在华为公司，自我的"思想批判"是非常严肃的，被认为是加快个人进步的好方法、好武器。华为对那些还不能掌握这个武器的员工的办法是暂缓对他们的提拔。两年后，如果还不能掌握和使用这个武器，要降低对其重用程度。这就要求，华为在职在位的干部必须奋斗不息、进取不止。

在过去的30多年里，思想批判在中国社会并未产生多大的效用，人们畏惧并回避它已经近乎本能。但是，在华为，任正非却捡起了它，并将其运用了很多年。华为每月都会组织开展的民主生活会，从来都是较真的，每位参与者不仅要讲自己的问题和不足，不能推诿责任，而且要从最根源处挖掘问题或不足产生的原因，并为其他成员全力提供帮助和支持。不过，在此过程中，要严禁故意夸大事实，禁止对他人进行人身攻击，禁止上纲上线，反对情绪化。

这样的思想批判带来的结果是：个人和组织存在的问题不至于被累积得过于长久或繁多，大多数问题都能够在较早时得到有效纠正。而且更主要的是，华为的思想批判没有带来队伍的分裂，相反，造就了十几万人的群体奋斗；也没有驯化出一批唯命是从的无主见员工，相反，企业上下无不充满个性。

自我批判是一种工具，关键在于批判的内容、批判的方式，以及批判的目的——是不是为批判而批判。如果对自我批判认识不清，以促进团结、提高组织战斗力为目标的自我批判就会迅速滑向它的对面。民主生活会这类批判与自我批判的活动在国有企业已经被制度化，其效用不多说。而在国内的民营企业，一些军人或官员出身的企业家，也尝试以此作为清除内部腐败的工具，但往往会造成团队内斗而鲜有成功。因此，我们也看到一些企业，最后转而以宗教文化来统御人心。

任正非说："华为自我批判的前提是围绕核心价值观进行的，绝不能走偏，走偏一点再扭回来。"核心价值观的魂就那几句话：你是否以客户为中心？是否坚持艰苦奋斗不动摇？管理者对团队的评价是否以奋斗者为本？20多年的自我批判绕来绕去就这几条，所以它只能强化战斗力，而不是削弱。

华为的一位高管曾感叹道："自我批判尤其是思想批判不好掌握。华为为什么做到了？一是领导层带头，二是妥协。一般企业是做不到这一点的。"

有人说，在西方基督教文明的国家，人们会在耶稣像前表示忏悔，他们具有强烈的自我思想批判精神。实际上并非如此。在实践中我们发现，他们并不会在同事之间或团队成员之间进行思想批判，甚至在西方管理著述中，人们往往会以心理学或行为科学的观点来阐释人性问题，但在如何激发个体潜能和抑制劣根性等方面，他们往往倾向于通过制度化管理来实现企业组织管理。

而华为呢？华为是通过树立以开展民主生活会为鲜明特征的自我批判文化，来推进企业组织的进步，进而实现了中国式企业的密码传承。2005年12月，华为在马尔代夫组织召开了EMT（公司级别的行政管理队伍）民主生活会，讨论干部队伍的廉洁自律问题。EMT成员共同认识到：作为公司的领导核心人员，正人必须先正己，真正做到以身作则。会议通过了自律宣言，并要求在此后的两年时间内完成关联供应商申报与关系清理，并通过制度化宣誓方式来覆盖所有干部，而且积极接受全员监督。两年后的2008年春节前夕，华为在公司总部召开了宣誓大会，面对与会的200位中高级干部，EMT成员集体举起右手，庄严宣誓。而同年5—6月，华为各部门、子公司也陆续开展了宣誓活动。

华为希望通过这种方式，将公司完全置身于一个民主监督的透明环境中。而这样一个监督与被监督的环境，也造就了一种自主进行思想批判的氛围，使得思想批判有效地在华为内部推广开来。

此外，华为还通过"民主生活会"，在一定程度上使得组织监督的气氛得到了明显改善，员工之间的距离也拉近了。后来，连任正非都欣慰地描述道："今天，许多人明显感觉到我们与同事共处的时间多于与家人和亲友共处的时间，当我们有条件去选择自己的工作环境时，我们应该选择和同事像兄弟姐妹共同操持一份家业一样操持我们的事业，我们之间没有压迫，没有钩心斗角，没有告密，没有出卖，没有争宠，没有背叛。我们用各自的肩膀互相支撑，我们亲人般地互相关怀，我们有共同的兴趣、共同的目标，我们愿意在工作之余互相倾诉，互相倾听……"

任正非和华为人的坚持，让华为公司和员工都得到了期望的结果，员工把各自的主张和诉求通过组织的合理的渠道释放出来，并有效地进行自我提升；而员工之间的关系也在毫无猜忌、隐瞒的气氛中得以进一步固化，为员工创造了较为友好和谐的思想批判环境。

【辅助阅读】放下架子，批判落地

几乎所有的企业领导都会欢迎组织内部的员工们能够批判与自我批判，能够坦然地接受批判意见，从管理上来看这是最理想的一种状态。但是，企业管理者如果希望组织内部形成这种氛围，依我们的观点，最主要的还是领导人自身能够以身作则，接受批判并落实批判意见。

这要求领导者具有较好的心态与格局。

6.4 红军与蓝军的较量

为了实现从精神到实践的落地，华为特别设立了自我批判组织结构——红蓝军组织。

简单来说，"红军"代表着华为现行的战略发展模式，"蓝军"代表着华为主要竞争对手采用的战略或当下的创新战略模式。蓝军组织最早是由华为前高级副总裁郑宝用主要负责的，而蓝军的核心任务则是在华为经营管理过程中唱反调，大胆虚拟各种可能发生的问题，甚至发出一些近乎危言耸听的警示语。通过这样的批判，再为公司董事会提供一系列有效建议，从而保证华为始终面向未来走在一条正确的道路上，而不至于发生偏差或背离。

华为公司顾问田涛和吴春波在其著作《下一个倒下的会不会是华为?》中介绍过，"蓝军参谋部"的主要职责包括：①从不同的视角出发，观察公司的战略与技术发展情况，进行逆向思维模式的思考，审视并论证"红军"战略/产品/解决方案中可能存在的问题；②模拟对手的策略，指出"红军"战略/产品/解决方案中可能存在的漏洞；③建立"红蓝军"的对抗体制和运作平台，采用辩论、模拟演练等方式，对当前的战略思想进行逆向分析讨论和批判性辩论，在技术层面上深入探索差异化的颠覆性技术和产品。

2008 年，华为计划将子公司华为终端出售给贝恩资本。当时，"蓝军"组织在研究中发现了终端的重要价值，并提出了"云管端"战略（即：云计算结合终端），全力阻止华为"脱手"终端业务。如今，根据市场研究公司 Strategy Analytics 2013 年第三季度数据，华为终端已经成为全球第三大手机厂商，仅次于苹果和三星。

当然，在制度层面上，华为对"蓝军"以及"蓝军"所代表的反对声音给予了极大的宽容和理解。按照华为规定，华为的"红军"司令要从"蓝军"的优秀干部中选拔出来。在任正非看来，"连你都不知道如何打败华为，说明你的发展已到天花板了。"

"我们在华为内部要创造一种保护机制，一定要让'蓝军'有地位。'蓝军'可能胡说八道，有一些疯子，敢想敢说敢干，博弈之后要给他们一些宽容，你怎么知道他们不能走出一条路来呢?"任正非在会议上引用法国马其诺防线失守的典故称"防不胜防，一定要以攻为主"。而"攻"，强调的就是发挥蓝军的作用，想尽办法来否定红军的决策或行为；当然，即便最终无法否定，在此过程中蓝军仍然是要开动脑筋的。

【辅助阅读】思想批判与组织批判的差异

思想批判更多的是针对人和组织的价值观是否准确、扭曲，精神状态是否积极进取、意气风发，个人和团队作风是否腐化变质等方面。对此，华为主要是通过民主生活会等方式进行的，贯彻效果也最彻底，最明显。

而在组织批判方面，华为的做法则更加严谨，因为组织批判发展到一定阶段就会涉及组织变革和行动，其落实难度会逐步加大。

现在看来，自我批判在华为不仅被纳入个人行为活动中，而且被演化为正式的组织形式，设定为专门的组织结构板块，用以促动自我批判行动的推进和自我批判成果的实现，这一创举是非常成功的，也是非常值得业界学习和借鉴的。

第二章　战略定力

现在有人在网络上描述华为的战略是针尖战略，我认为他说出了真理。我们收窄战略面，在针尖领域，踩不着别人的脚。我们在主航道上是针尖战略。针尖战略就是冲到最前面，不与别人产生利益冲突。我们要从战略格局构建我们未来的基本技术理论和思想。

——任正非

带着问题阅读：

1. 华为的管道战略是怎样的战略哲学？

2. 如何进行战略规划？

3. 如何确保企业运营适应战略需要？

4. 如何落实创新驱动战略？

5. "以客户为中心"，应该如何落到实处？

6. 如何平衡短期效益与持续发展？

---

1. 管道战略

对于企业而言，战略是用来开发企业核心竞争力、获取市场竞争优势的一系列综合性和协调性较强的行动规划。从某种程度上来说，战略方向是确定不变的，而战略目标可以在此前提下作出修正。国内很多企业认为，战略目标是相对随意的，可随时修正；而还有一些企业，其战略目标就如同一个空洞的口号，喊过便罢，并未真正引导其企业行为。华为与这些企业是截然不同的，虽然华为战略目标从长期来看是随着市场需求变化和自身发展在作出对应的修正，但华为严格要求自己的战略目标在一定阶段内保持相对稳定，并围绕这个稳定的战略目标付出切实的努力。如果战略方向和战略目标不断摇摆，那么企业经营也势必会出现变动，难以以持续的力量去实现战略落地。

在全球 ICT（Information Communication Technology，简称 ICT，即信息、通信和技术）产业中，各公司有自己独特的战略选择。它们可能选择聚焦于开发芯片、开发基础软件、提供贴近客户的电子消费终端、企业运营管理……而华为聚焦的却是管道。也就是说，华为的所有业务都是沿着管道进行整合与发展。2012 年，华为公司正式明确了管道战略，这意味着华为将坚定不移地聚焦管道业务。那么，到底什么是管道？华为的管道哲学到底是如何实现的呢？

1.1 管道就是主航道

关于管道，华为副董事长、常务副总裁徐直军是这样说的："面对即将到来的大数据流量时代，华为选择定位管道，将管道作为核心战略。数据流量（音频、视频、大数据、云计算）是水，华为做的是运水的管道。信息流流过的地方就是聚焦的方向。管道是华为的核心战略，是华为的航道，我们所有的业务都沿着管道战略展开，力出一孔。"

由此足见华为对管道战略的肯定。那么，管道是什么？实际上，管道是一种获取资源和输出资源的途径和模式。在华为，其所设计的管道是一种将数据作为资源来运输的管道体系。那么，为什么华为确立了管道战略？它的设计思路又是从何而来呢？

【辅助阅读】"管道"名称的由来

"管道"这个名称，最初是源于一个故事。有一个村庄需要水，但是水源却位于一个离村庄很远的地方。这时候有两个人，一个人以挑水为生，每天他都吃苦耐劳地为人们挑水；而另一个人则在研究如何设计一种让水源地的水自动输送到村庄的管道。后来，研究管道的人成功了——人们只要打开水龙头，水就可以源源不断地流到村庄里。而前面那个以挑水为生的人则失业了。

从这个故事中，人们延伸出一个大胆的想象：通过建立某种管道，就可以让产品自动流出，让资金自动流入企业。这也构成了管道哲学的核心思想。当一个企业能够获得一条有效的管道，让希望获取的资源源源不断地进入企业时，那么所谓的"管道"便建成了。这样来看，管道就是企业的主航道，就是运送和整合各种资源的通道，它本身就是一个完整的生态系统。

1.2 聚焦管道战略

华为对管道哲学有较深刻的认知，并受此启发设计了管道战略。华为管道战略中的管道是从技术、产业视角出发的，是一套用来承载信息的数字管道体系。

具体而言，华为的移动/固定宽带，具有类似于输水管道一样的资源输送和短时存储功能，客户可以借助这个管道获得信息资源；网络视频（IP Video）平台和会话描述协议（SDP）平台等信息管道的使能平台，则可以帮助客户更大程度地发挥出信息管道的价值，并为企业创造营收；基站设备（BSS）可以称得上是管道的运营和计费系统；网络能源为管道供电。华为的这些设计都是服务于管道体系的，可以帮助客户更好地使用和管理管道体系。

在整个管道战略管理中，华为始终意志坚定地保持聚焦于某一领域，围绕这个管道体系进行业务拓展；同时，华为还会适当投资一些产品解决方案，以增加信息管道的容量，拓展管道的覆盖面，使管道得到更为有效的管控和维护，进而使得客户和华为都能够获得更大的发展空间。

这样看来，华为的管道战略本质上是一种集中型战略。具体而言，面向消费者时，华为着力开发能够产生流量和消费流量的网络终端，而非连接的消费电子产品；面向企业和行业时，华为聚焦的是企业和行业所需要的 ICT 基础设施，只做 ICT 基础设施产品提供商，而非细分领域的应用软件；面向运营商网络时，华为聚焦的是 E2E（端到端）大管道架构，将企业解决方案设计的目标设定为"高带宽、多业务、零等待的客户体验"。

———————————————

【辅助阅读】集中型战略、成本领先战略与差别化战略

集中型战略是将企业经营战略的重点设置在特定目标市场上，为特定的地区或购买者提供专门的、独特的产品或服务。它主要通过资源集中利用方式，

以快于过去的增长速度，来增加某种产品的销售额并提高市场占有率。

成本领先战略是指企业通过降低管理经营成本，以低于竞争对手产品价格的价格定位来抢占市场，提高市场占有率，而其取得的利润也将在同行业平均水平以上。

差异化战略，是指使企业产品、服务或企业形象等方面，都与竞争对手形成明显的区别，以此获得竞争优势。

企业一旦确定了自己的目标市场，便可以通过产品差别化或成本领先的方法，来设定集中型战略。也就是说，采用集中型战略的公司，往往可以将其归为：特殊的差别化或特殊的成本领先公司。

基于这种战略定位，华为集中面向消费者、企业/行业、运营商三类客户，分别成立了各自的事业群，针对性地架设管道体系，为三类不同的客户提供ICT解决方案。同时，这些管道又是紧密相通、相互促进的，它们在技术上更是垂直整合的。比如，IT技术（产品）在企业中使用是服务器，在运营商网络中使用是专用设备；无线技术（产品）在消费者中使用是手机，在运营商网络中使用是基站。总体上说，华为技术的系统整合与针对性共享，使得华为在服务于各类客户群体时，都能够提供更优质、更有竞争力的产品解决方案。

这样，华为就打造了面向技术和产业视角的管道，致力于为存在管道需求的客户提供优质的服务。虽然在这个世界里，客户需求始终在发生变化，但华为坚持以客户为中心，无论哪类客户，只要需要管道并且能给华为带来利益回报，华为就向它开通管道，为之提供最优质的产品和服务，这也是华为在管道战略指导下的必然坚持。正如任正非在2015年公司战略务虚会上所说的那样："公司要像长江水一样聚焦在主航道，发出巨大的电米。尤论产品大小都要与主航道相关，新生幼苗也要聚焦在主航道上。"

1.3　战略上更要勤奋

战术上的勤奋永远无法弥补战略上的懒惰，一旦战略错了，再好的战术也无济于事，甚至战术执行得越好，反而有可能离目标越来越远。这对华为也不例外，在战略上既有与时俱进，也有坚持和聚焦。事实上，管道建设战略并非华为创业伊始便产生的。

从企业管理战略与实践来看，华为早期采用的是跟随战略——领先的西方企业做什么，华为即根据市场需求作出取舍。由于过去多年来的习惯性思维，且忽视基础研发能力的培养，当时的华为从某程度上来讲缺乏对未来前瞻性技术的把握，还无法真正引领行业的发展潮流。

【辅助阅读】企业战略的两种分类

企业战略可以分为领先战略和跟随战略两大类别。其中，领先战略是指企业自主研发出新技术，开辟出新市场，成为市场的领头羊。这种战略对企业的自主科研能力要求比较高。

跟随战略则不急于开发新市场，它会先广泛观察市场态势，待技术已被证明能够适应市场要求后再去模仿。通常，它侧重于对产品功能的改善以及质量的提高。

对比而言，两种战略各有优劣。企业选择战略时要在企业的内部条件、整个行业的外部环境的基础上，综合考虑各种成本和风险因素，选择合适的战略，以实现企业经营效益最大化。

当移动互联网大潮袭来之时，摆在华为面前的当务之急是快速提升自己的战略决策能力和研发能力，真正完成从跟随者到领先者的角色转变。基于此，华为决定改变过去的战略模式，这给管道战略的诞生带来了契机。

2012 年，华为开始试水管道战略。华为人开始高呼："我们也是互联网公司，是为互联网传递数据流量的管道做铁皮的……"毋庸置疑，华为对互联网模式的认知是崭新而深刻的。

【辅助阅读】海尔的组织战略变化

每个企业都会在一定阶段内保持稳定的战略，用以指导其阶段性的稳定发展。与华为一样，海尔集团也是这样的。可以说，海尔是根据自身需求，持续调整发展战略，进而有效地促进了组织目标的实现。

第一阶段（1984—1991 年），海尔处于名牌战略阶段。海尔没有盲目提高产量，而是严把质量关，实施全面质量管理，提出了"要么不干，要干就干第一"。当市场关系供大于求时，海尔获得了差异化的质量优势。

第二阶段（1991—1998 年），海尔进入多元化战略阶段。海尔以"海尔文化激活休克鱼"思路，先后兼并了国内近 20 家企业，使企业在多元化经营与规模扩张方面开拓出更为广阔的发展空间。海尔在国内率先推出星级服务体系，当家电企业努力从价格上获取优势时，海尔凭借差异化的服务赢得了竞争优势。海尔的组织结构开始逐步转变为事业部制组织结构，进而成功实现了面向不同的产品、地区或顾客群的多元化战略。

第三阶段（1998—2005 年），国际化战略阶段。海尔提出"三步走"战略——"走出去、走进去、走上去"，遵循"先难后易"的思路，先进入发达国家创名牌，再进入发展中国家，由此逐渐在海外建立起本土化模式。

第四阶段（2005 年至今），全球化品牌战略发展阶段。"国际化"是借助企业资源去创造国际品牌，而"全球化"是追求让全球的资源为己所用，创造本土化主流品牌，它们具有本质的差异。因此，海尔对全球的研发、制造、营销资源进行了整合，着力打造全球化品牌。

2012 年上半年，在管道战略指导下，华为的三大业务在技术创新和市场拓展方面都取得了较大的进步，进一步强化了华为作为全球领先的 ICT 解决方案供应商的地位，甚至使华为在全球通信业低迷、国外电信运营商普遍收入锐减的大环境下实现了运营效率提升和利润增长。

在 2014 年全球分析师大会上，华为副总裁徐直军对华为实施管道战略后的情况进行了总结：在消费者业务方面，华为将通过口碑来强化消费者对华为的信赖，着力点包括手机质量、消费者体验以及服务；面向企业的业务收入占华为收入的比例为 6%，华为对企业业务的定位是做产品，和其他合作伙伴一起完成销售和服务；而运营商业务收入占华为总收入的 70%，华为在该领域已经构筑了领导地位，该业务仍是最主要的利润来源，华为在这一领域旨在成为运营商的最佳合作伙伴，帮助运营商不断降低成本。

此外，他还特别表示："华为是能力有限的公司，未来做什么，不做什么，经过几年的思考，现在已经清晰，即继续聚焦管道战略。"按照徐直军的解释，华为未来聚焦"管道"，即聚焦所有人与人、人与物、物与物之间的连接，而绝不会涉及信息或内容，华为未来业务将一如既往地围绕管道战略展开。

1.4　大数据制高点

抢占制高点的提法，最早始于"大数据"的概念。大数据是建设管道的基础，唯有如此才能创造出适宜的管道，满足客户的更多需求。因此，要想建立最优管道，保障管道的覆盖面和应用率，企业必须抢占大数据制高点。正如任正非所说，"在大数据流量上，我们要敢于抢占制高点。我们要创造出适应客户需求的高端产品；在中低端产品上，硬件要达到德国、日本消费品那样永不维修的水平，软件版本要通过网络升级。高端产品，我们还达不到绝对的稳定，一定要通过加强服务来弥补。"

在此过程中，任正非谈到了一些细节，"超宽带时代会不会是电子设备制造业的最后一场战争？我不知道别人怎么看，对我来说应该是。如果我们在超宽带时代失败，也就没有机会了。这次我在莫斯科代表处讲，莫斯科城市是一个环一个环组成的，最核心、最有钱的就是大环里，我们十几年来都没有打进莫斯科大环，那我们的超宽带单独在西伯利亚能振兴吗？""如果我们不能在高价值区域抢占大数据流机会点，也许这个代表处最终会萎缩、边缘化。这个时代在重新构建分配原则，只有努力占领数据流的高价值区，才有生存点。"

【辅助阅读】战略制高点的属性

战略制高点是指战略上的最高目标与期望值。不同行业、企业关注的战略制高点会有所差异。比如，传统产业往往会通过优化传统技术来抢占战略制高点，而一些新兴产业则会通过创造关键技术，带动相关产业链的成熟，从而抢占市场竞争的战略制高点。

而且，即便是同一企业，其在不同阶段所界定的战略制高点也会与时俱进。这一点，可以从华为和海尔的战略变化中窥见一斑。

事实上，在一段时间中，华为必须抓住"大数据"潮流，这是华为抢占战略制高点的关键时期。

那么，大数据的制高点在什么地方呢？在10%的企业或地区。如果从世界范围来看大数据流量，那么，在日本，3%的地区汇聚了70%的数据流量；在中国，10%左右的地区汇聚了未来中国90%左右的流量。

基于此，任正非指出，华为要集中力量，进行战略聚焦。形象地说，当华为发起攻击后发觉某个区域难以攻克时，便要将队伍调配到能够攻兑的地方去。而华为的目标是：只要能够占领世界的一部分区域即可，而不奢望将自己的市场覆盖至全世界范围。

因此，华为将集中优势力量，全力抢占大数据的战略制高点，并长期占住这个制高点，从而保障企业管道的覆盖面和应用率，促进管道的有效建设。从长远发展的视角来看，这才是真正意义上的管道战略的聚焦，才是有利于管道战略切实落实的举措。

2. 谋篇布局

华为在战略方面的一项杰出思考就是系统谋略。所谓系统谋略，是指企业通过对眼前和长远的问题进行思考，在战略方面提出综合、有序、整体化的策略性观点。

2.1　系统谋略

在构思企业的未来时，华为与很多企业一样都想得不甚清楚。但是，它们却坚持采用相同的方法——摸着石头过河，而后凭借一种挑战命运的冒险精神，开启了企业摸索系统谋略的旅程。总体上说，华为的系统谋略体现在四个方面。

一是战略聚焦。它是指企业在进行战略设计时，要避免过度宽泛、涉足过广。因为，一旦由此造成资源过于分散，企业最终必将难以做好每一件事，预期结果难以达成，进而导致不良后果。

二是战略革新。战略革新是指企业对所覆盖的战略业务范围进行调整，使企业之战略更为适应企业当下的发展。从本质上来说，战略革新是一个不断探索的过程，同时也是企业围绕种种利于或不利于企业成长的环境进行变革、优化管理的过程。

三是战略平衡。在这里这个概念主要是针对企业发展的不同时段来考虑的。具体而言，它是企业针对不同发展阶段而设计的发展战略。通常，企业会根据现在和未来，区分为更为细致的当下战略、3~5年战略、10年战略等。

四是战略实践。在华为，有一个备受推崇的战略理念叫作谋定而后动。

它是说企业在做好战略谋划之后再去考虑战略落实的问题。这也是企业坚持系统谋略的思想原则。下面我们分别来看华为在这些方面的探索和实践过程。

2.2 从聚焦到革新

系统谋略并非简单的多元化管理。10 多年前，这是一个崭新的商业理论，杰克·韦尔奇凭借多元化战略将美国通用集团打造成了一个超级商业帝国。中国企业家柳传志和张瑞敏也一度模仿他探求多元化的商业机会主义路线，虽然企业规模做大了，产品毛利却呈直线式跌落之态。

早期，华为也差一点进军房地产业。2002 年，华为与摩托罗拉公司谈判，决定将华为硬件体系以 100 亿美元的价格出售给摩托罗拉公司。但是，双方草签合同后，摩托罗拉董事长人员更迭，新上任的领导未通过原有合同协议，双方最终未能达成此次合作。毫无疑问，华为高层当时是非常沮丧的。但时至今日，华为应该感谢这位新上任的董事长，若非他的否定，中国企业界不过是多了一家地产商，但世界电信的格局却必将改写。

此次交易失败后，华为内部召开了一次关于未来战略的大讨论，结论是：系统谋略不意味着面向更多领域，它可能只是要求华为坚持只做一件事，资源更加集中，这样华为就会成功。《华为公司基本法》的诞生，恰恰是华为聚焦战略的设计体现，它保证了华为后来发展的战略路径不再走偏。

近年来随着互联网浪潮汹涌而至，一些企业纷纷转战互联网，华为内部的一部分中高层干部也将目光锁定在了互联网这双红舞鞋上，尤其是看到小米模式的成功，他们更是按捺不住投身互联网的冲动。这时任正非强调，华为要想一直活下去，就必须坚持走自己的路。

2014 年年初，任正非在华为干部工作会议中高呼："别那么互联网冲动。有互联网冲动的员工，应该踏踏实实地用互联网的方式，优化内部供应交易的电子化，提高效率，及时、准确地运行。"

在任正非看来，互联网时代，既是机遇，又是挑战，华为从不惧怕挑战，但面对挑战，华为人应该时刻保持着一种危机意识，不能盲目乱干，更不能随波逐流。任正非说："我们公司不要去炒作互联网精神，应踏踏实实地去夯实基础平台，让端到端的实施过程透明化。比如，从供应链到代表处仓库的端到端，可能短时期内实现全流程贯通；但从代表处仓库到站点这个端到端，现在还存在问题，那就努力去改变。"

当然，任正非所说的"别那么互联网冲动"实际上并不是真正地排斥互联网，面对互联网带来的掘金机会，没有哪个企业家能够甘心错过。

在华为2013年财务报告的"行业趋势"部分，已经呈现出了华为对互联网的深度思考以及清晰认知，任正非的这种呼喊，其目的在于唤醒那些盲从于互联网的华为人。任正非面对互联网浪潮，给出的选择是"聚焦"，而非"固守"。

【辅助阅读】聚焦战略的思想前提

聚焦战略又称集中型战略，这种战略的实施有一个思想前提，就是：企业业务更为专一化，从而能够以更高的效率和更理想的效果，为某一个范围狭窄的细分市场提供对应的服务，从而超越那些在较广阔范围内竞争的对手们。这样，便可以避免出现大而弱的分散投资局面，因而企业会更容易形成自己的核心竞争力。

当然值得称道的是，华为在选定战略领域后，并不是一味因循守旧，而是会为了使企业获得更有利的发展而细化甚至革新企业战略。

比如，华为的业务重点一度是运营商市场。但是运营商市场的发展潜力有限。华为终端公司董事长余承东曾公开声称，运营商市场如果做到400亿美元，就已经基本达到极致了。尽管传统设备市场仍然有上升空间，但是蛋糕大小已经是有限的了，所以，"我们要拓展边界，从 CT 向 ICT 转变。"

实际上，从 2010 年开始，华为已经开始在云计算领域发力。2010 年 11 月，华为极为高调地发布了云计算战略及其端到端解决方案，同时启动"云帆计划 2011"。这是华为战略重心发生转移的显著标志。2011 年年初，华为在更大的范围内进行了内部组织架构调整，设立了运营商基础网络、企业、个人消费等业务集团。当时，华为计划到 2015 年全球销售额达到 150 亿美元以上，力争达到 200 亿美元。

2011 年 11 月 1 日，华为在深圳举行云计算大会，正式发布"云帆计划 2012"。在该计划中，华为首次明确了其云计算的三大战略：大平台、促进业务和应用的云化、开放共赢。为了保障该战略的有效实现，华为特别成立了 IT 产品线部门，下设云平台领域、服务器与存储领域、数据中心解决方案领域和媒体网络领域，进而以云计算为平台基础，重新打造 IT 产品。

这一系列战略行动的背后，恰恰是华为加快推进云计算战略的实施步骤。任正非表示，华为从 IT 走入云与其他企业是截然不同的，华为是通过绑定电信运营商来做云，"我们做的云，电信运营商马上就可以用，容易促成它的成熟。"

【辅助阅读】战略革新

战略管理通常被理解为企业确定其目标客户，并通过有针对性的产品和服务，为消费者提供价值和满意度的动态管理过程。而企业发展的本质就是一个企业战略从执行到革新的过程。它主要是围绕种种不利于企业成长的环境，对战略资源、策略、方法等以及与之对应的机会，进行系统性、创造性的管理，进而推动企业不断成长壮大。

当然，华为无论是选择聚焦，还是选择革新，都是为了实现企业不断发

展、持续进步而采取的策略。对于企业而言，唯有不断发展、持续进步，才是企业战略的根本出发点。

2.3　平衡现在与未来

"未来与现在"，说的是一个企业的长期战略与短期战略。为什么一个企业要区分长期战略和短期战略呢？从战略的作用来说，长期战略能够在大方向上为企业提供行动指引，而短期战略则是为了企业更现实的生存需要。这是长期战略与短期战略之间的明显差异。

（1）长短期战略与企业生存发展。

与长期战略相比，短期战略对应的时间跨度较短，对市场环境预测的广度略窄，经常被中小企业采用。此外，如果外部市场环境变化剧烈，不确定性相对较大，预测难度有所增加，那么基于短期战略详尽且更具可操作性的特征，企业也会更倾向于采取短期战略，以应对复杂多变的环境。

通俗地说，短期战略就是企业为了生存而设计的战略，如何来钱快捷就选择做什么。这个时候，短期战略能够保证企业快速发展，甚至超速完成原始积累。这个阶段也非常考验企业领导者对短期战略的把握。

当然，各行业的领先企业仍然需要面向长期去制定战略，它们有时会将战略眼光扩展到10年或者更长周期，这样它们就会更注重能力和优势的全方位培养和发展。

（2）经济形势与长短期战略。

战略是基于对经济形势的判断所作的应对性策略。我们知道，经济发展是有一定周期规律的，当企业经过了初期努力生存的阶段，积累了一定的实力后，其面对的市场环境往往已经发生了根本性变化。此时，短期战略与长期战略的分别设定，将给企业发展带来截然不同的影响。

【辅助阅读】短期战略与长期战略的影响对比

很多企业都分别设有短期战略和长期战略，而两大类战略也给企业带来了极大的影响。

短期战略会造成企业间存在两大方面的差距。第一种是客户关系的差距、品牌的差距。过去，企业建立渠道是为了获取收益，很少考虑客户情感培养和价值认同的问题。但是，客户关系构建后，企业必须坚守自己的核心价值观，力求做到"有所为、有所不为"，如果一味地采取忽视构建客户价值认同的短期战略，就会极大地制约企业的发展。第二种是创新能力的差距。总体上说，短期战略的模式是"跟随"战略——复制和抄袭，这意味着基于短期战略的企业组织是不太支持创新的，这使企业价值观难以呈现。

而长期战略的优势表现在品牌和创新上的超越。当围绕品牌塑造和创新能力提升进行战略布局时，企业会考虑外部环境情况和自身所处的位置，然后再去塑造企业核心价值观，这也将成为企业战略的根本出发点。此外，品牌必然主导着某种价值理念，而这种理念会发挥超前引领的功能，创造消费潮流。当客户产生价值观上的认同时，该品牌也因此拥有了一大批忠诚客户。

围绕当下的市场经济环境，华为对自己的未来与现在，形成了很多独特、深度的思考。任正非曾说："对于个人来讲，我没有远大的理想，我思考的是这两三年要干什么，如何干，才能活下去。我非常重视近期的管理进步，而不是远期的战略目标。活下去，永远是硬道理。"

不过，这种看似看重短期战略的观点并不意味着华为没有长期战略。比如，华为曾提出一个备受热议的战略观点："坚持十年内不上市。"这个战略观点是任正非在持股员工代表大会上提出的。他认为，任何公司的发展都不是只有上市一条路，一些企业完全可以缓慢地积累增长。这些企业是以管理经营为主，而不是以资本经营为主。

徐直军也对此作出了进一步解释："未来5～10年内，公司不考虑整体上市，不考虑分拆上市，不考虑通过合并、兼并、收购的方式，进入资本游戏。也不会与外部资本合资一些项目，以免被拖入资本陷阱。未来5～10年，公司将致力于行政改革，努力将公司从一个中央集权的公司，通过将责任与权力前移，让听得见炮声的人来呼唤炮火。如此便可以推动机关从管控型，向服务、支持型转变，形成一个适应现代需求的现代化管理企业。"

也就是说，华为的长远战略就是专注于企业的扎实稳定发展，而短期内企业战略则聚焦于管理经营。在这种战略思维下，华为的"未来"发展完全是对"现在"长期积累后的必然结果，这是一种真正意义上的战略平衡。

2.4　谋定而后动

《孙子兵法》云"谋定而后动"，意思是带兵作战必须做到"三思而后行"，才能"未战而庙算胜"。项目决策也是一样，任正非要求人们做好预先计划，"先瞄准，再开枪"，从而提高打中靶心的成功率，减少过多的无用功。这也是华为战略实践中所奉行的原则性战略理念。

可以说，企业如果没有确定计划和目标，就会像拉磨的驴子一样，只能日复一日地围着磨盘打转，始终停留在原地。也就是说，做任何事都要做到"先瞄准目标，再开枪"，这样才能将工作做对、做好。

作为通信行业的后进入者，任正非多次在华为强调"先瞄准目标，再开枪"的重要性。他在文章《天道酬勤》中这样说道：面对国际的残酷竞争，我们必须提升对未来客户需求和技术趋势的前瞻力，未雨绸缪，从根本上扭转我们作为行业的后进入者所面临的被动挨打局面；我们必须提升对客户需求理解的准确性，提高打中靶心的成功率，减少无谓的消耗；我们还要加强前端需求的管理，理性承诺，为后端交付争取宝贵的作业时间，减少不必要的急行军；我们要提升在策划、技术、交付等各方面的基础积累，提升面对快速多变的市场的响应效率。任正非告诉华为人，做任何事情都要有好的策划，谋定而后动。

过去，"先瞄准，再开枪"只是任正非提出的口号；但是如今，它已经被华为销售人员灵活地运用于工作中。例如，在销售中，华为人没有像 NBA 评论员说的那样"乱枪打鸟"，没有瞄准就瞎投篮，而是先找准客户，然后依据客户的相关信息进行周密的项目策划。

【辅助阅读】计划的约束力

罗伯特·伦兹（Robert Lenz）说："像产品和服务一样，计划如果能被管理者作为进行战略决策的工具，那么它本身也必须被加以管理和塑造。"在企业经营过程中，无论企业试图启动什么项目，都需要考虑计划的推行问题。有了计划，工作就有了明确的依循目标，工作才能有条不紊地进行；如果没有计划，工作开展起来就可能是一团乱麻。从这个层面来讲，计划本身具有一种约束性质，它保证了目标任务的实现。

华为在倾心尽力、锲而不舍地追逐客户时，没有蛮干、苦干，而是有目的地、有准备地进行。华为人依据自身实力确定了基本目标和挑战性目标，然后才会按照挑战性目标制订项目方案，这样既保证了成功的概率，也避免了劳而无功、耗时耗力的现象。

3. 削足适履

"削足适履"来自于《淮南子·说林训》中的"譬犹削足而适履，杀头而便冠"，说的就是那些不根据实际情况而盲目套用的人。任正非为了加快华为的国际化步伐，却宁愿削掉自己的"足"，也要穿上 IBM 等国际公司的"履"。

他在《活下去是企业的硬道理》中是这样说的："我们现在向 Hay 公司买一双美国鞋，中国人可能穿不进去，在管理改进和学习西方先进管理方面，我们的方针是'削足适履'，先僵化，后优化，再固化。"这也体现出华为对于自我提升的决心。

3.1　迎接市场变化

任正非曾在华为内部讲话中这样说道：在过去的一百多年，经济的竞争方式是以火车、轮船、电报、传真等手段来进行的，竞争强度不大，从而促进了资本主义在前一百多年中有序的发展。而现在，由于光纤与计算机的发展，形成网络经济，形成资源的全球化配置，使交付、服务更加贴近客户；制造更加贴近低成本；研发更加贴近人才集中的低成本地区……这使竞争的强度大大增强，也将会使优势企业越来越强，没优势的企业越来越困难。特别是电子产业将会永远"供过于求"，困难程度、竞争残酷程度由此可见一斑。举个例子来说，电子产品的性能、质量越来越高，越来越需要高素质人才，而且是成千上万的需求，这些人必须有高的报酬才合理，但电子产品却越来越便宜，于是，这就形成了一个矛盾。

对竞争残酷性的认知，华为要比其他公司早很多。任正非曾做了这样一个比喻：市场经济的过剩就像绞杀战一样。我们可以将这场绞杀战比作拧毛巾，这毛巾如果还能拧出水来，说明市场中还有竞争空间；毛巾拧断了，企业必将宣告结束；只有将毛巾拧干而又未断，这才是最佳的状态。

华为也曾对自己的运营状态作出反省："华为公司能长久地保持这个最佳状态吗？"因为，它的竞争对手思科实行了很多颇有成效的政策，例如，减少员工出差和会议频率，出差不能坐头等舱等等。有思科做参照，华为更不能一成不变。

我们知道，支撑信息产业发展有两个要素，一是数码，二是二氧化硅。这两种东西是取之不尽的，因此导致电子产品过剩，也导致很多企业都在努力从这两个方面谋利，因而市场竞争亦是你死我活。西方一些企业在过去市场景气时一度赚得钵满盆满，但它们却并不关注世界和市场的变化，于是，这些企业最终走到了破产的边缘。

事实上，面对这样的变化，任何一个企业如果不去努力奋斗，那么它都必然走向灭亡，而且灭亡的速度会快得超乎想象。如果在过去，人们尚且可以凭借祖传工艺维持生计，但如今祖传工艺却可能在几秒钟内被经济全球化打得粉碎。此时，如何生存下去，便成了每个企业都在寻找的基点。

换句话说，激烈的市场竞争要求人们更持续地完善自己，将更优秀的自己呈献给客户，这样才能使更多的客户满意，为企业打造更广泛的客户群。而从企业实践角度来说，为了迎接千变万化的市场，企业则必须从自身运营与完善角度来做好全方位准备，探索一套适于当下企业的管理和应变模式。

3.2　两种应变模式

企业经营活动的一个重点就是，把现在确定的资源有效地运用于不确定的未来。因此，企业经营战略本身具有一定的风险性，因为它需要面对来自多方面的竞争压力和多种多样难以预测的挑战。一般说来，成功的经营战略往往具有承受更大风险的能力，这也要求企业考虑清楚一个问题：自身的成长问题。事实上，这也是在削足适履战略正式形成前华为所秉持的核心经营思路。

大体上，华为管理层形成了这样的自我认知：一是要有主动学习的姿态，二是要端正对"拿来主义"的认知。

（1）保持主动学习的姿态。

主动学习是发现个体不足的一个前提条件。通常，人们可以通过了解优秀的同行业者来关注对方的优秀点，同时反观自身的不足，从而为自己总结提升方向。在这方面，华为的典型做法是直接引进外部资源来学习。

在《活下去是企业的硬道理》中，任正非阐述了这样的观点："华为公司从一个小公司发展过来，是在中国发展起来的，外部资源不像美国那样丰富，发展是凭着感觉走，缺乏理性、科学和规律。因此，要借助美国的经验和方法，借用外脑。"

1997 年，任正非在美国之行时特意了解了 IBM 的管理模式，并高价聘请数十位 IBM 的专家帮助华为进行一次大规模、全方位的管理改革。对此行的初衷，任正非是这样解释的："我们只有认真地向这些大公司学习，才会使自己大步快走。IBM 的经验是他们付出数十亿美元的代价总结出来的，他们经历的痛苦是人类的宝贵财富。"

【辅助阅读】 主动学习的价值思考

主动学习是企业持续改善自己、摸索最佳管理模式的基本态度要求。如果一个企业没有学习的态度，那么它必然难以发展或不断退步。所以，主动学习的氛围是企业进步的原动力。为了让企业长期保持这种学习的氛围，那么企业有必要建设学习型组织。

（2）认同"拿来主义"。

华为的拿来主义行动有很多，比如，华为与 IBM 公司正式启动了"IT 策略与规划"项目，从著名的人力资源公司 Hay 集团引进了"职位与薪酬体系"，还将英国国家职业资格管理体系（NVQ）引为企业职业资格管理体系等。对于华为的这种技术"拿来主义"，任正非肯定了它对华为的意义。

对此，任正非说过这样一番话：

"至今为止（2005 年），华为没有一项原创性的产品发明，主要是在西方公司成果上进行一些功能、特性上的改进和集成能力的提升，更多的是表现在工程设计、工程实现方面的技术进步，与国外竞争对手几十年、甚至上百年的积累相比还存在很大的差距；对于我们所缺少的核心技术，华为都会通过购买的方式和支付专利许可费的方式，实现产品的国际市场准入，并在竞争的市场上逐步求得生存，这比自己绕开这些专利采取其他方法实现，成本要低得多，由于我们的支付费用，也实现了与西方公司的和平相处。"

事实上，华为在产品的工程实现技术方面，也经常遇到瓶颈和障碍，算法、散热技术、能源等，都时常制约企业的发展速度。对于这些问题，华为不能全部凭借自主研发来解决，否则市场机会便会很快丧失。所以，华为只能采用直接购买技术的方式，来缩短与先进企业之间的差距，并在此基础上构筑领先地位。

【辅助阅读】DEAD COPY 法

佳能公司董事长酒卷久曾提出："在最初创业或开展某项业务时可采用 3 次 DEAD COPY（完全复制）法，来学习先进技术。"由此可见，在某些阶段内采用复制战略对于企业快速起步与发展是必要的。

事实上，很多中国企业在战略上都采用了 DEAD COPY 法。这种做法多年前便开始流行起来。当时，一些人在国外看到新东西、新创意后，便会迅速借助时间差，将它带回国内发展，借助拿来主义而抢得先发优势。百度、阿里巴巴、腾讯、开心网等很多成功的互联网公司皆是采取拿来主义战略而起家的。

华为的"拿来主义式"变革是在华为顺利发展的过程中进行的，当时的华为刚刚经历了连续 5 年的几何级数式增长，并在国内确立了龙头老大的市场地位，持续的成功让华为人心里充满了自信和无往不胜的美妙感觉。但是，任正非的心中却产生了危机感，他认为，这种苗头是非常不妙的，而且华为在部分实践中也确实遇到了不小的障碍。于是，促进"削足适履"战略推行的"三化管理"方针诞生了。

3.3　先僵化，后优化，再固化

为了保证变革的成功，1999 年 11 月，任正非第一次在华为提出"三化管理"：先僵化，后优化，再固化，以此作为业务流程变革的三部曲。任正非要求华为人在最初的三年里以理解消化为主，之后进行适当的改进。也就是说，华为员工在第一阶段必须"被动"、"全面"接受引进的管理技术，等到对整套系统的运行有深刻的理解和认知以后，才能进行调整优化，最后形成适合华为人的管理方法。

华为的发展实践证明，任正非选择的"先僵化，后优化，再固化"的方针最为明智。华为是一个高级知识分子聚集的地方，每个人都有自己独到的见解。如果没有在引进的管理方法中实践，直接进行"优化"，那么员工就会单凭个人经验来套新的规则，陷入"形而上学"，内部也很容易出现争执。就像任正非说的那样，华为的员工是很聪明的，他们容易形成很多独特的思想和见解；但是一旦认识不统一，就容易分散人们的精力。另外，引进新的管理办法一定会触及一部分人的利益，这些人在"优化"的时候，就会找很多理由，很容易沦为企业变革与发展的阻力。

在"先僵化"阶段，华为面临最多的是内部的压力。曾在集成产品开发推进小组工作过的员工说，他们整天都会受到研发部门和销售部门的批评，他们的团队成员唯一能做的就是兜里有钱乱花钱或者舒舒服服地打高尔夫。但任正非并没有放弃。

华为人经历了僵化阶段的困难期后，任正非要求华为员工将已经僵化的管理方法结合中国国情灵活运用，即进入了优化阶段，之后再将优化的结果加以制度化、程序化和规范化，即固化阶段，这也就意味着华为的管理有了重大的进步。

【辅助阅读】"三化管理"背后的管理逻辑

"三化管理"（先僵化，后优化，再固化），其实质是两大管理循环的结合：PDCA（计划—执行—检查—行动）与 SDCA（标准化—执行—检查—行动）的结合。

如反映到企业管理过程中，应先用 PDCA 循环对问题进行改进，然后采用 SDCA 方法将改善成果予以标准化，使问题不至于反弹。当改善成果在一段时间内得以稳定后，再次采用 PDCA 循环进行改进，然后继续采用 SDCA 来固化。如此循环往复，企业的现场改善水平就会稳步提高。

3.4 适应性调整

在华为不断尝试管理模式的过程中，华为也面临着无数次适应性调整。

一些人针对国际先进的管理技术，提出了这样的观点："根据中国国情，根据实际情况，进行改造，有选择地应用。"还有一些人会质疑"美国鞋"是否适合华为，甚至有一些"自负"的华为人认为华为现有流程还要优于 IBM 的管理流程，根本不需要改革。一位员工问任正非："我们请了一些外国专家，在合作过程中我们内心有许多矛盾，为什么要尽听他们的？我们应该向外国专家学一些什么东西？"

任正非的回答则很坚决，他说："我认为小孩要先学会走路再去学跑，现在我们还是幼稚的，多向人家学一学，等你真正学透了以后，你就可以有思维了。先形式后实质，也是我们公司向外面学习的一个重要原则。我们在向 IBM 学习，比如学 IPD（集成产品开发）的过程中，从各部门调来一些人，开始也在批判 IBM，我将他们全部都赶走了。我们就是要好好向人家学，他就是老师，学明白了再提意见……向人家学习也确实是痛苦的，华为公司就是在

'左'和'右'的过程中走出来的。"

一些华为人的过分自信甚至引发了任正非的怒火,他在内部员工交流会上给出了严厉的批评:"我最恨'聪明人',认为自己多读了几本书就了不起,有些人还不了解业务流程是什么就去开'流程处方',结果流程七疮八孔地老出问题。我们将通过培训、考试竞争上岗,即使有人认为自己比 IBM 还要厉害,不能通过考试的也要下岗。"

就这样,任正非坚定地在华为推行 IPD,任正非向华为人这样解释道:"华为不能盲目地、支离破碎地改动大的流程与程序,华为目前的情况是只明白 IT 这个名词的概念,还不明白 IT 的真正内涵,在没有理解 IT 内涵前,千万不要改进别人的思想。""IPD 关系到公司未来的生存与发展,各级组织、各级部门都要充分认识到它的重要性,通过'削足适履'来穿好'美国鞋'的痛苦,换来的是系统顺畅运行的喜悦。"为了加快华为的国际化步伐,华为宁愿削掉自己的"足",也要穿上 IBM 公司的"履",由此亦足见任正非铁腕推行的决心。

事实验证了任正非战略决策的正确性。2003 年上半年,数十位 IBM 专家撤离华为,业务变革项目暂时告一段落。在整个推进管理变革的过程中,华为为国外专家支付的费用是每小时 300~680 美元,软件投入累计达到 10 亿元以上。这次变革涉及企业价值链的各个环节,可以称得上是"华为有史以来影响最为广泛、深远的一次管理变革"。而通过整个"削足适履"的艰难过程,任正非也为华为打造了一套特别的管理体制——这套管理体制是由 IT 技术支撑的,经过了流程重整,将集中控制和分层管理相结合,且能够快速响应客户需求。

【辅助阅读】适应性调整与管理变革

当企业组织发展迟缓,内部不良问题产生,无法因应经营环境的变化时,企业必须对管理模式作出调整,以促使企业朝着良性方向发展。

适应性调整的核心是对调整服务的把握。当外部变化影响不大时，企业可以从日常管理细节进行小幅度调整，以因应变化；但是当小幅度调整无法适应变化时，企业就需要考虑管理变革了。需要注意的是，适应性调整和管理变革未必会百分百成功，但如果不做调整和变革，那么企业经营最终必然走向失败。

随着华为公司规模的逐步壮大和市场范围的持续扩张，IPD 系统的重要性凸显出来。面对各式各样的市场需求，如果企业没有一套正确的、全面的筛选评估测试体系，那么华为的整个研发体系势必陷入困境而难以自拔；但是，一套能够平滑运行的 IPD 系统却能最大限度地缩短整个产品研发周期，大大降低产品研发的风险系数。因此，当华为开始与世界顶级的电信运营商用统一的语言进行快速有效沟通的时候，很多华为人包括中高层管理人员才真正感受到任正非挥起"变革之刃"的良苦用心。

甚至有部分人认为，在当年思科诉华为侵权案中，华为之所以最终成功地与思科达成和解，完全是受益于华为从 1998 年便开始引入国际咨询服务，在组织、管理、流程、人力资源、质量控制等诸多方面都实施了与国际接轨的管理变革。比如，华为引入 IBM 的 IPD 系统后，在其产品研发的各个阶段里都严格按照"未违反知识产权保护"以及"能够通过申请专利保护企业利益"的标准来进行自我检查。对这一管理流程的严格执行，使得华为在技术研发上的"干净"得以保障。所以说，任正非的"削足适履"，虽然看似违背了客观规律，但实际上它又何尝不是一种实事求是、遵循客观规律的管理态度呢？

4. 创新发展

前面我们说到，华为是一个奉行拿来主义战略的企业，然而，这并不意味着这是一个盲目追求复制而忽视知识创新的企业。事实上，华为深刻地认识到："在当前全球经济一体化、信息化的趋势下，创新才是企业生存的根本，是发展动力，也是成功的保障。只有本着'客户是上帝'的原则，保证产品与顾客需求的同步化，企业才能在市场的洪流中处于领先地位。"而华为也在战略上始终坚持创新，谨记"不创新，就死亡"的教训，不断创造着辉煌。

4.1 不创新，就死亡

任正非极其推崇创新，在对创新精神孜孜不倦的追求中，任正非对创新也有了独到的见解。任正非在讲话中说："知识经济时代，企业生存和发展的方式，也发生了根本的变化，过去是靠正确地做事，现在更重要的是做正确的事。过去人们把创新看作是冒风险，现在不创新才是最大的风险。"

任正非提出"不创新是华为最大的风险"的观点，是对创新文化的肯定，也是对华为人要有理性创新意识的要求。任正非深知"逆水行舟，不进则退"的道理，在激烈的市场竞争中，华为要想生存下去，就要大胆设计、制造，并保证产品与顾客需求的同步。

任正非说："没有创新，要在高科技行业中生存下去几乎是不可能的。在这个领域，没有喘气的机会，哪怕只落后一点点，就意味着逐渐死亡。"

为了响应任正非提出的理性创新的号召，华为公司也一直都在极力营造和倡导创新的氛围。在华为的研究室的墙上，我们能够看到这样的标语：新产品在我们手中，质量在我们手中，企业美好的明天在我们手中。在华为人的眼中，客户是上帝，也是华为创新的真正目的和最大动力。

2005 年，作为全球无线通信设备制造业的快速成长者，华为公司出席了在法国南部城市戛纳举行的 3GSM 盛会，并作了精彩的演讲，演讲的主题正是"创新、质量、成本的平衡"。

发言中，华为人首次提出了"创新必须以降低客户 TCO（Total Cost of Ownership，总体拥有成本，从产品采购到后期使用、维护的总的成本）为目标，以提高网络质量为标准"。后来，华为人本着满足客户需求的理念，提出了快速建网的分布式 IMTS 基站解决方案，在当时引起了极大的反响。因为，这种基站解决方案可以把基站按照功能单元分解成基带和射频单元，无需机房，不仅能够节省站点资源，还能够降低 TCO 高达 30% 以上，是对传统基站建设模式的大胆创新。

从某种意义上来说，正是华为人这种为客户着想的创新意识，让华为赢得了客户的信任和青睐，也让西方公司愿意改善服务、降低价格，间接为客户节约了不少资源。毋庸置疑，客户才是最大的受益者。

【辅助阅读】创新与持续性创新

研究学者们认为，创新是一项包括组织、经营、管理、制度等诸多方面的系统工程，是企业对各种管理要素的系统集成。而持续性创新，则是将这个过程赋予了"持续进行"的属性，并通过保障企业持续的动力和活力，来使企业获得更大的发展和进步。

对于企业战略决策而言，持续性创新是非常重要的。任何企业都需要了解持续创新的模式或规律，培养持续创新的基本能力，消除制度上对持续性创新的障碍，进而为企业获取更大的竞争优势。

4.2 创新的风险和成本

企业创新需要考虑诸多因素，比如，如果企业保守，不创新，那么是否会给企业带来风险；又如，如果企业实施创新，那么需要耗费多少成本，等等。这些因素都会影响创新在企业运营过程中带来的结果。

（1）不创新的风险。

早在 1998 年，任正非就提出"不创新才是最大的风险"的论点。对此，他是这样说的："在知识经济时代里，企业生存和发展的方式发生了根本的变化：过去是资本雇佣劳动，即资本在价值创造的要素中占据着支配性地位；而现在却是知识雇佣资本。当知识产权和技术诀窍的价值和支配力超过了资本时，资本唯有借助知识，才能实现保值和增值的目标。"

在很早以前，人们习惯于把创新视为一种冒风险的行为；而现在，对于企业来说不创新才是真正的、最大的风险。很多人可能为一个创新型企业的经营风险感到担忧，但是创新型企业自身却明白："我并不危险。"因为，虽然企业每年的科研和市场的投入是巨大的，但是它蕴含的潜力远大于表现出来的实力，这是企业敢于向前发展的基础。企业注重内部管理的进步，愿意把大量的有形资产转变成科研成果和市场资源，虽然短期内利润有所下降，但是企业的竞争力却大大增强了。

最终，任正非总结道，企业创新是"因"，而提高企业核心竞争力则是"果"。

【辅助阅读】关于创新风险的其他观点

很多企业的创新完全是为了创新而创新，这实际上是一种错误的战略观点。实际上，企业创新应该是在不断满足消费者需求的基础上，进行无间断的改良和革新；应该是在继承前人经验智慧的基础上进行自我提升的一个活动；应该是每家企业都秉持的本分、企业自身的发展基因。

（2）创新成本。

创新成本问题，一度是华为经营管理中一个重点管理项目。

一方面，华为面向创新所投入的成本是严格控制的。一直以来，华为都将研发开支保持在销售额的10%以上。华为在2014年的研发费用加大到408亿元人民币，占全年营业收入的比重高达14.2%，远超业界水平。

另一方面，华为在用创新追求成本优势。部分欧洲国家曾一度认为华为以超低的价格在欧盟市场上进行商品倾销，对欧盟厂商造成了经济利益损害。然而，华为却在回应中称："华为是通过明智的、技术性的创新来降低整体运营成本，而不是通过定价方式。"直至今日，华为仍然在加速创新行动，用创新成果占领市场，来为企业赢得成本优势。

【辅助阅读】创新成本的平衡

影响创新的因素包括人力资源、材料、时间等，其成本也因此被划分为人工成本、材料成本、时间成本等。对于企业而言，创新成本不是简单的人力成本加材料成本，它还涉及创新成果上市时间问题。上市时间晚，创新成果很容易失去先机，压缩了创新成果给企业带来的收益；但是上市时间较早，或企业投资于创新上的资本过多，也会减少企业在创新上的净收益。因而，企业在创新时需要对多重因素加以考虑，以平衡创新成本。

4.3 三种类型的创新

为了在市场上取得突破，抢占市场份额，任正非要求华为人每时每刻都要思考如何开发新技术，提升企业的核心竞争力。可是，任正非也强调，创新不是随意而为的，它应确保在"度"上的平衡。华为要保持技术领先，但不能领先太多，而只能领先竞争对手半步。

任正非和华为的领导人都指出，技术创新是华为发展的核心动力，但当技术创新远远领先于客户实际需求时，它不仅很难给企业带来价值，反而会造成极大的负担。

任正非这样说道："超前太多的技术，当然也是人类的瑰宝，但必须牺牲自己来完成。IT泡沫破灭的浪潮使世界损失了20万亿美元的财富。从统计分析可以看出，几乎100%的公司并不是因为技术不先进而死掉的，而是因为技术先进到别人还没有对它完全认识和认可，以至于没有人来买，产品卖不出去，却消耗了大量的人力、物力、财力，丧失了竞争力。许多领导世界潮流的技术，虽然是万米赛跑的领导者，却不一定是赢家，反而为'清洗盐碱地'和推广新技术而付出大量的成本。但是企业没有先进技术也不行。"

所以，华为奉行的战略理念是，在产品技术创新上，华为要保持技术领先，但只能是领先竞争对手半步，领先三步就会成为"先烈"。当然，华为这套较为现实的创新战略思想并非一朝一夕就形成的，它经过了一段较长而复杂的发展过程。

（1）盲目创新。

其实，任正非提出的"技术开发只能领先竞争对手半步"结论是从早期盲目创新的失败教训中总结得出的。

1998 年，华为在中国联通的 CDMA 项目招标中落选，这对华为而言是一次沉重的打击。众所周知，华为所采取的是压强战术，如果创新失败就意味着全部投入付诸东流。后来，华为内部就此做了检讨和分析，当时公认的 3G 产品有两个版本——IS95 版和 IS2000 版。两相比较，前者相对成熟，而后者采用了新的技术。华为在战略分析上认为，IS95 版只是过渡产品，最终要向 IS2000 版过渡，况且它还可以兼容 IS95 版，于是投入大批资源来研发 IS2000 版本。招标时，联通考虑到 IS2000 版是新研发出来，性能不够稳定；而 IS95 版虽然较老，但可以保证系统运营的稳定性，权衡之下，联通选择了 IS95 版本。

这次失败，归根结底是华为没有把握住客户的需求、过度创新而导致的。任正非指出，华为的研发人员必须端正对创新程度的认识并在实践中把握好创新的尺度。

同时，他指出，研发人员在创新时要聚焦于某一点，以免使得公司的投资和力量分散。他说："我们是一个能力有限的公司，只能在有限的宽度赶超美国公司。不收窄作用面，压强就不会大，就不可以有所突破。""华为只可能在针尖大的领域里领先美国公司，如果扩展到火柴头或小木棒这么大，就绝不可能实现这种超越。"

任正非还指出，在发挥主观能动性与创造性方面，只允许员工在主航道上进行。对于非主航道的业务，要认真向成功的公司学习，坚持稳定可靠的运行模式，保持合理有效、尽可能简单的管理体系，"要防止盲目创新，四面八方都喊响创新，就是我们的葬歌。"

（2）微创新。

微创新，顾名思义，它并非大跨越式的、革命性的创新，而是围绕用户的细小需求和体验提升而开展的一种渐进式创新模式。

【辅助阅读】微创新的概念

"微创新"一词最早出自360安全卫士董事长周鸿祎。他说："用户体验的创新是决定互联网应用能否受欢迎的关键因素，这种创新叫'微创新'。"

周鸿祎称："你的产品可以不完美，但是只要能打动用户心里最甜的那个点，把一个问题解决好，有时候就是四两拨千斤，这种单点突破就叫'微创新'。尤其是对于小公司，因为大公司拷贝有优势。对于这一点，创业者没有什么可抱怨的，这就是现状，唯一要抱怨的就是自己没有创新。要做出'微创新'，就要像钻进用户的心里，把自己当成一个老大妈、大婶那样的普通用户去体验产品。模仿可以照猫画虎，但肯定抓不住用户体验的精髓。"

微创新在工业发展史上其实是广泛存在的。因为其切入点相对较小，同时创新成本相对较低，所以创新者可以快速付诸实践，不断地采取试错行动。通过对细微之处持续不断进行改善，这种行为积累到一定程度时同样能够给企业

带来巨大的变化。

在互联网行业中，通过微创新的形式来为企业开创新型商业模式，进而颠覆行业格局的例子并不少见，比如2013年开始引爆业界的互联网金融产品之于传统金融产品。这些创新成果围绕着客户的消费需求心理而诞生，因而它们在很短的时间内便得到了市场和客户的大力追捧，对传统行业造成了极大的冲击。

当然，微创新并非互联网行业的秘密法宝。随着宽带的广泛存在和移动互联网的影响深化，所有行业开始在跨界和融合的大趋势中不断地接受洗礼和考验。在这个"微创新"为王的时代里，所有企业必须依赖敏锐的市场洞察力，围绕"用户体验至上"进行敏捷创新，才能实现持续的生存和发展。其中，大胆地拓展互联网思维，吸引客户深入参与到企业的微创新过程中，为客户创造极致体验，尤为重要。

而对于华为来说，微创新也绝非新名词。2004年，华为的网络设备领域在荷兰实现了零的突破，这主要是源于为解决客户需求而在原有基站塔上安装3G基站的"微创新"。甚至，华为的整个移动终端业务都可以被视为"为满足客户欧洲运营商3G数据业务普及而发展出来的"。可以说，围绕客户需求来做哪怕是细微但持续不断的创新，也可能是企业实现成本优势、获得最佳竞争力的最佳路径。

（3）颠覆性创新。

2013年12月31日，任正非发表了一篇文章《大公司如何做到"不必然死亡"》。在这篇文章中，任正非的核心问题是：在瞬息万变，不断涌现颠覆性创新的信息社会中，华为能不能继续生存下来？

任正非认为，华为就像"宝马"，正在迎接"特斯拉"的挑战。他说："宝马追不追得上特斯拉，一段时间是我们公司内部争辩的一个问题。多数人都认为特斯拉这种颠覆性创新会超越宝马，我支持宝马不断地改进自己、开放自己，宝马也能学习特斯拉。汽车有几个要素：驱动、智能驾驶（如电子地图、自动换挡、自动防撞、无人驾驶)、机械磨损、安全舒适。后两项宝马居优势，前两项只要宝马不封闭保守，是可以追上来的。当然，特斯拉也可以从市场买来后两项，我也没说宝马必须自创前两项呀，宝马需要的是成功，而不是自主创新的狭隘自豪。"

从这段话可以看出，任正非认为宝马经过技术学习是完全可以摆脱特斯拉对它的颠覆的，这同时也支持了他的观点："大公司不是会必然死亡，不一定会怠惰保守，否则不需要努力成为大公司；而大公司的死亡很大程度上是因为怠惰保守。"

2014 年 11 月 14 日，任正非在华为公司战略务虚会纪要中表示，华为大多数产品一如既往地重视延续性创新，同时允许有一小部分新生力量去进行颠覆性创新，但是必须限制在一定的边界范围内。任正非的这段讲话意味着华为在坚持微创新的思想基础上，开始允许企业战略向大幅创新方向稍作倾斜。

【辅助阅读】 颠覆性创新理论

颠覆性创新理论旨在描述新技术对公司存在的影响。1997 年，克莱顿·克里斯坦森在《创新者的窘境》一书中首次提出了"颠覆性技术"一词。他说，反复的事实让我们看到，那些因新的消费供给范式的出现而消亡的企业，本应该对颠覆性技术有所预见，但它们却无动于衷，直至无从下手。

这些大企业的领导者长期在一条持续创新的道路上行走，他们仅专注于自己认为应该做的事务，比如：服务于最有利可图的顾客，聚焦于边际利润最佳的产品……然而，一旦颠覆性创新出现，这些企业便立刻崩溃了。为解决这个问题，他们采取的应对措施往往是快速转向高端市场，而不是积极防御或超越这些新技术、固守住原本的低端市场。于是，颠覆性创新不断地发展进步，一步步蚕食着传统企业的市场份额，最终将传统产品的统治地位取代掉。

华为的创新活动在不同的阶段进行着持续的演进，期间采取控制与保护措施是必不可少的。

4.4　知识产权保护

为了促进创新，每一个企业都需要提供足够的政策支持，促使人们乐于参与创新，坚持创新，并始终按照企业战略要求去创新。在华为，任正非提出了一系列鼓励创新的战略观点，这些思想观点指引着华为人在创新领域的持续发展和勇往直前。

（1）成本控制。

创新的成本从来不是一成不变的。当某家企业长期坚持的某种创新行为被市场认同，或者成为企业的核心气质之后，其创新的成本或者说创新的风险就可以下降到足够低的程度。在创新成本控制方面，任正非指出："华为公司拥有的资源，你至少要利用到70%以上才算创新。"很明显，这种资源共享基础上的创新本质上是一种微创新，而这种创新也与华为所期望的成本优势获取并不矛盾。

（2）知识产权保护。

事实上，几乎没有人会愿意每年投入超过30亿美元的资金，去培养一支多达7万人的研究开发团队。为什么？因为研发投入越多的企业，越有可能被别人抄袭，最后导致企业失去了竞争力，所以企业在创新时，如果没有知识产权作为保护屏障，那么它创新越多，越可能更早遭遇破产危机。也就是说，知识产权保护对企业而言是非常重要的，华为公司对此也是非常重视的。

2015年3月19日，世界知识产权组织（WIPO）发布了2014年国际专利申请件数统计数据。该数据显示，上年度位居第三位的华为公司，以3 442件的申请数超越日本松下公司，成为2014年的最大申请人。可以说，华为在通信领域已经拥有了这个行业最具价值的知识产权组合。而知识产权申请使得华为的创新在业界内获得了法律保障，避免了其专利被不正当地使用，同时也为华为带来了更大的竞争力。

【辅助阅读】知识产权管理

知识产权管理是指为保证知识产权法律制度有效、彻底地贯彻实施，并维护知识产权人的合法权益，国家有关部门采取的一系列行政及司法活动，以及知识产权人为使其智力成果发挥最大效益而制定各项规章制度、采取相应措施的经营活动。

从企业知识产权管理的内容来讲，它包含了知识产权战略制定、制度设计、管理流程监控、知识产权应用、人员培训、创新整合等诸多管理行为。从企业管理的角度看，企业知识产权的产生、实施乃至维权，都离不开企业对知识产权的有效管理。

每个企业的产品升级和企业持续发展都与创新息息相关，这始终是企业战略管理中一个不可遗漏的主题。而对于每个企业而言，到底是像华为这样严格限定创新的尺度，抑或无限制地放大创新带来的改变，则是每一位经营者必须考虑的重点和难点。

5. 聚焦客户

"以客户为中心"并非华为的独特创造，而是一种普遍适用的企业价值观或真理。然而，这种价值观或真理却遭到扭曲、变形。华为的过人之处则在于：它从来没有丧失过对这种最基本的价值观的坚持，并将这种价值观作为企业战略发展的立足点。

5.1　以客户为中心

华为管理层一直这样认为，华为始终存在于客户价值链之中，华为仅仅是客户价值链上的一环而已。客户养活了企业，如果企业不能为客户提供服务，那么企业必然难以生存下去。因此，只有以客户为中心去推进企业发展，企业才有机会和可能长期发展下去。

2001 年，华为内刊上登载了这样一篇文章，文章名字原本叫作《为客户服务是华为存在的理由》；然而任正非在审稿时将其改为《为客户服务是华为存在的唯一理由》。任正非认为，华为是为客户而存在的，除了客户，华为没有存在的任何理由，所以客户是华为存在的唯一理由。

任正非曾多次强调：以客户为中心是企业活动的核心，唯有让客户满意，企业才能发展。事实上，那些成功企业之所以成功，往往是源于对这一点的重视，很多企业之所以衰落也是源于对这一点的疏忽。

中国人民大学商学院的一批 EMBA 学员在去英国兰开斯特大学进行交流访问时，对方教授曾如此评价华为：华为走过的路，与世界上那些曾经辉煌过的企业走过的路一样。这些企业在达到巅峰之前也是以客户为导向的，但到达巅峰后它们开始听不进客户的意见了，不愿意主动满足客户需求了，于是它们渐渐衰落了。

这段话也在一定程度上彰显出了一个真理——"以客户为中心"，这切切实实是华为的胜利之本。

【辅助阅读】 为客户服务的范畴

为客户服务是指通过以客户为导向的价值观，去全面整合在最优成本—服务组合中的客户界面的所有要素。从广义而言，任何能提高客户满意度的内容，都可以归于"为客户服务"的范畴。

5.2 以客户满意为标准

任正非深知客户的重要性，因此他曾多次向华为人强调："为客户服务是华为存在的唯一理由。客户需求是华为发展的原动力。我们必须以客户价值观为导向，以客户满意度为标准，公司一切行为都以客户的满意程度作为评价依据。"

在华为，任正非要求员工将经营客户关系作为一门必修课，工作中一定要事事、时时都要以"客户满意"为标准。

(1) 树立服务标准。

在服务方面，如果仅仅提升客户满意度，表现出"竭诚为客户服务"的态度，这是远远不够的；还需要有专业的服务水准，这是保证为客户服务到位的基础。华为客户接待服务堪称世界一流，其速度、流畅度和精确度令人赞叹。

杭州的某电信局长前往华为总部考察，华为组织客户接待：

子：办事处秘书。填写客户接待的电子流。地点：杭州。

丑：办事处会计。申请销售人员出差备用金。地点：杭州。

寅：客户工程部接待人员。打电话确认电子流中行程安排。地点：深圳。

卯：司机、接待人员。机场接机，安排住宿。地点：深圳。

辰：系统部职员。打电话与销售人员确认接待事宜及注意事项，并且安排公司接待领导。地点：深圳。

巳：公司经理 A。宴请客户。地点：深圳 × 酒店。

午：公司总台。打出电子屏幕：欢迎 × 局长。地点：总公司。

未：公司经理 B。介绍华为的产品规划。地点一：公司 × 会议室。地点二：产品展示厅。展厅人员 A：负责讲解移动产品；展厅人员 B：负责讲解传输产品；展厅人员 C：负责讲解宽带产品。

申：生产部人员。带领客户参观生产部。地点：深圳×工厂。

酉：人力资源部副总：介绍华为企业文化；财务部副总：介绍华为的财务管理。地点：×会议室。

戌：公司副总。设宴送行。地点：深圳×酒店。

亥：客户工程部。安排车辆去游玩等。

一个简单的接待，华为迅速组建了 20 多人的团队直接为客户服务。期间将客户接待流程织成组织一张大网，各项工作环环相扣，任务连着任务，牵一发而动全身。在高效的背后其实是一整套的服务流程和标准，这是所有企业都应借鉴的。

【辅助阅读】海尔的客户服务标准

海尔作为世界大型家用电器第一品牌以及中国最具价值品牌，走着一条"全心全意为客户服务"的道路。海尔公司有一条著名的法则，即"一、二、三、四"法则，具体内容是：

一个结果：服务圆满；二个理念：带走用户的烦恼——烦恼到零，留下海尔的真诚——真诚到永远；三个控制：服务投诉率小于 10PPM（十万分之一），服务不满意率小于 10PPM，服务遗漏率小于 10PPM；四个不漏：一个不漏地记录用户反映的问题，一个不漏地处理用户反映的问题，一个不漏地复审处理结果，一个不漏地将结果反馈到设计、生产、经营部门并追究责任。

这一法则中，"服务圆满"是海尔公司最核心的法则。海尔人认为，服务圆满是执行中最重要的东西。多年来海尔人都将"服务圆满"作为自己的工作准则。

（2）关注服务细节。

时时、事事以客户满意为标准，在于态度，在于行动，在于规范，更在于细节。古语有云："天下大事，必作于细。"对华为人而言，客户服务无小事，务求在细节上展现华为的专业与耐心。

在华为有这样一个故事。

在交换机配线过程中，有很多条条框框的规定。例如，必须将彩色线扎在外面，而且不能交叉。很多人疑惑道："线扎得再好看、再整齐，机门一关，不是什么都看不到了吗，有必要吗？"华为人却认为：客户打开机门，看到满箱零乱的电线与看到整齐漂亮的电线时的感觉哪个好，这些细节会影响他们对公司产品质量与服务态度的评价。

很多公司教导员工要以客户满意度开展工作，但仅仅停留在嘴边，实际上员工根本不知道如何操作。华为给了我们很好的启发，关注细节，在小事、琐事中体现出你的专业，这足以令客户感动。

除此之外，任正非还要求华为人对客户要有耐心，即使客户错了，也要尊重和理解，更不能赌气不管。华为人用他们的耐心与坚韧，打动了一个又一个客户。

2008 年年底，华为向西部某电信局销售了一批设备，电信局跟催多次后，华为才将设备发运至该电信局。但是，该电信局工作人员看到设备后更加生气。原来，华为发错了货物。愤怒之余该电信局直接向华为深圳总部投诉。最后，总部决定派两人前往处理。这两位员工一直诚恳地道歉，并将对方的意见和要求一字不漏地记录下来。最后，该电信局对华为的诚恳表示满意，并选择与华为继续合作下去。

很明显，如果这两位员工都没有耐心，那么华为与客户的合作关系就会终止，而且还会影响华为在邻近地区整个电信系统的诚信。面对客户的不满和指责，这两位员工始终秉持客户满意的工作原则，力求让客户满意，这也为华为赢得了更好的口碑。

任正非认为，客户虽然看重产品功能、质量，但更看重服务。只要华为人将"客户满意"的服务原则传递给客户，客户会更加信任华为，并继续选择华为的产品和服务。

5.3　为客户创造价值

　　为客户创造价值，相当于将供应商与客户的利益捆绑到一起，实现双方利益最大化。它并不意味着企业单一地为客户提供服务，而是为客户创造尽可能多的价值。在华为，这种价值创造是其客户服务战略的一个典型体现，它可能是通过提高客户竞争力和赢利能力来实现的，也可能是通过快速响应客户需求来实现的。

（1）客户能力提升。

　　华为特别留意提高客户能力。客户能力主要是指客户的竞争力与赢利能力。对于华为而言，提升客户能力这种战略行为是一种被验证可行的战略。

　　2009 年 7 月，华为的一个客户准备在博斯普鲁斯海峡的游船上做 3G 体验，还邀请了土耳其主要的新闻媒体。客户要求华为公司紧急配合：尽快在沿海峡附近的基站上开通 20M 高速下载业务。

　　当时，华为正在伊斯坦布尔做 3G 商业网络的项目，客户的这个要求对正常业务是一个巨大的冲击。此外，要支持 20M 高速下载，需要新技术，更麻烦的是时间紧急。但是，如果华为拒绝了此事，那就等于华为拒绝了土耳其的市场。于是，网络规划部选择了接受任务。

　　很快，华为人员开始与客户方技术人员在游船上测试。海峡水道弯曲多变，与静态的情况完全不同，船稍微摇晃一下，都会对信号产生影响。而且，博斯普鲁斯海峡很长，周边站点很少。开通 20M 高速下载业务需要涉及全面调整。周六、周日项目组连续奋战，确定了初步方案。但在执行中又出现了意外，海峡两岸网络传输线路的传输容量不够大，要临时调整，客户又提出新的需求……经过不懈努力，华为项目组终于在客户要求的时间内完成了改造任务。

对于客户而言，这一次活动意义非凡，如果成功，将大大提升客户的形象。这一活动对于华为同样重要，客户成功则意味着自己也将有机会得到更丰厚的回报。就本质而言，提升客户的竞争力和赢利能力是华为与客户双赢的一种局面。

【辅助阅读】提升服务含金量的工具：ADP 模型

ADP 模型是用来研究影响客户交易达成因素的模型。这个模型有三个要素，各要素分别为：A（Attitude，态度），即客户对产品或服务的态度，如喜欢、厌恶等；D（Distribution，分配、分销），即营销渠道，是指客户获得产品的难易程度，包括分销度、终端表现、渠道满意度等；P（Price，价格），即客户获得产品的代价。

根据这三个要素，ADP 模型的表述如下：全年销售额＝客户态度（A）×渠道状态（D）×价格指数（P）×当量单位（su）。其中，当量单位 su 是反映该产品市场容量大小的系数。ADP 模型可清楚地回答营销的一个根本问题：市场占有率增长的要素是什么？

在此，企业的任务是根据 ADP 模型的三个要素，有步骤、有计划地提高产品或服务的"含金量"。

（2）客户需求响应

随时随地响应并满足客户需求，是获得客户认可、实现业务增值的关键因素。华为人的工作始终贯彻这一宗旨。

2006 年 6 月，巴西最大的移动运营商 VIVO 计划建设一张足以辐射全巴西的"面向 UMTS 的 GSM 网络"。这是拉美国家较大规模的 GSM 建设项目，包括爱立信、阿尔法特在内的众多运营商和设备商都紧盯这块"肥肉"，华为凭借着在全球市场的良好口碑，也有幸成为投标企业。

投标正式开始时，项目组感觉到了巨大的压力。客户一般晚上 8 点做好招标书，而华为则要连夜工作，以便在第二天早上 8 点准时交标；白天，项目组随时准备在规定时间回答客户反馈的问题，客户在每一次改动标书之后，项目组又要形成新的方案。项目组还需要保持跟西班牙的 Telefonica、葡萄牙的一家电信公司以及巴西 VIVO 公司的技术和采购团队进行沟通，这样项目组昼夜保持工作状态。标书也从 V1.0 修改到 V10，而且改动还将持续下去。

在压力面前，华为人没有放弃（很多供应商不满招标方的要求），而他们的付出也得到了回报。他们成为了里约热内卢、圣埃斯皮里斯、巴拉那、圣卡塔林纳、南大河等五个州的 GSM 项目的供应商。

华为巴西投标项目组，顶住压力，一天 24 小时工作。在工作中他们随时解答客户提出的问题，对客户提出的要求则重新在方案中体现，总之，目的只有一个，为客户提供最佳的方案，赢得 GSM 建设项目。

【辅助阅读】 需求响应

需求响应是获得客户满意的核心环节，它是指企业在捕捉到客户需求后，要快速予以反馈或满足。其中，需求反馈是指向客户表明企业方已然知晓客户需求，并告知其需求可能得到满足的预期时间；或对难以满足的需求作出拒绝。

对于客户而言，唯有自身的需求在指定时间内得到满足，这样的服务提供才是真正有价值的；如果需求满足时间滞后，那么所谓的服务提供也会因此失去应有的价值。

可以说，快速响应客户需求是华为以客户为中心战略行为的具体体现之一，也是实现客户满意度提升的一个重点。当然，对于华为而言，"以客户为中心"的战略并不局限于此。

5.4 超出客户期望

华为的客户服务战略的另一个体现是在领先思想上。所谓"领先"有两个含义，一是指华为提供的客户服务水平领先于客户的当下需求；二是"服务与业务双领先"，即保证公司服务始终处于市场领先地位，保证产品竞争力，使业务处于市场领先地位。

(1) 超出客户期望。

用客户满意度提升工作价值还体现在为客户提供超出其预期的服务。这也能够为企业带来更多客户以及利润。

2009 年，华为沙特代表处成立了合同管理及履行支持组织（CSO），人员来自各代表处的不同部门，共十人，其中李明（化名）被任命为 CSO 主管。一位客户经理向他反映，他以前每次去客户那里，客户都要问他华为是不是很富裕，为什么这么多货款不来收回。其实是客户对华为开不出合格的发票而感到无奈和生气，因为客户方实行的是预算制，如果当年的预算完不成，来年的预算就会受到影响，从而影响来年的市场拓展。李明意识到发票开具问题严重影响了客户关系。在这里，华为开具的发票被拒率高达 20%，审批周期长达 48 天。客户对华为开发票问题非常不满。

有一次，客户经理为解决开发票问题，去拜访客户的合同部主管。这位主管很恼火，要求华为在一周内开出 1 亿美元的发票，拜访人员来不及解释就被轰出了办公室。代表处一个季度最多能开出三四千万美元的发票，但代表处认为这些问题必须解决，否则会影响华为在当地的发展。于是该团队顶着巨大压力，每天都工作到凌晨一两点。一周后，华为开出了 1 亿美元的发票，客户的合同部门主管感到很惊讶，连声赞叹。原来这位合同主管当时并不是真要求华为在一周内开出 1 亿美元的发票，而是借此给华为施压，希望华为尽可能多地开出一些可以支撑付款的发票。到 2009 年年底 CSO 为代表处开出可支撑回款的票据超过 5 亿美元。开票准确率从原来的 40% 提高到 90%，开票周期从 140 天缩短到 40 天。

此举一出，沙特代表处 CSO 巩固和加强了华为在当地的客户关系。显然，沙特代表处 CSO 的服务大大超出了客户的期望值，这对于华为人而言一个展现诚意和能力的机会，为以后与客户的长久合作打下了基础。

【辅助阅读】 客户期望

客户期望是指客户对某一产品或服务提供商能够为自己解决问题或提供解决方案的能力大小的预期。这种预期是一种在客户参与服务体验之前便已形成的心理状态，可引导性较强。

虽然客户期望是一种心理状态，但其实质却离不开产品或服务本身这一核心。因此，很多企业围绕产品或服务这一核心，对客户的行为、意见及特殊需求进行周密的审视，然后再采取最适宜的管理模式进行管理。

通常，企业会采取两种模式：一是文中介绍的超出客户期望的模式；二是同步管理模式，即企业通过让企业服务与客户信息、客户期望和客户意见同步的形式，让客户感觉到彼此志同道合，是一种"伙伴"关系。

（2）"三统一"服务体系。

服务与业务双领先，是华为典型的"以客户为中心"的客服战略。在华为，为了保持服务与业务的双领先，公司实行了"三统一"服务体系：统一服务规范（执行标准）、统一服务接入（受理）和统一服务监控（过程质量监控）。

一是统一服务规范。在服务方面，华为制定了严格的"电信级"服务标准，极大地规范了服务的每一个过程。参与客户服务的工程师无论是谁、在哪里都可以按照标准进行工作，保证了服务的质量以及服务水准的一致性。

二是统一服务接入。为了快速解决客户遇到的问题，华为还统一了服务接入。华为和合作伙伴们共同建立特殊服务团队——800服务热线团队。客户一旦发现问题，通过800服务热线就能立即获得华为的快速服务。服务项目包括售后技术咨询、故障申报、设备硬件更换/维修、培训需求、服务政策咨询、服务产品咨询、服务建议和服务投诉等。华为将这些客户服务项目纳入统一的客户管理系统（CMS），当客户有服务需求的时候，华为人就可以响应了。

三是统一服务监控。华为不仅具有服务的实施标准和专业服务团队，还成立了专门的质量监控部门，负责对所有服务活动的服务过程和服务质量进行统一监控，然后逐一回访客户，确认服务效果和满意度，以使客户的需求得到长期、有效的保证。

华为实行的"三统一"服务，已然成为具有高价值和持续增长潜力的核心业务。它极大地促进了领先战略的实现，并间接为华为带来了巨大的利润。这也成为很多企业追逐的一种战略管理模式。

6. 端正效益观

企业效益是指企业通过运营管理和市场拓展而获得的效果与利益。它通常包括经济效益和社会效益，而前者的表现更为突出。为实现效益目标，每个企业可能会采取截然不同的效益定位，随之效益观、管理制度和激励模式都会有很大的不同。那么，华为在效益管理方面是如何进行战略定位的呢？

6.1 以利润为导向

效益是企业持续发展的依赖，利润是企业效益的主要体现。不同的企业有不同的效益定位。华为在效益方面也有着自己的思考。

2014年5月，任正非发表言论，他首先肯定"华为公司这二十五年的发展，基本踩对了鼓点"。为什么这样说？因为在世界整体经济发展不景气的时候，华为仍然在强调规模化增长，并坚持以利润为中心——销售量是为利润服务的，而不是奋斗目标。

"华为的财务曾算过账，华为公司的现金够吃三个月，那第91天时，华为公司如何来渡过危机呢？"任正非认为，企业必须坚持依据战略贡献来选拔优秀干部，也就是说，干部获得提拔的充分必要条件之一是要能使所在部门赢利。这从一个侧面反映出，企业的一切行为都以利润为中心，必须实现效益增长。

【辅助阅读】"以利润为中心"和"利润中心"

以利润为中心是指企业的一切经营行为（包括企业战略决策的设计和组织行为的设定等）是围绕预期利润的实现而展开的。"以利润为中心"相对应的经营战略是"以客户为中心"。

而利润中心则是指对成本、收入和利润负责的责任中心，它具有独立或相对独立的收入和经营决策权。一些企业为追求未来的发展与营运绩效，其现行的功能性组织可能已经无法适应发展；利润中心制的推行将更有利于变革组织结构，以达成企业的战略规划。

事实证明，恰恰是"以利润为中心"的理念刺激着华为一步步实现效益增长。2015年1月，华为发布了2014年未经审计的营收业绩，华为全球销售收入预计约为人民币2 870亿~2 890亿元，较上一年增长约20%。业绩报表显示，华为三大业务均有所增长，运营商网络业务、企业业务、消费者业务分别增长15%、27%、32%。其中，主营业务利润预计约为339亿~343亿元，利润率约为12%。

下面我们来了解一下华为在效益定位方面的细化实践。

6.2 只获取合理效益

影响企业效益定位的第一要素就是经济效益观。经济效益观是指企业要以增加营收、节约开支为中心，一切经营活动皆需考虑其投入产出比，实现经济效益的综合平衡。在效益水平和资金管理等方面，华为无疑有着自己独到的观点和思考，并由此形成了华为的基本效益观。

(1) 销售收入、利润、现金流三足鼎立。

任正非曾经在 EMT 办公例会上做过这样的讲话："销售收入、利润、现金流三足鼎立，支撑起公司的生存发展。单纯的销售额增长是不顾一切的疯狂，单纯地追求利润会透支未来，不考核现金流将导致只有账面利润。光有名义利润是假的，没现金流就如同没米下锅，几天等不到米运来就已经饿死了。"

因此，华为在考核企业效益时将销售收入和利润都赋予了一定的权重，并以此作为导向去引领华为的效益管理工作。当然，仅仅以这两点作为导向是远远不够的，华为还格外侧重于对现金流的管理。任正非举了一个有趣的例子，他说："我们可以把客户的合同做得漂亮，价格卖得很贵，账面利润也不错，却是 5 000 年后一次性付款。我们若只有账面利润，没有现金流，我们要饿 5 000 年等着收款，到那时你们已经饿瘪了，没有力气吃饭了，因此，一定要加强现金流的控制和管理。"

2015 年 3 月 31 日，华为发布了经毕马威审计的 2014 年年报。报告显示，2014 年实现全球销售收入 2 881.97 亿元人民币，同比增长 20.6%；净利润 279 亿元人民币，同比增长 32.7%。可见，华为对销售收入、利润、现金流三者的平衡关系是非常重视的。

(2) 效益水平要合理。

华为认为，在行业市场里面，必须保持合理的效益水平。其原因之一，就是不能破坏行业价值。

对此，任正非是这样解释的："很多行业客户的领导都是职务非常高的人，你和这么高的人交流，学了很多东西，就要交学费。我们搞了二十几年才刚刚明白电信运营商的大致需求。那我们奋斗了 25 年还没有理解一个客户，你们企业网面对这么多客户又如何理解他？我们理解不了，就要把理解客户需求的成本加到这个客户身上去。"

"所以，你要把价格卖贵一点，为什么卖那么便宜呢？你把东西卖这么便宜是在扰乱这个世界，是在破坏市场规则。西方公司也要活下来啊，你以为摧毁了西方公司你就安全了？我们把这个价格提高了，那么世界说，华为做了很多买卖，对我们的价格没有威胁，就允许他活下来吧。"

保持合理效益水平的第二个原因是，保持一定的利润，对企业来说才是有益的。对此观点，任正非在《华为的红旗到底能打多久》一文中是这样论述的："现在社会上流行的一句话是'追求企业的最大利润'，而华为公司的追求是相反的，华为公司不需要利润最大化，只将利润保持在一个比较合理的尺度。华为追求什么呢？华为依靠点点滴滴、锲而不舍的艰苦追求，成为世界级领先企业，来为华为的顾客提供服务。"

基于这样的认知，华为在原有基础上略微调高产品和服务定价，设定合理的毛利水平。如此一来，既保障了自身的销售收入，又不至于在市场上被同行业者排挤。这为华为的持续发展留下了基础空间。

6.3　向管理制度要效益

如果说基本效益观是对效益管理的方向引导，那么制度便是效益管理的保障。在华为，如果仅仅认为这些严苛的制度是用来规范员工行为、为员工提供公平竞争平台的，那就大错特错了。华为管理制度设定的最终目的在于：为华为创造高效益，进而提升华为的市场竞争力，改善员工的生活。

受企业逐利的本性和竞争压力的影响，为了求得生存机会和保持强劲的市场竞争力，华为近年来始终在不断地扩大企业经营规模。然而，当企业规模扩张到一定程度后，任正非发现，进入新领域或一味地强调借助规模来扩大市场占有率，这并不意味着必然实现企业效益的同步增长。然而，如果不去扩大企业规模，那么企业竞争力又会受到冲击和影响。这样看来，规模与效益似乎成为了一对矛盾的问题。

对此，任正非给出的解决办法是：加强管理制度建设与服务，并在这条路上持续走下去，坚持向一流的管理和严格的制度要效益。关于"向管理制度要效益"的经营理念，任正非曾在 1997 年华为内部的一次讲话中这样阐释："市场部在抓组织改革的同时，要加强管理制度建设，依靠管理降低成本。向管理要效益，要对外国通信巨头的竞争有充分的思想准备与组织适应准备。不屈不挠地坚持管理制度改革。"

任正非认为，管理就要像"拧麻花"一样，越拧越紧，哪怕过了 4 000 年，还能像埃及金字塔里的麻绳一样，仍然结实牢固。所以，管理制度的设计必须严谨有效。

当然，拧麻花的方法有很多种，制定管理制度的方法也有很多种。在管理中，你可以用前后"拧麻花"的方法，要求在管理制度中增加一个时间的维度，一个时期强调一种主要倾向，一张一弛，波浪式发展；也可以采用上下"拧麻花"的方式，遵照制度要求，让企业高层领导向战略方向上"拧"，中基层主管和员工往效率和效益上"拧"；还可以从里外"拧麻花"，内部追求股东和员工利益，外部则满足顾客和合作者利益，维护哪一方利益都必须以其他方面利益的合理实现为前提，损害哪一方利益都会损害各方面的利益。

为了能够坚持向管理制度要效益，任正非在 2006 年还提出了全面效率化管埋的口号，从制度上要求把华为的组织效率提升作为管理核心，从注重规模化扩张的粗放管理向注重组织效率的精细化管理过渡。

任正非的这种做法是十分明智的。事实上，企业要想以制度化促进管理的进步，进而向管理要效益，在实践中并不是一件容易的事。

首先，管理者必须从大局着眼，制定出规范化、合理化的管理制度，继而以制度为基准，加大管理力度，通过人力、财力和其他资源的合理配置，使得企业以最小的投入得到最大的产出，这也是解决规模与效益之间矛盾的主要手段。

其次，在加强管理制度建设的同时，还需要企业不断加大对服务的投入，其中，尤其要注重对客户的服务以及对员工的服务，如此才能在用制度服务客户的同时吸引更多的客户，用制度规范人才的同时留住人才。

毋庸置疑，一流的管理制度不仅能够实现企业的规范化管理，还能够给予企业高额的效益回报。因此，企业管理者应当勇于探索优秀的管理制度，如此才能收获丰厚的回报。

【辅助阅读】制度管理及作用

制度是企业为了保证各项事务的正常开展而设计的文件规程，具有指导性、激励性、规范性三大特性。其中，指导性是指制度能够对企业人员的工作内容、工作范畴、工作方法、工作禁忌等有所提示和指导。约束性是指制度会随着内容的传播而激励人员遵守纪律、努力学习、勤奋工作。规范性是指制度要求企业人员严格、规范地按要求去做，对实现工作目标起着重大的作用。

6.4　高投入，高产出

任何企业都无法采用真正意义上的"空手套白狼"的手段实现效益目标，为了促进效益达成，投入永远是必不可少的。所谓"投入"是指企业提供产品过程中所使用的各类物品或劳务。在投入与效益的考量上，大多数人都希望企业能够"低投入，高产出"。但是，任正非却认为"唯有高投入，才有高产出"。

早在1995年时，他在一次谈话中就总结道："我们的成本比兄弟厂家高，因为科研投入高、技术层次高。科研经费每年8 000万元，每年还要花2 000万元用于国内、国外培训和考察。重视从总体上提高公司的水平。这种基础建设给了我们很大的压力。但若我们只顾眼前的利益，忽略长远投资，将会在产品的继承性和扩充性上伤害用户。"简单地说，华为奉行的效益管理原则就是：通过高投入来获得高效益。

【辅助阅读】投入的概念理解

每个企业都需要使用其现有的技术将投入转换为产出。比如对于饼干生产，面粉、鸡蛋及其他辅助食材，热源、烤炉，厨师的劳动等，这些皆可归为"投入"的范畴。而在一个IT企业中，研发人员、技术、设备以及资金等，也都是"投入"的范畴。通常情况下，人们会将各类投入折合为资金，以此来评估投入量的大小。

实际上，华为在研发上的大投入也是不得已而为之。因为，信息产业的风险无处不在，企业的兴起与衰落几乎是顷刻之间的事情。

任正非对此是非常清楚的，但同时他又认为，华为要想在激烈的市场中站稳脚跟，就要持续不断地投入，保持一定的规模。1997年，任正非一行考察IBM、贝尔实验室、惠普等国际著名公司时发现：IBM作为一家已经家喻户晓的企业，每年还会拿出近60亿美元作为研发经费；而其他的很多大公司也会拿出公司销售额的10%作为研发经费，以此为公司创造机会。然而，国内企业的情况却完全不同，它们往往都想着在机会出现以后再去投资，认为这样会更妥当。这就是国内外企业的差距。

事实上，那些走在市场前端的世界著名公司，是在利用自己的研发行为去主动创造机会，并引导消费者进行消费，这也是它们比国内企业发展快的根本原因。深刻认识到这一点后，任正非更加坚持自己的观点："只有持续加大投资力度，我们才能缩小与世界的差距。"所以，他要求华为每年拿出销售额的10%作为研发经费，以推动企业利润的持续增长。

为此，华为特别设计了"三高"政策，即：高工资、高压力、高效率。任正非希望通过高工资催生高效率，强化华为人的拼搏精神。华为的高工资政策令在外企工作的员工都羡慕不已，即便华为在海外招聘，工资待遇、福利水平也不亚于同行业的工资水平。如果遇到高端人才，华为给出的报价更是高得"离谱"。

根据华为2014年的工资体系，高级工程师及以上人才的标准月薪等级如表2—1所示。

表2—1　　　　　　　　　　华为员工薪资等级表

等级	月薪标准（元）		
18 级	C：25 500	B：29 000	A：32 500
19 级	C：32 500	B：36 500	A：40 500
20 级	C：40 500	B：44 500	A：49 500
21 级	C：49 500	B：54 500	A：59 500
注：奖金和分红另计			

单就研发方面，华为在2014年投入408亿元，较上年增长29.4%。而据华为内部员工称，2015年入职的业绩优秀的新员工年薪甚至达到35万元。如此高的薪酬，足以令华为人开足马力去工作。

毫无疑问，华为对研发的投入是巨大的。有人问过任正非："你们投这么多钱是哪儿来的?"任正非回答说："实际上是从牙缝中省出来的。"这种在艰难情境下的坚持，足见任正非对高投入战略的支持力度。

不过，随着华为的不断投入，它在新技术、新领域也确实取得了很大的突破。20多年来，华为产品已经成功打入全球100多个国家和地区的市场，服务的运营商已经超过了300多家。华为赫然成为继思科、爱立信、阿尔卡特朗讯、诺基亚、西门子之后的全球顶级电信设备商。

从华为的效益管理过程中我们可以看到，一个企业是否敢于在从未涉足的领域里冒险，是否敢于对未来市场进行投资，并加大投资力度，对于未来效益管理和提升是非常重要的。当然，这一切更有赖于企业决策层在战略上的定位和平衡。

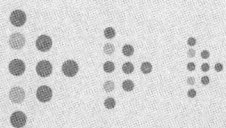

第三章　领导视野

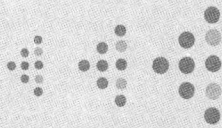

一个领导人重要的素质是方向、节奏。他的水平就是合适的灰度。坚定不移的正确方向来自灰度、妥协与宽容。

——任正非

带着问题阅读：

1. 员工与企业如何成为价值共同体？

2. 领导干部队伍为什么要不断折腾，才能保持活力？

3. 管理为什么不是黑白分明，而是要有一定灰度？

4. 为什么企业应有完善的危机管理机制？

5. 如何打造群体奋斗的狼性团队？

1. 价值观领导

当"领导"作为一个动词出现时，它是指在一定的组织或群体内，为实现预期目标，领导者运用其权力和自身影响力去影响被领导者的行为，并将其行为结果导向预期目标的一个过程。这个过程的推进离不开领导者处理事务的视角、领导与组织、领导行为、特殊情境（如出现危机时）下的领导管理。

华为的一大特色是坚持价值观领导。所谓"价值观"，是指对企业活动的根本看法和对工作的根本态度。几乎在任何一家企业中，领导层的价值观都在无时无刻地影响着企业上下的思想导向，指引人们向企业要求的方向而行动。在华为，这些价值观的存在和所发挥的影响力极为突出。

1.1 《华为公司基本法》

对于一个企业而言，价值观是人们努力奋斗的方向和结果，是让所有员工发生关联的良性纽带，是促进企业生存发展的内在原动力，是企业行为规范制度设计的基础。

(1) 价值观是什么。

不管社会环境和市场如何嬗变，产品必然会过时，新技术必然会不断涌现，但是在那些优秀的企业中，价值观却代表着这个企业存在的根本理由。

【辅助阅读】企业价值观的特征

价值观是企业决策层对企业的目标、经营方式等方面的取向所作出的抉择，是企业上下共同接受的某种观念。具体而言，它具有四个突出特征：

①价值观是企业所有员工共同持有的，而不是一两个人所有的。

②价值观是支配员工精神的主导思想。

③价值观是在企业内长期积淀下来的结果，而不是突然产生的。

④价值观是有意识培育的产物，而不是自发形成的。

对于任何一个企业而言，只有当其价值观得到绝大部分员工的认同时，这个企业的价值观才真正意义上形成了。而在不同的企业中，价值观亦是不同的。比如，一些企业将创新作为企业本位价值，那么一旦利润、效率与创新之间发生冲突，它们会自然地选择后者，促使利润、效率让位；还有一些企业，它们认为企业的价值在于利润、企业的价值在于服务、企业的价值在于育人，那么，这些企业的价值观便可以被分别称为"利润价值观"、"服务价值观"、"育人价值观"。

当然，价值观并不一定要聚焦于某个单一方面，有时企业也会设计多个互相融合的价值观。下面，我们就来看看华为的价值观是如何形成并领导华为一步步走向进步的。

(2) 价值观体系的设计。

一个企业要长期发展，人们是否能够按照企业预期的那样有所行动，这都离不开每个岗位工作者和岗位接班人对核心价值观的确认和承认。因此，从企业的角度去设定核心价值观是一件非常重要的事情。这也是华为格外关注其价值观的主要原因。

1998 年 3 月，经过三年讨论、八遍修改的《华为公司基本法》（简称《基本法》）终于定稿，华为公司的核心价值观体系也随之横空出世。这是改革开放以来国内企业首个系统的价值观体系。在《基本法》的第一章，华为对公司的核心价值观作出了以下概括：

愿景与使命　华为的追求是在电子信息领域实现顾客的梦想，并依靠点点滴滴、锲而不舍的艰苦追求，使我们成为世界级领先企业。为了使华为成为世界一流的设备供应商，我们将永不进入信息服务业。通过无依赖的市场压力传递，使内部机制永远处于激活状态。

员工观　认真负责和管理有效的员工是华为最大的财富。尊重知识、尊重个性、集体奋斗和不迁就有功的员工，是我们事业可持续成长的内在要求。

技术观　广泛吸收世界电子信息领域的最新研究成果，虚心向国内外优秀企业学习，在独立自主的基础上，开放合作地发展领先的核心技术体系，用我们卓越的产品自立于世界通信列强之林。

精神　爱祖国、爱人民、爱事业和爱生活是我们凝聚力的源泉。责任意识、创新精神、敬业精神与团结合作精神是我们企业文化的精髓。实事求是是我们行为的准则。

利益观　华为主张在顾客、员工与合作者之间结成利益共同体。努力探索按生产要素分配的内部动力机制。我们绝不让雷锋吃亏，奉献者定当得到合理的回报。

文化观　资源是会枯竭的，唯有文化才会生生不息。一切工业产品都是人类智慧创造的。华为没有可以依存的自然资源，唯有在人的头脑中挖掘出大油田、大森林、大煤矿……精神是可以转化成物质的，物质文明有利于巩固精神文明。我们坚持以精神文明促进物质文明的方针。

社会责任观 华为以产业报国和科教兴国为己任，以公司的发展为所在社区作出贡献。为伟大祖国的繁荣昌盛，为中华民族的振兴，为自己和家人的幸福而不懈努力。

此后，《基本法》对华为未来发展的展望和描述，逐步转变为华为的实践——华为持续探索着自己的商业模式、内部运营模式和企业文化内涵，并取得了成功。换言之，华为公司的实践在不断地验证着《基本法》所构建的蓝图是多么宏大，验证着其核心价值观的正确。在《基本法》出台以后，无论是进入高速发展阶段，还是处于寒冷的冬天，华为的核心价值观体系都被作为一股雄厚有力的牵引力量，发挥出重要的精神支撑作用。

1.2 与时俱进

到了 2006 年，此时距离《基本法》出台已有八年。经过八年的洗礼，尤其是经过行业严冬的考验之后，华为公司那些具有强烈批判精神的领导们对企业的核心价值观体系开始了更为深刻的反思："《基本法》里也是有泡沫的。"毕竟，这套价值观体系是在一个充满泡沫的时代里应运而生的。

当华为进入发展阶段后，反思并重新梳理核心价值观体系也是一件很容易被理解和接受的事情。随着华为公司推行的诸多变革（如 IPD、人力资源管理体系、干部管理和培养体系等），以及国际化的实践，华为人的思考空间被更大范围地拓开，同时也开始呼唤着新的核心价值观体系，以促动企业朝向更长远的未来发展。

就这样，华为新的价值观体系诞生了。对此，外界曾有些说法，说华为"已经抛弃了《基本法》"，这种说法是非常值得商榷的。事实上，华为《基本法》从制定之初到其后的实践，始终是一个不断扬弃的过程。所以，《基本法》不是被华为人抛弃了，而是被新的价值观体系所超越，被华为企业经营管理的实践所超越。那么，新的核心价值观体系到底是怎样的呢？它由三部分组成：

（1）愿景。

愿景：丰富人们的沟通和生活。

愿景表述的是华为为什么，即：企业期望达到一种什么样的状态或对于目前状态的一般看法，这是发自企业内心真正的愿望、期盼，是面向企业未来的一种展望式描述。

（2）使命。

使命：聚焦客户关注的挑战和压力，提供有竞争力的通信解决方案和服务，持续为客户创造最大价值。

使命界定的是华为是什么，即：企业存在的理由和目的，反映的是企业的业务范围、生存和发展目标、主要顾客、经营原则、社会责任等定位生存的目的。

（3）战略。

战略主要包括四个方面：①为客户服务是华为存在的唯一理由；客户需求是华为发展的原动力。②质量好、服务好、运作成本低，优先满足客户需求，提升客户竞争力和赢利能力。③持续管理变革，实现高效的流程化运作，确保端到端的优质交付。④与友商共同发展，既是竞争对手，也是合作伙伴，共同创造良好的生存空间，共享价值链的利益。

战略界定的是华为如何做，即：公司实现愿景和完成使命的途径和安排。

【辅助阅读】 新旧核心价值观体系对比

华为的新核心价值观体系并没有否定原价值观体系，而是在原核心价值观体系的基础上加以升华而产生的。两者相较，它们存在以下差异。

①原核心价值观体系是以华为公司为出发点，新核心价值观体系是以客户为出发点。

②原核心价值观体系推动了华为的发展壮大，而新核心价值观体系则是华为走向世界的动员令和宣言书。

③新核心价值观由过去的七条变为三部分；新核心价值观体系是对旧核心价值观体系的汇总和凝练，原核心价值观体系依然是为华为所认同和坚守的，并且为全体员工所遵循。

④原核心价值观体系通过引进外脑主导完成，而新核心价值观体系凝聚了华为高层领导和全体员工的智慧与心血。

为适应全球化业务的发展，打造国际化品牌，华为公司还特别制定了新的视觉识别系统，保证对外传播和对内传播的一致性。新核心价值观体系推出之后，华为于 2006 年 5 月 8 日更换了企业标识。新标识在保持原有标识"蓬勃向上、积极进取"寓意的基础上，增加了聚焦、创新、稳健与和谐的含义，同时呈现华为对客户的郑重承诺：我们将保持积极进取的精神，通过持续创新行为，支持客户实现网络转型，并不断推出更多更具有竞争力的业务；我们将更为稳健地发展，更加国际化、职业化；我们将与客户、合作伙伴一起，构建和谐的商业环境，实现自身的稳步成长。

1.3　共享型价值观

了解了华为价值观体系的变革之后，我们再来谈谈华为价值观的属性。事实上，无论企业的价值观最终具化为什么样的内容，其从属性上来划分的话皆可划分为牺牲型价值观和共享型价值观。前者是较为传统的价值观，利他主义价值观；后者则是基于对等原则的利他主义价值观。

【辅助阅读】牺牲型价值观和共享型价值观的实践

日韩企业在第二次世界大战后的相继快速复苏并崛起，从某种程度上来说，是在共享型价值观实现良性循环后而取得的结果。与此对比，一些中国企业奉行的是牺牲型价值观，这种价值观的本质是：既得利益者为达到自我利益最大化而对他人提出的单方向道德要求，其实质是极端利己的价值观。

为了改变部分企业中盛行的牺牲型价值观，华为在建立价值观体系时对这种价值观进行了改造。

在价值观改造过程中，华为提出了极为特别的观点，如："在顾客、员工与合作者之间结成利益共同体。努力探索按生产要素分配的内部动力机制"，"不能叫雷锋吃亏，以物质文明巩固精神文明，以精神文明促进物质文明来形成千百个雷锋成长且源远流长"，等等。

这里非常值得我们注意的是：华为创造性地使用了类似传统价值观的语言，在企业内部建立起了共享型价值观。而通过借用传统榜样"雷锋"，强调了员工工作时应具有主动性和积极性，同时强调了要有与员工付出对应的物质回报，这便将传统价值观灵活地改造成了共享型价值观，企业和员工之间的沟通自然更为顺畅，员工也更容易认同企业的价值观。

民主生活会是华为对传统进行创造性改造的典型案例。任正非在《华为的冬天》里说道："下面也要有民主生活会，一定要相互提意见，相互提意见时一定要和风细雨。我认为，批评别人应该是请客吃饭，应该是绘画、绣花，要温良恭让。一定不要把内部的民主生活会变成有火药味的会议，高级干部尖锐一些，是他们素质高，越到基层应越温和。事情不能指望一次说完，一年不行，两年也可以，三年进步也不迟。我希望各级干部在组织自我批判的民主生活会议上，千万要把握尺度。我认为人是怕痛的，太痛了也不太好，像绘画、绣花一样，细细致致地帮人家分析他的缺点，提出改进措施来，和风细雨式最好。"通过强调尊重员工个体，民主生活会彻底甩开旧有的意识形态色彩，其功能性更类乎反思和辅导型管理模式。

华为共享型价值观的最集中体现之一，莫过于当年默认接班人李一男离开华为独立创业一事。2000 年，李一男离开了华为。当时，他用内部股份置换出价值千万元的网络设备，这为其创立港湾网络公司奠定了坚实的物质基础。而这些内部股份在其他公司完全可能是一纸空文。再后来，华为又于 2006 年 6 月 6 日收购了港湾网络部分股权和核心资产，最终实现了控股。而这段佳话的发生，从根本上说仍然要得益于华为内部倡导的共享型价值观，否则两公司之间必然是无穷无尽的打压和竞争，不死不休。

可以说，对于每个企业而言，企业价值观的存在不仅起到全员约束的作用，它还起到内部融合的作用。这也是企业在塑造本企业价值观之初应聚焦和考量的一点：如何让企业价值观在最大程度上发挥出其作用？

前面，我们阐述了华为在企业价值观体系建设过程中的诸多考量和尝试，下面，我们再来看看华为是如何让其企业价值观落地的。

1.4　价值共同体

任正非提出，"世界上一切资源都可能枯竭，只有一种资源可以生生不息，那就是文化。"而价值观作为文化的核心部分自然也会给企业带来极大的影响。为了强化人们对企业价值观的认知，企业必须有意识地去建立一个文化共同体，这样才能让人们自然而然地去遵循企业价值观而行动。

（1）培养价值观。

很多企业在创业之初招聘人员的时候只谈工作内容、薪资和能力，几乎不谈企业的价值观，这让企业从一开始就缺少凝聚力，等到企业壮大之后再统一价值观，其难度很大。这是不利于企业发展的。事实上，良好且端正的价值观会让企业成员形成一种归属感和使命感，同时，好的价值观也会培养出具有非凡能力和魅力的组织成员，促进企业发展。

华为非常关注内部成员对企业价值观的认同。华为大学的课程内容虽多，但文化课程占了一半，其中包括自我批判、艰苦奋斗、诚信、创新、团结合作、互助、责任心与敬业精神、服从、以客户为中心等。华为试图借助这些培训，让企业成员逐步认同、接受华为的价值观并融入华为的价值文化中。

（2）塑造价值共同体。

企业倡导的价值观只有转化为普通员工的信念，才能成为一个企业的真正的价值观；否则，它不仅对企业经营管理完全产生不了作用，甚至还可能对企业外部形象造成难以估量的扭曲和损伤。

企业价值观转化为全员理念的过程，实际上是一个让全员接受并能够去自觉落实价值观的过程。在这一过程中，企业家和企业领导者的作用是举足轻重的。企业家或企业领导者必须以身作则、言行一致，恪守自己所提倡的价值观。只有领导者做出了好的表率，才能使员工心悦诚服。

企业领导者应在日常管理过程中向员工不断灌输企业价值观，对员工不厌其烦地阐述企业行为准则。在内部文化较为强势的企业中，领导者甚至会明确地向员工指出企业的要求。通过向企业员工灌输价值观，将使员工内心对企业价值观产生共鸣，把企业价值观转化为员工头脑中的信念。这样一来，员工便会对企业价值观的实质形成全面而深刻的理解，他们才会把企业的价值观付诸实践。

【辅助阅读】价值观与 GE（通用电气）360 度考核法

为了准确把握员工与企业价值观契合程度，GE（通用电气）采用了 360 度考核法。这种考核方法不是用来考核新进入公司的员工，而是用来考核在 GE 工作时间较长的员工。

360 度考核法把人员分为四组，这四组的构成分别是跟被考核者存在关联的上级、同级、下级、服务的客户。考核内容包括：企业理念、企业战略、客户价值等。四组人员根据对被考核者的了解来评价其行为是否符合价值观的要求。对于同一位被考核者，每一位同级、上级、下级和服务客户可能会给出不同的评价，最后由专门顾问公司对结果进行综合分析，得出被考核人的评价结果。被考核者如果发现在某个方面有的组比其他组给的评价较低，那么他可以找到这个组的几个人进行沟通，大家敞开心扉交换意见，并会从评价者那里得到自我改善的有效建议。

通过360度考核，每一位GE员工都清楚地认识到自己在哪些方面尚未达到与公司契合的程度，随后便可以有针对性地加强该方面的养成训练。

这种有效的方法也被华为公司采用。不过，除了通过考核来确认员工的价值观外，华为还非常重视充分沟通——人们将充分沟通视为建立共同价值观的重要基础。

在公司内部，华为充分利用多种多样的沟通渠道和手段，促使员工针对共同价值思想进行充分交流，使其内心想法尽可能多而真实地得以呈现，进而在工作中更好地调整好自己的位置、行为和心态。在公司外部，华为通过企业的对外宣传、服务、公益活动，以及员工的言行举止、仪容仪表、待人接物、品质修养等诸多方面，更直接地向外界传递企业价值观，展现企业道德风尚、员工风采，增强员工对企业的自豪感与责任感。

总体上讲，价值共同体的塑造极大地促进了企业价值观的生成，乃至影响着人们在世人面前表现出契合价值观要求的行为。如今，华为价值观之所以被世人如此称道，也恰恰得益于华为良好的价值观体系设计和华为人对企业价值观的优质呈现。

2. 干部要折腾

领导干部问题主要是针对领导干部的任职与领导组织行为的规范（这里

说的领导干部泛指领导者和管理者）。在任何一个企业中，对领导干部的选择、管理与激励，都是影响企业运营的重要方面。为此，无数企业决策者、领导干部都在持续地尝试探索适合本企业、有助于企业长期发展的管理模式，而华为无疑在三大方面创造了一套业界极为瞩目的模式。

2.1　凭资格任职

华为作为高新技术企业，对人才的需求是十分迫切的，尤其是领导干部。华为倡导并推出任职资格的目的在于建立一个能上能下的晋升体系，以激励内部人才向上或向下自由流动。

指导员工自发实现职业路径　任职资格体系明确了不同的职位以及任职条件，也就是说建立起企业内部各领域的职业发展通道。不同职位的任职资格都有一整套标准以及详细说明，员工可以依据自己的能力、爱好、公司要求应聘相应的职位。在学习中，员工可以审视与任职资格标准的差距，分析不足，找出原因，不断改善绩效水平，从而达到该职位的任职资格要求。

促使领导干部选拔规范化　随着华为不断走向国际化，对领导干部的数量和质量要求也越来越高。华为试图通过对管理人员的管理来推动整个公司的运作，为此华为开始从内部培养领导干部，而任职资格体系则为领导干部队伍的选拔提供了科学的评价依据。

【辅助阅读】任职资格的概念及特点

简单地说，任职资格是人们从事各类工作所必备的能力。其具有两个特点。

①基于工作内容设计。任职资格是基于员工完成本职工作内容进行设计的。任职资格（操作标准）给出了员工完成工作任务所必须具备的行为规范，以及员工达成这些规范所需要的知识和技能。

②基于工作分类。任职资格是基于工作内容进行分类的，采用"自上而下"分析法，首先从公司的总目标开始，直至个人，然后分析"要达到这一目标需要进行哪些工作"，最后总结记录。基于工作分类可以让任职资格更加贴近实际，便于在操作中执行。得出的任职资格领域被称为职位族。

说到这里，有人可能会好奇：华为是怎么建立起它的任职资格体系的呢？

（1）任职资格体系。

华为的任职资格体系是人力资源管理体系的基础，它立足于薪酬建立薪酬制度，同时通过 KPI 体系贯穿整个任职资格构架中。上文指出，任职资格基于工作分类，并最终形成职位族。华为的职位族粗分如表 3—1 所示。

表 3—1　　　　　　　　　　　华为的职位族粗分

专业技术族			专业行政族	营销族	领导族
研发	生产	用户服务			
产品设计 技术管理 基础研究	生产管理 设备调测 质量管理 物料	售前服务 售后服务 技术支援 客户培训 现场维修 安装	财务会计 人力资源 总务 合同管理 秘书/行政 管理信息 政府关系	销售产品管理 市场推广	总裁 副总裁 主要部门高级主管

每个职位族按照工作内容的复杂度、所需技能等进一步细分为不同的等级。任职资格划分，是指对承担职务（岗位）资格与能力的制度性区分，它包括分层与分类：分层是按资格能力的高低，分出不同的高低层次，是纵向划分；分类是按承担职务（岗位）的性质，分出不同内容的资格能力，是横向划分。

（2）任职资格等级划分。

任职等级划分主要是按任职资格构成要素与评定基准，对职能资格能力的制度性区分，是在类别划分之下的细分。华为实施任职资格等级划分的目的是设计晋升阶梯，以便员工逐步提升自身的任职资格能力。这种资格晋升可以是横向上升，也可以是纵向上升。任职资格等级划分模型如图 3—1 所示。

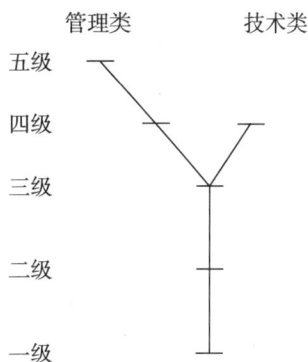

通常，华为的新员工会先从事技术职位工作，专业技能达到一定水平，且管理能力出众，这时便可以应聘管理类职位。继续从事技术类职位的员工也可予以晋升，一般可达到四级或五级。图 3—1 中，一、二、三级管理类与技术类任职资格相同或相近；从第四级开始，工作性质和内容发生明显变化。四级相当于公司二级部门管理职位的要求，五级相当于公司级管理职位的要求。管理与技术类任职等级说明如图 3—2 所示。

图 3—1 任职资格等级划分模型

图 3—2 管理与技术类任职等级说明

注：管理类为 A，技术类为 B。

在这里值得注意的是职位等级上下限的确定。由于个人能力大小各异，所以华为并未设置统一的起点和终点。因而我们能够看到，华为是对各层类的任职资格划分出等级下限和上限，下限是能力起点，上限则是能力目标。

（3）职位分级的实践。

在实践中，华为进行职位分级时的思路，直接影响着人员的工作分配与领导干部的任命。

即便是任正非的女儿孟晚舟，也曾在华为打过杂。据她回忆，当时她正计划出国。出国前，任正非说出国总要学点谋生技能，所以，孟晚舟被建议到华为打杂。那时候，华为公司规模尚小，孟晚舟一度做过秘书，协助过销售和服务部门，负责打字、制作产品目录、安排展览会务等。她被称为华为早年仅有的三个秘书之一。

孟晚舟从华中理工大学会计专业毕业后到了华为的财务部门，开始从事简单的财务工作。2003 年，孟晚舟负责建立全球统一的华为财务组织，这一系列的改革包括组织架构、业务流程、财务制度和 IT 平台，这一事务使得华为的全球财务组织得以以更高的效率和更低的成本运作。从 2005 年到 2009 年，在华为全球账务系统的统一化和标准化建设中，孟晚舟则开始主导建立五个账务共享中心，这五个中心覆盖和支撑着全球的会计核算工作。在此期间，确切地说是从 2007 年开始，孟晚舟还负责了集成财经服务的变革项目的启动——该项目的实施，为华为提供了更为完善精准的财务数据。

有人说："孟晚舟是靠着父亲任正非的力量在华为崛起的。"然而，从孟晚舟的个人发展过程来看，任正非对孟晚舟的扶持不仅仅是因她是他的女儿，更多地考虑的是孟晚舟自身的能力资格，以此作为华为职位任用的依据。事实上，这也是很多任人唯亲的企业所应反思的一点。

2.2 能上也能下

华为的人事任命并非终身制的，不存在按资排辈、只上不下的现象。任正非的观点是："我们不能懈怠，领导干部能上能下一定要成为永恒的制度，成为公司的优良传统。"对此，他解释道，每个人都不可能有永恒的高速度，每个人的素质、个人学习努力的程度、自我改造的能力差异都很大，怎么可能步调一致地推动企业前进？因此，企业必须建立一条能上能下的组织管理通道，将优秀的人才选上来，将鱼目混珠的人选下去或淘汰掉，这才是华为正常的组织管理模式。时至今日，能上能下——能者上、平者让、庸者下，这可以称得上是对领导干部职务终身制革命的一项重要制度。那么，华为是如何实现能上能下的呢？

（1）机会均等。

机会均等是能上能下政策实施的基础性前提。如果因人而异地设定岗位人选，那么必然会造成某些岗位能上不能下，部分非优秀人才长期占据领导者岗位，未发挥突出才能，而优秀人才却始终没有一展才华的机会。

【辅助阅读】企业里的蘑菇管理定律

20 世纪 70 年代，有一批年轻的电脑程序员提出了"蘑菇定律"，自嘲得不到别人的理解和重视，总是被置于阴暗的角落，"像蘑菇一样生活"。后来，它被延伸为管理学中的"蘑菇管理定律"，指的是组织和员工对待新进者的心态。这些像"蘑菇"一样的员工得不到均等的发展机会，只是做一些打杂跑腿的工作，有时还会被浇上一头"大粪"，受到无端的批评、指责，代人受过。

其实，每个员工都渴望被尊重、被认同，期望在公司实现自己的价值。华为为了给员工提供均等的发展机会，一直都在提倡"公平竞争，不唯学历，注重实际才干"的方针。

不可否认的是，在华为，机会均等的实现也存在着阻碍，而最大的阻碍莫过于行政权力的垄断。一些老领导干部近水楼台先得月，将机会几乎全部垄

断，这使得"公平竞争，不唯学历，注重实际才干"的方针难以贯彻。为此任正非提出了"不断清零的人才观"，打破现有任职资格体系，人员全部下岗，重新竞聘。

1996 年，华为 26 位办事处主任同时递交辞职报告，并重新竞聘上岗。在此次竞聘上岗中，华为 30% 的领导干部被调整了下来。

2007 年，华为再一次鼓励中高层人员辞职再竞聘上岗。

这只是华为打破行政权力垄断的一个缩影，它在其他管理方面也在进行革新和优化。通过"不断清零"，保障了内部员工之间的公平竞争。在竞聘上岗、机会均等的氛围下，任正非这样激励员工："华为公司人才流动是一种很正常的现象，所有应聘的机会你们都可以去挑战。努力是个人争取机会，创造机会，发展自己的唯一道路，而不是等到人家对你有个什么说法，我想也不会有。国际歌里有句口号：从来就没有什么神仙皇帝，从来就没有救世主，全靠我们自己。我们的女员工一定要注意，提升你们的不是经理，也不是男员工，而是你们自己，只有你们自己创造你们自己的历史，创造自己的前途和机遇。这些问题，要在工作中慢慢去体会，克服自身缺点，表现自己的优点，发挥强项，使得自己适合时代潮流。华为公司大发展的滚滚洪流，是不以人们的意志为转移的。领导干部使用中任人唯亲的现象也不会更多发生，公司将会为大家提供越来越多的机会，这些机会也靠你们自己去创造，我想是可以创造出来的。"

任正非激励每一个华为人抓住机会、争取机会、创造机会的背后，是对员工的期望，希望他们能够通过努力为华为创造利润，同时实现自我价值的提升。

（2）领导干部流动。

在领导干部流动方面，有人可能说：领导干部往往都是业务精英或管理能人，应该不能下吧！然而，在华为并不存在不可能。对此，任正非的直接反应是："不迁就任何人！""烧不死的鸟是凤凰。"

随着外部市场环境变化，华为公司的发展需求趋向于"大市场、大科研、大结构、大系统"。在这样的发展需求下，华为市场部将述职报告和辞职报告一并提交的举措，震动了整个业界，甚至是对华为管理初衷的质疑。然而在这个时期里，华为却发出了这样的声音："那些被降职的领导干部，要调整好心态，正确地反思，在新的工作岗位上振作起来，不要自怨自艾，也不要牢骚满腹，在什么地方跌倒就在什么地方爬起来。"

事实上，华为的这一举措，并不是简单地要求领导干部能够接受"降职"，而是要求他们更能够承受挫折，更进一步地实现提升自我，并创造崭新的业绩。

【辅助阅读】 能上能下的处理诀窍

解决领导干部"能上不能下"的问题，还必须"对症下药"，在以下三个方面下功夫：

①敢于担当。如果企业认定了某位领导干部不适合某岗位工作，那么一定要果断地处理，切忌因个人关系问题而有所掣肘。须知，调整或者降级使用，这既是对企业负责，也是对领导干部本人负责。

②转变观念。要让全员认清"能上能下是领导干部管理的常态"。领导干部要扭转自己的思想观念：要将职务调整视为一种对自己的精神激励，而后自主改变现状，切忌将"被下"视为组织上的"遗弃"而由此自我放弃。

③严格执行。在制定"能上能下"制度时，应详细规定领导干部不适宜现职、应当被调整的具体情形，让应"下"的人员明确自己被"下"的原因，同时指明调整的方式，解决"让谁下"、"怎样下"两个问题。

2.3 领导干部负责制

为了促进人员的工作积极性，并给人员"上下"提供客观的依据，华为特别设定了一套有力的制度——领导干部负责制。该制度的核心要求是：将业绩与领导干部任用挂钩，对业绩不良的人员不予晋升，从制度管理的角度来约束华为人员的行为。而华为人员同时也需要考虑自我约束，采取有效行为策略保障业绩的实现。

华为坚持对领导干部实行以责任结果导向考评的制度，即对领导干部进行有效约束。在华为领导干部要通过自己的述职报告，确定自己的责任——预计达到的绩效目标。任正非指出："面对市场的激烈竞争，公司无力袒护臃肿的机构，以及不称职的领导干部，我们必须以责任制来淘汰、选拔领导干部。"

他认为，领导干部不是坐在舒舒服服的空调房里，把所有的工作都交给下属，也不是在问题来了的时候，习惯于请示上级，明明有章可循、可以顺利解决的问题，还要到领导那里过问一下，而且，等工作遇到麻烦，又推卸责任，让自己脱离干系。这非常不利华为的发展。

2000年，华为某团队成员李果（化名）和同事们通过市场调研后，觉得视频产品开发的市场很大，于是就向直接上级提交了一份详细的项目报告，但没有被批复。原因是他的上级觉得，项目成功了固然好，自己也将成为第一功臣，可一旦项目失败，自己就很有可能受牵连，多年努力的结果也会随之失去。后来，李果又先后几次提交了产品计划，都因其上级不敢承担责任而搁浅了，最后李果愤然离开华为，创立了自己的公司，而且还凭借着在华为没有得到认可的项目，让公司获利颇丰。任正非知道此事以后，果断地辞退了李果原来的直接上级。

这件事对任正非和华为的影响很大，也给华为造成了很大的损失。为了避免类似的情况发生，华为开始实行领导干部的绩效承诺制，要求所有领导干部签订个人绩效承诺书，以督促主管们"言必信，行必果"，主动去承担工作。

　　然后，公司每年年初会根据上年实际完成的各项指标（如虚拟利润、人均销售收入、客户满意度、销售订货、销售发货、销售收入、销售净利润等）制订新一年的工作指标，个人根据公司指标的分配情况，对自己负责的部门计划完成的指标立"军令状"，承诺内容根据目标的高低，分为持平、达标、挑战三个等级，一个财年结束后，公司会根据该名领导干部目标的实际完成情况进行评估。

　　绩效承诺的责任评估结果将直接影响该领导干部的任用。如果评估结果和此前承诺相差甚远，那么该领导干部就有可能会被就地免职。对此，任正非说："我们要辞退那些责任结果不好，业务素质也不高的领导干部；我们也不能选拔那些业务素质非常好但责任结果不好的人担任管理领导干部。他们上台，有可能造成一种部门的虚假繁荣，浪费公司的许多机会和资源，也带不出一支有战斗力的团队。"

　　实践证明，任正非的决策认知是非常准确的。随着华为绩效承诺制的推行，更多的华为干部们主动承担起自己的责任，约束自己的行为，身先士卒，为华为创造一个又一个奇迹。

【辅助阅读】领导干部负责制的约束力探究

　　领导干部负责制为什么能够发挥巨大的约束力，使得华为上下积极地履行个体职责呢？

　　一是制度文化的约束力。与企业成员必须硬性遵守的制度规范有所不同，企业的共同价值观必须生成一种软性的理智约束，不断地向个人思维深处进行渗透，使组织成员自动遵循价值观实施行为和活动。二是干部负责制本身承载的承诺效果。当人们心里认同了自己即将履行的责任时，便形成了心理契约。在心理契约的影响下，人们会寻找各种方式去实现责任目标。基于这两个原因，主动约束力才得以生成。

2.4　正负激励模式

激励有激发和鼓励的含义，是领导管理过程中不可或缺的环节和活动。行而有效的激励可以成为领导者发挥自身能力的有效模式。当然，在每个企业中，激励的形式都是多种多样的，华为人更是设计了很多独特的正负激励模式。

（1）正激励。

所谓正激励，通常是指对人们符合公司目标的期望行为进行奖励，以使这种行为的出现频率更高，提高人们行为的积极性。正激励主要表现为物质奖励、表扬等。华为的正激励模式主要体现为与奋斗者分享利益，这是"以奋斗者为本"企业文化的具体体现，更是华为价值管理的重要环节。在实践中，华为的正激励模式主要表现为以下几种。

实践1：按贡献大小拿待遇　华为定报酬向来都是不看职位看贡献。任正非指出："进入华为并不意味着高待遇，因为公司是以贡献定报酬，凭责任定待遇的。"在任正非看来，一个人要拿多少，要凭自己的真本事。实际上这体现了一种公平竞争的原则，不论资排辈、不投机取巧，只要作出贡献，人人都可以拿高待遇。正是这种激励观念及机制，激励着一代一代的华为人前仆后继，为公司开创美好未来。

实践2：虚拟饱和配股　虚拟饱和配股是相对于华为之前执行的虚拟受限配股而言的。饱和配股是指每个职级持有的期权数不同，且都有最高上限，而以往较少有上限的限制。华为推行虚拟饱和配股是为了贯彻"始终按贡献拿待遇"的方针，希望优秀的奋斗者按他们的贡献获得更多的配股机会，对华为而言奋斗者就是企业的全部。

实践3：动态分配机制　与奋斗者分享利益是华为一贯的态度。在华为公司的价值链上，价值分配体系处于非常重要的位置。这个问题解决不好，就必然导致诸如激励、导向和牵引等机制无法实现，并会带来各种矛盾。对此，任正非指出，"华为公司要解决生存问题，价值分配是个主要问题"。价值分配应基于三个方面：基于社会分配——承担社会责任；基于公司成员分配——让员工过上幸福的生活；基于公司未来分配——为公司进一步壮大提供资本。可见，价值分配是资源的重新配置过程，不仅仅局限于员工分配这一块。通常价值分配要考量以下几个方面：价值分配的目的、对象、依据、表现形式、原则、标准、工具、界限与水平、重点、制度等。

（2）负激励。

负激励与正激励是相对的，它是指对人们背离企业目标的非期望行为作出惩罚，以使这种行为不再发生，使人们的工作积极性朝正确的目标方向集聚。负激励的具体表现有：纪律惩处、经济处罚、降级降薪、淘汰辞退等。在华为，负激励是狼性文化的最直接体现，散发着强烈的进攻性。面对错误、困境或危机，直截了当地指出，绝不犹豫。这也使华为的队伍不断聚集那些有强大的承受能力和生存能力的人。在负激励方面，华为创造了以下几种成功实践。

实践1：将不前进的领导干部免职　任正非在生产系统领导干部就职仪式上的讲话上指出："华为的领导干部没有终身制，从总裁到工段长无一例外。我们的队伍越来越庞大，领导干部水平越来越高，考核也会越来越严格。公司将建立一套合理、公正的人员评价与考核系统，不称职的领导干部将被免职，去从事适合他的工作；怠惰者将会被撤销职务、降低收入，直至辞退。"任正非认为，领导干部要踏踏实实、一丝不苟地去做好自己管辖的事情。当管理者无法发挥自己的职能——带领团队达成业绩、建设团队、培养人才时，应坚决予以免职，以保证公司的长远发展。

实践2：易岗易薪　IBM 在与华为的咨询合作中，发现许多由技术岗位晋升的管理人员仍然沉溺于自己的技术世界中，而对团队管理、资源协调等管理工作不是很热情，甚至对国外的先进管理技术存在着抵触情绪。IBM 建议华为经营层下狠心进行改善。对此，任正非提出了"易岗易薪"的口号，对不能胜任工作、不服从调动、不能吃苦耐劳的人员全部调离，或脱产学习、或调岗，同时报酬也要发生变化。通过易岗易薪，让华为人倍加珍惜工作，以树立积极的价值观，并不断提升自身业务水平。

当然，有些时候，华为也会让负激励充斥一点人性化色彩。

实践3：前三名点名批评　对于部分问题，华为也会考虑如何通过人性化管理实现负激励效果，让负激励的打击面缩小，令人们更容易接受。在一些法不责众但又不至于有伤大雅的问题上，华为会点名批评，以示警告。比如，在一段时间里，华为员工的话费耗费非常多，很多员工将办理私事、煲电话粥的话费也拿到公司报销。对此，华为的一位高层领导认为："应该直接将这部分话费扣掉。"但另一位高层认为，这样可能会影响人们的工作积极性。大家讨论决定后，华为每个月将话费较高的前三名人员公示出来。三个月后，话费额度明显降低，毕竟谁也不希望自己因私话问题而被列在榜上。

【辅助阅读】 正负激励的对比

正激励和负激励是两种相辅相成的激励形式，它们从不同的角度对个体和群体的行为发挥着强化作用。正激励是一种主动性的激励，它是通过对个体的优良表现予以肯定，强化再发生的可能性；负激励则是一种被动性的激励，它是通过对个人的错误行为进行制止，避免其行为再发。

正激励与负激励都是必要的，因为这两种方式的激励效果不仅会直接作用于个体，还会间接地影响与之关联的个体与群体。通过树立正面的榜样和反面的典型，企业内部风气将得以端正，进而产生无形的正面行为规范，企业管理亦会逐渐尽善尽美。

在企业中，激励模式不应当是单一形式，而基于正负激励两者的特征及优

劣势，企业宜采取正激励与负激励相结合的模式，只是在程度上有所侧重而已。华为在这方面的实践值得诸多企业借鉴和学习。

3. 自律与律他

华为除了对领导者的价值观、任职资格有着明确的要求，其对领导者的个体行为表现也有着要求。通常，每个领导者的行为表现会受到其角色定位、领导力、责任担当、默认领导模式等诸多方面的影响。每一方面的差异都会使得人们作出对应的行为，而华为也恰恰是从这些方面表现出其领导魅力来的。

3.1　领导的本分

领导角色是指符合领导者个人的组织地位、权力与义务要求的行为模式。在每一个企业中，领导者总是处于显著位置，人们总是期望领导者能够明晰自己的权力与责任，善于根据角色要求行动，起到楷模作用。

通常，企业会通过培训的方式，使领导者意识到自己的角色。而当领导者进入一个新的角色时，他应从心理和行为上尽快完成角色转换，用新的角色规范来严格要求自己，否则他会因违背人们的角色期待而遭受挫折和失败。

在华为刚刚开始发展壮大时，任正非最为苦恼的一件事就是：那些技术研发骨干不善于领导。当时，华为的规模扩张得很快，公司考虑从内部提拔一部分领导者去担任"导师"、"领头人"，以推动公司项目向前发展。然而，任正非很快发现，这些被提拔上来的领导者们，仍然做着过去的技术研发工作，甚至因部分新员工效率、能力不足而将工作大包大揽；结果，这些骨干们累得身心俱疲，而新员工又未能得到良好的管理。更要命的是，一部分投机取巧的人从中发现了问题：他们开始以各种理由来推拒工作任务，将工作留给"更有能力去做的人"，一时间，企业内部人员只知获取权利而不去履行义务，不公平气氛愈演愈浓。

事实上，之所以出现这种情况，恰恰是由于华为当时未能明确领导角色定位所致。聪明的企业领导者在成为领导者之初就要明确自己应当做什么、管什么，而同时也要让自己的下属知道并担当他的"被领导"角色。

【辅助阅读】领导角色的特征

领导角色的特性主要表现为两个"统一"：一是社会属性和个人选择的统一；二是权力和义务的统一。具体而言，它表现为五大特征。

①导向性。导向性特征表现为：领导者在工作中率领和指引员工朝着指定的目标行进，如制定领导活动目标、把握领导方法、追踪领导决策、调整领导过程中的变化等。

②服务性。服务性特征表现为：领导者能够竭尽所能地为员工提供服务，并为员工完成任务创造有利条件。

③感染性。感染性特征表现为：领导者时时努力提高自己的素质能力，借以生成并提高自己的人格凝聚力、组织渗透力以及资源整合力。

④非我性。非我性特征表现为：领导者在才能、作风等方面超过以往的"自我"，不断地自我完善，对领导过程中的各种情况作出有效反应。

⑤多重性。领导角色是一个"复杂角色"，比如，当他与员工发生联系时，其角色是"领导者"；当他与上级发生联系时，他又成为"被领导者"。

3.2 领导力要求

事实上，当发现这个问题后，华为便开始了大改善，以便于提升华为干部的领导力。为此，华为特别开发了领导力素质模型，并安排专门的领导力培训课程。

（1）华为领导力素质模型建立。

1997 年，华为邀请 HAY 担任人力资源开发顾问；2005 年，华为再次邀请

HAY 为其进行领导力培养、开发，并建立领导力素质模型，为华为提升领导干部队伍的持续战斗力提供了极大的保证。

华为战略领导力素质模型包括三大方面：发展客户能力、发展组织能力和发展个人能力。

发展客户能力　主要是指关注客户，建立伙伴关系。前者是一种致力于了解客户需求，并主动采取有效方法来满足客户需求的行为特征；后者是一种愿意并能够发掘华为与合作伙伴的共同点、与之建立互利共赢的伙伴关系，从而更好地为华为客户服务的行为特征。

发展组织能力　主要是指团队领导力、塑造组织能力和跨部门合作。其中，团队领导力是指通过激励和授权等方式，来促使团队成员关注重点事务、鼓舞团队成员积极解决问题以及运用团队智慧领导团队的行为特征。塑造组织能力是指通过辨别机会，不断提升其组织能力、流程和结构效能的行为特征。跨部门合作是指为了实现整体利益而与其他团队开展主动性合作以及全面提供支持性帮助的行为特征。

发展个人能力　主要包括理解他人、组织承诺、战略思维和成就导向。其中，理解他人是指准确地了解他人的各类想法、心态或情绪的行为特征。组织承诺是指为了推动企业发展而承担各种职责和挑战的行为特征。战略思维是指用创造性或前瞻性的思维方式来制订解决方案的行为特征。成就导向是指关注团队最终目标和带来可能收益的行动的行为特征。

每种能力下覆盖的具体能力要求，皆对应了四个层级能力水平，以便人们界定自己的能力水平。当领导力素质模型初步建设完成后，华为便开始了在实践中对干部领导力进行培养和提升。

（2）领导力培养的实践。

华为领导力培养实践的成功得到了业界的认可。早在 2008 年金融危机下，华为的销售额逆市增长 43%，几乎超过了所有同行业者。2008 年，华为实现合同销售额 233 亿美元，实际销售额 183 亿美元。

领导力培养和发展系统被视为华为的一项非常规武器。《创富志》主编张信东认为，华为的领导力培养水平可谓登峰造极，"即便任正非退休了，华为凭借现有的人才储备和领导人培养机制，依然可以较长时间内屹立不倒。"

华为于 2011 年开始正式采用的 CEO 轮值管理制度，是对华为干部培养的卓越实践。在这项管理制度下，华为目前没有培养固定的接班人，八位轮值 CEO 基本上处于权力对等态势，没有一个人具有最终的决定权。这八个人彼此竞争，对华为当前和未来的影响是不言而喻的。所以，任正非经常幸福又有些烦恼地说："华为接班人不是太少了，是太多了！"

3.3　以身作则

一个领导者是否有领导力与一个领导者是否有责任担当，这是两回事。因为一个有能力的领导者并不意味着他必然有责任担当，而一个有能力无责任担当的领导者对企业的危害很可能是极具毁灭性的。因此，责任担当是华为极为看重的一个衡量标尺。任正非曾说："公司的员工是不是有责任心和使命感？如果没有责任心和使命感，就不能当干部。如果你觉得你还是有一点责任心和使命感的，赶快改进，否则最终还是要把你免下去。"其言谈之核心便在于四个字：责任担当。

（1）勇挑责任。

莎士比亚曾说过这样一句话："当事情出了差错，我们就会把我们的灾祸归怨于日月星辰，好像我们做恶人也就是命运注定，做傻瓜也是出于上天旨意。"他的意思是，人类有逃避责任的恶习，人们很容易将自己的困苦归咎于命运等外部因素，而不反省自己的责任。作为职业人士，人们之所以不敢主动地承担责任，主要是因为其还没有足够的敬业精神。

作为企业整体目标中不可或缺的一员，每个人都应该有责任感，并为了不辱使命而努力。责任不仅能够唤醒人的良知，更能激发人的潜能，使人们更加努力地工作，而且，也只有那些敢于承担责任的人，才能获得别人的认可。

【辅助阅读】责任及责任的分类

责任是指一个人应承担的职责和任务，责任感是衡量个体精神素质水平的重要指标。责任产生于社会关系中的彼此承诺。在企业中，每种角色往往都意味着一种责任。当人们在承担一项责任的时候，要付出一定的代价，但也意味着获得回报的权利。

按照其内在属性，责任可以分为：角色责任、能力责任、义务责任和原因责任。角色责任是指相同角色所要承担的相同责任，即"应该且必须做的事情"；能力责任是指超出角色责任要求的责任，即"努力并结合能力做的事情"；义务责任是指没有在角色责任限定范围的责任，即"可做、可不做的事情"；原因责任是指因某些原因而导致人们在企业中必须承担相应的各种角色责任、能力责任和义务责任。

华为作为一个"从无到有"的企业，所依靠的就是一大批勇挑责任的员工。在过去很长时间里，华为人要面临很大的竞争压力和恶劣的生存条件，每一步都走得异常艰难；可是，任正非从不轻言"这不是我的问题"，华为的员工也从不轻言"这不是我的问题"，他们勇挑责任的敬业精神成为华为走向成功的最大资本。

有一年，华为看好了一家外国公司，计划收购该公司。为此，华为充分地授权给张平（化名）和他的团队。虽然华为对此项收购非常支持，但张平还是感觉到巨大的压力。毕竟，那是一个数百万美元的外汇支付，够一个普通的家庭花好几辈子。如果华为将来不能利用好这家公司，不能实现盈利，那就意味着此次收购案是失败的。每每思及此，张平便感到压力极大。

这时，有人建议张平："先不要自己下决定，等公司高层下命令后自己只负责操作便可——这样即便出了问题，责任也不在自己。"张平果断地否定了这个建议，他说："如果连我这个负责业务部的人都不敢勇于承担责任，那么公司又怎么能够发展这一块业务，又怎能对这样一个重大购买进行决策呢?"

后来，他成功地完成了此次收购。事实上，这次风险投资最终为华为带来了很高的收益。那家被收购的外国企业的知识产权和技术骨干，在很大程度上提升了华为产品设计的经验，让华为相应产品的开发时间一下子缩短了两年。

可以说，作为企业的领导者，第一要务是承担责任，勇敢地带领自己的团队去拼搏。如果每个人都摆出一副事不关己的态度，绞尽脑汁地将责任推诿给上级或同事，那么这样的企业早晚会丧失战斗力。

(2) 以身示范。

以身示范展现的是领导者对企业制度规范的身体力行。事实上，只有领导者积极地去做、去遵守，员工才会去做、去遵守。每一位优秀的领导者都深知"律己才能律人"的道理。因为，领导者就如同一支雁队的"领头雁"，其他成员的视线会始终紧盯着"领头雁"，"领头雁"飞向哪里，雁队就跟着飞向哪里。所以，领导者必须率先垂范、以身作则，从而确保企业的每项管理制度都能够得以顺利贯彻实施。

毋庸置疑，任正非也是深谙这个道理的。任正非建议，管理者首先要敢于并时刻准备着"拿自己开刀"，这样，员工才会心服口服地遵守规则。华为内部一直流传着这样一个故事。

多年前，华为还处在起步期，任正非偶然听到两个业务员的谈话，得知公司有一个单子跟了好久，始终没有进展，原因是对方的项目负责人经常出差，华为的业务员很难与其见上一面，导致跑了很多次"空车"，每次都无功而返。了解详情之后，任正非并没有如同一般领导那般简单地给予员工几句鼓励了事，而是思索片刻，说道："不要泄气，能把对方资料给我看看么，有机会我去上门试试。"业务员以为任正非是在开玩笑，不过还是认真地将资料整理了一遍，交给了老板，没想到，三天之后，任正非突然打电话告诉他，三天前的那张单子已经谈好了，通知他下午便可以去签约了。

签约时，华为业务员才了解到事情的真相。原来，任正非竟然真的说到做到，亲自跑去了对方公司，而且，为了在第一时间见到对方负责人，竟然连续三天，每天都会抽出一个下午的时间到那位课长的办公室等候，有一天甚至晚饭都没有吃，一直等到晚上九点钟，对方公司加班的员工都下班了，他才离去。而合作公司的那位课长得知为了签这份合同华为总裁竟然亲自等他三天，感动极了，当即决定与华为签约。业务员深受教育，不禁自责道："任总还是那个任总，如今有钱了，有地位了，却仍然没有忘掉艰苦奋斗，我要是也有这种毅力，这笔生意怎么还会劳烦任总亲自出马！"

尽管当初的华为还没有达到今天的高度，但也是家喻户晓。任正非仍然能够为了一个小单子放下身段亲自出马，并以身作则地为员工提供榜样，才凝聚了一大批优秀人才一同打下华为的天下。

就这样，任正非要求包括自己在内的每一位华为领导者在异常艰苦的条件下，也要怀着"以身作则，从我做起"的精神，一步一步地跋涉。正如华为某项目主管在《华为人》报上说的一样："无论是开发过程的小问题定位，还是每周一次的体育活动，我都尽量不缺席，点点滴滴中建立起兄弟般并肩战斗的情谊。"

1996年，华为 ETS 成功进入海南。为了配合华为在"红十月"完成全省放号令的要求，万宁县将所有的 ETS 固定台全部销售，并最终向用户承诺国庆节即放号使用。由于海南属于亚热带地区，第三季度热带风暴比较集中，台风不断，9月底遭遇了一次台风。客户为了能够兑现对终端客户的承诺，要求刘普（化名）带领的华为项目组必须赶在9月28日之前完成 ETS 铁塔的安装工作。当时天下大雨，风力较强，这加大了铁塔安装工作的风险。但是，刘普二话没说就脱下雨衣，开始竖塔，一点点攀上 30 多米高的铁塔。项目组成员在刘普的带领下，也不怕危险地迅速投入到安装工作中。最终，刘普带领的项目组按要求迅速完成了工作。

在华为像刘普这样以身示范的领导者不在少数，也恰恰是这样一群领导者为华为树立起端正的领导风气。

【辅助阅读】管理者示范力的理解

管理者身负"榜样者"角色，这意味着管理者是下属和各组织成员的榜样，因而要通过自身的行为示范，切实发挥带头作用。

同时，根据班杜拉的观点，人的行为，特别是人的复杂行为主要是后天习得的。行为习得有两种不同的途径，其中一个主要的途径就是通过观察示范者（榜样）的行为而习得行为。这也是管理者需要发挥示范力的原因所在。

事实上，无论在哪一家成功企业中，我们仔细观察其领导者，无不具有以身作则、严格自律的行为品性和特征；也恰恰是这样，他们才得以在员工心里树立起榜样，使得员工愿意在其身后跟随，这才是真正有价值的领导行为呈现。

3.4 灰度管理

说到这里，有人可能会认为，理想的领导观念应该是既定的，对领导行为的要求也应该是非此即彼，观点鲜明。但是，任正非却提出了截然不同的观点，他说："在变革中，任何黑的、白的观点都是容易鼓动人心的，而我们恰恰不需要黑的或白的，我们需要的是灰色的观点，介于黑与白之间的灰度，是很难掌握的。"那么，这个灰度管理是指什么呢？

所谓"灰度管理"，是企业领导者在日常管理中需要把握的一种管理行为规则。华为灰度管理要求领导时并不是非黑即白，而是要介于黑白之间的各个不同状态，呈现不同的灰色，即黑白管理的二元平衡。在不能确定两种截然相反的意见和方案哪种是正确的时，或者事物并非绝对正确的情况下，一个两全其美的办法就是将争论双方引入位于黑白之间的灰色地带。

【辅助阅读】灰度管理与精确管理

　　根据管理对象的特性，企业管理可以分为精确管理和灰度管理两大类别。精确管理是指在管理中将部分管理内容予以量化和固化，如工作效率、KPI（关键绩效指标）等，还包括制度规范，都是精确管理的介质。此外还有一块非常重要的管理区域，即灰色地带，这个地带是不能量化或固化的，这就需要灰度管理。

　　如果说精确管理体现的是管理的科学，那么灰度管理体现的则是管理的艺术。因为，如果使用精确管理方式去判断需要灰度管理的工作事项，那么往往会造成决策失误。比如，完全使用量化指标去判断工作优劣和性质，在工作评价中过于依赖数字，判断行为对错时过度绝对化，这都必然会限制管理的空间，造成不精确管理。

　　但是，如果一个企业不采用精确管理模式，那么这个企业管理水平又会变得较为低下。因此，精确管理和灰度管理都是重要的，两者之间也并不矛盾，有时企业要使用精确管理，而有时又需要使用灰度管理。

　　华为提倡"灰度管理"，其初衷是：企业在不同的阶段，需要采用符合实际需要的管理方式，并把精确管理和灰度管理结合起来，让精确管理极限地逼近灰度管理，同时让灰度管理构建精确管理的缓冲区，相互促进，进而形成平衡。

　　下面，我们就来说说华为在灰度管理上的实践。华为在灰度管理方面有两大核心思想，即适度放松和宽容。任正非深知，极端的思维往往是过度的，只有开放和宽容才能够消除冲突。因此，任正非要求华为的干部要学会宽容，保持开放的心态，这样才有助于真正达到灰度的境界，才能够在正确的道路上走得更远、更扎实。

（1）适度放松。

适度放松，是灰度管理最基本的态度。任正非曾说过："华为公司一定不能重蹈覆辙。一定要在控制有效的基础上，进行转制改革。要像新加坡的方法一样管得很严，在严管的情况下，逐步去释放能量，释放过快就成了原子弹。但是，我们认为这种很严厉、苛刻的管理不利于公司长期稳定地发展建设，我们想逐步放松、再放松。"

华为成立之初，市场份额就那么大，谁抢占得多，谁就能获得更多的利益，谁的发展就快。为了抢占市场，华为可谓"虎口夺食"，每年都以惊人的速度扩张，一次招聘就成百上千，甚至出现了万人招聘的局面。大多数员工还没来得及好好练兵就要"上战场"了，培训时间短导致了员工基本素质失衡，很多干部的素质和能力还没达到管理者的标准就被"火线提拔"，这时候的华为可谓"乱世"。为此，华为采用了严格的管理和控制体系，号称"严刑峻法"。

1999年以后，随着华为逐步走进平稳发展期，华为羽翼日趋丰满，各项管理变革得到落实，内部管理实现了流程化和制度化以后，华为开始逐步放松了严厉的管理。任正非认识到，以前粗放的管理已经不能适应发展要求，只有让管理更加富有人文色彩，适度地放松，才能适应华为当下的发展需求。

古罗马哲学家西塞罗认为："极端的法规，就是极端的不公。"因此，禁欲主义不行，拜金主义也不行，人必须在一个放松的环境中发展。就像任正非所说的那样，当企业发展到一定阶段，必须保持适度的放松，不骄不躁。这种管理思想为华为人提供了开放舒适的环境，使他们爆发出更多的能量。

（2）宽容。

宽容是灰度管理的第二个核心思想，它是领导者在管理实践中的应用原则和手段。显然，领导者的宽容能为企业带来和谐的发展环境，只有宽容才能有效地处理好企业内部与外部的种种错综复杂的关系。

有人说宽容就是妥协，而妥协的管理似乎就是软弱和不坚定的表现。在他们的眼中，管理过程中只有毫不妥协才能显示出管理者的英雄本色。其实，宽容是一种坚强，而不是一种软弱。宽容才能真正体现管理者的气质，因为只有勇敢面对管理异常的人，才懂得宽容。

而对于外界对华为"妥协"的误解，任正非这样解释："妥协其实是一种非常务实、通权达变的丛林智慧，凡是丛林里的智者，都懂得在恰当的时机接受别人的妥协，或向别人提出妥协。毕竟，人要生存，靠的是理性，而不是意气。妥协能够消除冲突，拒绝妥协，必然是对抗的前奏。"

事实上，在企业管理中，特别是与对手或者上下级交锋的时候，矛盾和争端是不可避免的。而像任正非这些成功的领导者一样，找到双方都能接受的"灰色地带"，用适当的妥协化解矛盾冲突，实现平缓过渡，不失为一种更为明智的选择。

4. 危机领导

任正非曾说："十年来我天天思考的都是失败，对成功视而不见，也没有什么荣誉感、自豪感，而是危机感。也许是这样才存活了十年。我们大家要一起来想，怎样才能活下去，也许才能存活得久一些。失败这一天一定会到来，大家要准备迎接，这是我从不动摇的看法，这是历史规律。"实际上，这便是一种面向危机的思考。这种思考促使领导者在面对可能出现或已经出现的危机时全力选择最可行的管理模式，即所谓的"危机领导"。从危机管理逻辑来讲，要特别注意四个关键部分：危机意识的建立、危机监测与预警、危机决策与处理、危机转化和恢复。

4.1 强烈的危机意识

2006年，任正非在华为公司内刊《华为人》上发表了题为"天道酬勤"的文章，他警告华为人："华为走到今天，在很多人眼里看来规模已经很大了、成功了。有人认为创业时期形成的'垫子文化'、奋斗文化已经不合适了，可以放松一些，可以按部就班，这是危险的。繁荣的背后，都充满危机，这个危机不是繁荣本身必然的特征，而是处在繁荣包围中的人的意识。艰苦奋斗必然带来繁荣，繁荣后不再艰苦奋斗，必然失去繁荣。千古兴亡多少事，不尽长江滚滚来。华为必须时刻保持危机感，面对成绩保持清醒头脑，不骄不躁。"

在企业界，任正非不是在成功时仍然呼喊危机意识的第一人。日本著名企业家松下幸之助在总结成功经验时曾说："长久不懈的危机意识是使企业立于不败之地的基础。"在这方面的成功企业范例俯拾即是。比如，三星电子"永远抱有危机意识的经营秘诀"，可口可乐公司的"末日管理"，等等。它们的管理核心都是通过制造危机，从而在企业中树立忧患意识，让人们产生危机感和责任感，进而不断进取。

那么，如果没有危机意识会造成什么后果呢？电脑界蓝色巨人IBM昔日的惨败便是一个典型的事例。当大型电脑为IBM带来巨额利润之后，整个IBM内部开始沉浸于一片安逸休闲的氛围，危机感逐渐消散。在市场环境逐渐发生变化，越来越多的人开始出现小型电脑需求时，IBM对此完全不予理睬，丝毫没有意识到市场危机的降临。或者说，在企业不断成长的过程中，IBM根本没有认识到企业危机管理的重要性，始终沉醉于大型主机电脑打造的辉煌业绩中，按部就班，继续加大大型主机电脑的市场比重。于是，IBM最终自己打倒了自己。

　　孟子云："生于忧患，死于安乐。"企业发展也不例外。如果一个企业的领导者长期沉溺于过去已经取得的成绩中，匮乏忧患意识和危机精神，在顺境面前盲目乐观，不思进取，时间一久便会被习惯性思维所控制，丧失斗志。而整个企业便可能如温水中的青蛙一样，对生存环境的巨变浑然不觉，继而逐渐失去竞争力；待意识到巨变到来之时，企业已无力应变，自然而然便会被市场淘汰。

　　因此，企业必须端正对危机的认识，重视对危机的处理。

【辅助阅读】危机的概念及特征

　　危机最初是一个医学术语，后来才被人们引用到了企业管理领域中。美国危机学家罗森塔尔指出，在企业管理中，危机通常是指决策者的核心价值观念受到严重威胁（或挑战）、有关信息不充分、事态发展具有高度不确定性和需要迅捷决策等不利情境的汇聚。能够称得上危机的突发事件，必须同时具备三个条件：

　　①突发性，即这一事件必须是突然发生、难以预料的；

　　②关键性，即这一事件所包含的问题极端重要，关系安危，必须马上处理；

　　③首发性，即这一事件必须是首次发生、无章可循的。

　　此三者缺一不可。

　　关于危机，有一点是必须肯定的，那就是：危机的存在构成了企业经营中的风险因素。众所周知，在面对危机时要从容应对，最大限度地减少企业损失。但是，危机管理并非"遇到危机再去处理"这样简单，而是抱持危机防范意识，对危机管理呈现出主动的姿态，全力规避危机出现或避免延误"转危为安"的时机。

事实上，许多企业虽有过辉煌的历史，但却因领导者未能让危机意识在企业内部长久保持下来，而使企业最终在安逸中死去。换言之，有危机并不可怕，没有危机意识才是可怕的。唯有强化危机意识，才能防患于未然。而企业要想快速发展，就必须先从意识形态上有着根本的转变。

因此，企业应引导其上下学会在变化中应对危机，增强其面对危机时的紧迫感和前瞻性，让企业上下都认识到："如果不把产品质量、生产成本放在突出位置，公司的末日就会来临；企业必须在激烈竞争中存活下来，如同逆水行舟不进则退。"通过这样的引导和认知灌输，使危机意识充溢于整个企业中，进而推动企业上下主动寻求发展。

华为的危机意识是从高层领导开始的，而后渗透到整个企业；甚至不是从今天，不是从 2006 年，而是从 2001 年华为的利润开始占据全国电子百强首位时便已开始。2001 年 3 月，任正非在企业内刊上发表了《华为的冬天》一文，文中大谈危机和失败："公司所有员工是否考虑过，如果有一天，公司销售额下滑、利润下滑甚至会破产，我们怎么办？我们公司的太平时间太长了，在和平时期升的官太多了，这也许就是我们的灾难。泰坦尼克号也是在一片欢呼声中出的海。而且我相信，这一天一定会到来。面对这样的未来，我们怎样来处理，我们是不是思考过。我们好多员工盲目自豪，盲目乐观，如果想过的人太少，也许就快来临了。居安思危，不是危言耸听。"华为关于危机的持续呼喊，激励着华为一步步成功地走到海外。

再后来，华为的干部离职又重新应聘，这一危机感下的特别行动，大大激发了人们的动能，由此为华为带来了世界第二的交椅。可以说，几乎华为每次大动作地打"危机牌"时，接下来必然会看到华为呈现出的又一次腾飞。所以，所谓的"全员降薪""华为最好的时候已经过去""让高层有使命感，让中层有危机感，让基层有饥饿感"等论调的发出，实际上是华为攀登下一个制高点的动员令。

当然，除了意识层面上的认知外，华为还力求在发展过程中"培育"一种制度上的"危机意识"。制度上的危机意识，是一种管理思维。它囊括了从危机监测、危机处理到危机转化的过程，也构成了促进危机管理的基本逻辑。

4.2　危机清单管理

危机并不是企业期望的一个事物。因此，在面对危机这个话题时，人们最先考虑的一个做法就是尽可能预见危机。也就是说，必须要有强烈的危机意识和危机应变的心理准备，在工作中监测企业经营条件，发现可能存在的危机。企业应该建立一套危机管理机制，对危机进行监测。事实上，企业越是风平浪静的时刻越应该重视危机监测，在平静的背后往往隐藏着杀机。

1994 年，美国 Standish Group 曾对 8 400 多个项目的成功率进行了统计。统计结果表明：34% 的项目总目标最终彻底失败，超过 50% 的项目都不太成功，而仅有不到 16% 的项目勉强能够完成总目标。有人可能认为，这项调查统计结果并不能说明项目失败跟缺少过程危机监测有多么紧密的关系，项目的失败完全可能是执行人的能力欠佳或者是项目本身的难度太大所导致的。但是，华为项目组却用亲身经历验证了危机监测的重要性。

C 国 SC 项目，H 省第一个空白市场进入项目，合同总金额超过 800 万美元。这个项目对于当时处于创业时期的华为来说，可以算得上难得的机会了。虽然只有短暂的 2 个月的工期，但华为人还是答应了下来，然后马不停蹄地开始工作。项目开展以后，员工才发现项目存在一定的风险，在 2 个月时间内根本没法实现工作目标。公司高层不得不断到现场与客户"协调"，希望时间能够延长。然而，拉弓没有回头箭，公司为了赢得市场，赢得"客户满意"，最终在不得已的情况下开展项目工作。结果自然很悲惨，一共支出了 1 200 万美元，工期整整开展了 1 年以后，依旧没有进行初验。

华为在 E 国的第一单是总金额超过 400 万美金的城城网项目，合同要求该项目包括光缆外线设备及其工程服务，是一个典型的 TURNKEY 项目。合同签订以后，代表处、地区部和公司都为此振奋。然而，随着不同阶段项目的展开，项目进度还未过半，之前那种兴奋劲就没有了，大家脸上也看不到半点喜悦，换来的是沉重的思考。项目尚未结束，公司亏损已经高达200万美元，而且还需要源源不断地向这个"无底洞"投入资金，一旦停止，公司的损失会更大。

两个案例充分说明了项目执行过程中存在诸多的风险，而且出现的概率极高。如果我们不谨慎对待可能存在的风险，那么危机就随时可能出现。因此，领导者和企业成员要对未来的危机进行识别和评估，然后再制订相应的工作计划。

华为人在这一方面总结了经验，他们一般会采用两种做法：一种是头脑风暴法，利用团队的智慧预测工作中可能会有的风险；另一种则是经验法，即考虑以往项目中容易出现的问题，然后在下一次项目工作中进行规避。

华为在识别风险方面始终会遵守以下三条原则：①不拘泥于眼前事物，用长远的眼光看问题；②不局限于某一方面，全方位多角度地看问题；③不拘泥于枝节问题，要看事物的本质。

通过危机监测，华为领导者将工作中可能出现的问题统一罗列在一张清单上。之后，他们还会对危机进行评估，即评估危机发生的可能性和对企业的影响。

【辅助阅读】危机出现的征兆

事实上，许多危机在出现之前都会出现某些征兆，主要表现在产品、服务等存在缺陷，企业高层管理人员大量流失，企业负债过高长期依赖银行贷款，企业销售额连续下降和企业连续多年亏损等。因此，企业要从危机征兆中透视存在的危机，越早认识到存在的威胁，越早采取适当的行动，越可能控制住危机的发展，把企业的损失减少到最低程度。

实践证明，通过危机监测，华为领导者基本上可以准确发现危机发生的先兆。为此，华为上下会提前制定针对性的规避措施，这也是危机监测的真正目的。

华为的2012年是在一连串的急剧调整之中度过的。在这一年里，华为砍掉了几乎所有的功能手机业务，出了多款智能机D1、P1，但华为却始终未能打开市场局面，产品定位也随之多次发生变动，直到2012年年底四核荣耀手机上市后才有所改观……不过，这一年最严重的问题却并不在此，而是出在了企业业务方面。2012年年初定下的是35亿美元销售收入的宏大目标，然而至年底盘点时，却仅仅完成了118.82亿人民币的销售收入，较2011年增长了不到30%！也就是说，2012年全年，企业业务仍然是亏损状态。

为什么企业业务会成为华为的焦虑点？我们知道，华为的核心业务是运营商业务，华为持有的市场份额目前已经基本固定，很难再实现高速增长，而消费者业务又与华为的核心目标相距较远。所以，华为若想实现高速增长，所能够依赖的便是企业业务了。但是，2012年时华为的企业业务发展得并不够理想。

华为在企业业务上的挫败，其实阐释了一个明显的道理：过于执迷于过去的成功，那么往往将在未来遭遇失败。这些年研究华为的书有很多，它们从多个维度归纳总结了华为取得的成功经验；但令人疑惑的是，过去的成功真的能够复制吗？曾经的全员持股能够激励员工，现在仍然能够激励员工吗？面向60后和70后取得成功的管理经验，在面向80后和90后时还会继续适用吗？

在这样的危机感下，华为源源不断地诞生了"食堂论"、"葛朗台论"、"三年论"、"原生态家庭"等一系列新的管理思想。从任正非到管理高层，人们的眼睛都投射在危机上，并竭尽全力避免危机的到来。

4.3 临危不乱

当通过危机监测，确认了危机类型、危机程度以及危机影响的范围、后果后，接下来，企业领导者需要考虑的便是如何处理危机的问题了。

事实上，危机处理最重要的是遏制危机，避免危机范围快速扩散，进而对其他事物造成不良影响。特别是在紧急控制危机时，更是刻不容缓。因此，危机处理的关键是保证速度。危机降临时，相关负责人必须采取有效的危机隔离措施，在第一时间确定原因，准确挖出危机源头。随后，企业必须以最快的速度启动危机应变计划，并制定相应的解决对策。根据内外因情况，确定是要处理责任人，给企业内外部以合理交代，还是调整企业战略目标，重新确定企业发展方向。再者，在危机发生后，企业要与新闻媒体保持紧密联系，并借助公证机构、权威机构的力量，来帮助企业迅速有效地化解危机。这是华为在危机处理时奉行的准则。

2012 年，华为一家业务倾向海外市场的企业，遭遇了几乎所有中国"走出去"企业面临的共同问题：监管歧视、媒体偏见等诸多制约。澳大利亚政府当局禁止华为参与投标计划投资达 359 亿澳元的澳大利亚 NBN（全国宽带网络）项目，而包括澳大利亚总理吉拉德在内的一些政府高官宣称，他们作出这一决定的初衷是"为了确保 NBN 的完整性和安全性"。此消息一出，舆论哗然，诸如"国家安全"、"网络攻击"等敏感词汇不断呈现在报纸、电视等媒体上，极大地刺激着公众的想象力。而在政策层面同样引发了一场激烈论战，在反对党和主流媒体的轮番批评和质问下，工党政府几乎疲于应付。

对此，华为发表的声明却彰显出冷静从容的姿态。华为在声明中完全没有厉声谴责澳方的粗暴决定，更没有理会媒体发出的多种多样的猜测和刁难，而是把声明的侧重点放在了介绍华为在澳合作情况和经营理念方面。

华为在声明中称，华为正承建全球 9 大在建宽带网项目中的 8 个，同时与所有澳大利亚主要电信运营商和全球前 50 大运营商中的 45 家都保持着合作伙伴关系。此外，华为甚至表示"愿意向澳方公开作为商业机密的设备源代码"。华为声明一出，不仅呈现了华为对项目参与的极大诚意，同时也在道义上把澳当局置于理亏词穷的境地。

而针对外界关于"华为有中国军方背景"的传闻，华为则积极借助澳大利亚主流媒体进行了澄清性报道。华为澳大利亚公司董事会主席约翰·劳德告诉《澳大利亚金融评论报》："华为对澳大利亚而言不是安全威胁。这就是为什么我担任（华为澳大利亚公司）董事会主席，布拉姆比先生和多纳先生担任董事会成员的原因。"对澳大利亚主流社会来说，劳德所言是极有可信性的，这主要在于他和两位独立董事的个人信誉和经历：劳德是退役海军少将，并在澳大利亚多个国家安全咨询机构兼任职务；布拉姆比为维多利亚州前任州长，多纳则是任期最长的前外交部长，并曾长期担任自由党领袖。

在华为的强力攻势下，澳大利亚传媒界于两天后开始出现分歧，一些反思性报道也开始见诸报端。毫无疑问，华为成功地把一次投标挫败演绎成为展示企业实力的机遇。

【辅助阅读】危机处理的基本原则

实施危机管理时，切忌随心所欲，而必须按照一定原则，对危机加以妥善处理，用稳妥的方法消除负面影响，迎合公众理解。领导者应当遵循的基本原则如下：

①责任性原则。领导者要勇于承担责任，不找各种理由推卸责任，不怨天尤人。

②主动性原则。领导者要主动寻找能够解决问题和有效化解矛盾的机会，变被动地位为主动地位，将不利因素快速扭转为有利因素。

③及时性原则。领导者要尽最大可能地避免事态恶化，将损失减至最低；问题发生后，所有危机处理行为都应力求快速、果断，但切忌急躁随意。

④灵活性原则。因危机多为突发性事件，所以领导者切忌一味采用既有措施和手段，而应以处理效果最佳为目标，根据实际情况采取灵活的处理措施。

4.4 全员危机管理

马云这样说过："企业要么正处于危机之中，要么在走近危机。"可见，危机之于企业而言是多么常见的东西。这便要求企业领导者在面对危机时保持理性和坦然，这样才能很好地应对危机。为此，华为提出了两大管理思想：全方位危机管理和全员危机管理，下面我们分别来看。

(1) 全方位危机管理。

全方位危机管理，是指为了有效发挥危机管理的组织、指挥与协调等功能，积极建立起一个以流程为核心的跨职能团队型危机管理组织。华为公司是非常倡导全方位危机管理的。在华为，企业组织被分解为一个个由各个流程环节组成的小组，企业的任务是以"项目组职能＋流程"的方式来组织实施。每一项目小组承担着截然不同的职责任务，同时又和前后流程关联，从而构成了企业核心流程，最终与企业危机管理的目标建立连接。在这个过程中，流程化运作模式从根本上打破了职能部门之间的局限性，增加了企业内部的非正式化合作频率，使危机关注与管理在各个阶段和职能中都能够得以实现。

【辅助阅读】传统职能型组织结构对危机管理的制约

传统职能型组织结构虽然能够帮助企业简化管理，提高管理效率，但在危机管理中又导致了管理职能出现割裂，故而是非常不利于提高危机管理质量水平的。

传统职能型组织结构通常是为了开展危机管理而设立专门部门，这样便相当于向其他部门传达一种信息，即：这批人是专门管理危机的，危机管理不是他们的职责，从而导致了危机管理职责在其他部门与危机管理部门之间出现极为明显的分割线。

（2）全员危机管理。

全员危机管理强调以人为核心，它要求企业建立一种人本主义危机管理制度。国外危机管理认知学派认为，在危机防范系统中切实发挥作用的是"人的系统"，比如企业成员的认知、情感等。其中，领导者的思维模式、认知能力、主观预期、价值观承诺等因素，直接影响着企业应对危机的能力，并最终影响着危机的走势和结果。而从另一个角度来说，企业在危机处理过程中，最应给予重视的部分不只是对事态本身的控制，而是对形势保持系统、理性的认识，并作出更为科学的决策。

华为的全员危机管理是从任正非开始的，他在华为事业蒸蒸日上之际反而一眼看到了"华为的冬天"。任正非说，企业破产是永恒不变的自然规律，他所能做的，就是竭尽全力地让这个时刻来得更晚、更晚一些。为此，他心甘情愿地长期生活在一种焦虑的情绪中，并且鼓励自己身边的人一起分享这种感受。于是，任正非每天就像一位鞠躬尽瘁的老教练，每天声嘶力竭地督促着华为人："我们必须长期艰苦奋斗，否则企业就会快速消亡。"尽管任正非选择的危机管理手段未免显得太过严苛，但我们同时又不得不承认：正是这种被他渲染得淋漓尽致的危机感，为华为注入了持久的活力；也恰恰是这种"我们已无退路"的感慨，滋生了华为人"背水一战"的强烈拼搏意识，进而为华为创造出了一个又一个奇迹。

总体上说，危机管理力求实现的目标是综合治理企业发生的各种危机。而对于企业领导者，必须始终抱持危机意识，在头脑中拉紧一根绑着炸弹的弦，全神贯注地去解除这个炸弹，这样企业才能够尽早规避危机、尽快处理危机、坦然地面对危机。

5. 团队打天下

1994 年，斯蒂芬·罗宾斯首次提出了"团队"的概念：为了实现某一目标而由相互协作的个体所组成的一个正式群体。在接下来的十年里，关于"团队合作"的管理理念风靡了世界。当团队合作以一种适宜的形式呈现出来时，它必将会产生一股强大且持久的力量。在华为，围绕团队合作而衍生出的一系列管理科学理念，促动了华为的发展，成就了华为今日的辉煌。

5.1 群体奋斗

"企业就是要发展一批狼！"这是任正非在 1988 年 6 月华为刚创立不久时提出来的口号，也是任正非第一次强调狼文化。任正非希望华为人要有狼的嗅觉，不屈不挠、奋不顾身的进攻精神，更应该要像狼群一样，发扬团队合作精神。

狼在捕杀猎物时，通常都不会毫无目的地围着猎物乱转，也不会采取单独行动。它们成群活动，而且，会有严格的战术和作战纪律，这样就能够捕杀体形比它大几倍的动物。例如，和野牛群相比，狼群明显是弱者，但狼群最终却能够取得胜利，这凭借的便是合作的精神。

合作是指团队中所有员工都能精诚团结，朝着共同的目标携手共进。这是任正非对华为员工最基本的要求，更是华为公司得以发展壮大的必备品质。任正非说："一个人，不管他多聪明，他一生中也只能发出几次智慧的光芒，所有开发人员的光芒聚集起来，华为的未来就有光明。"

在华为 20 多年的发展过程中，华为人也正如任正非希望的那样，始终发扬狼群的合作精神，团队中的每一个人都发挥着自己的能力，与团队实现共同成长。

2006 年，华为在吉林的维护组刚从开发部调来 3 名新员工，就接到了某地网络故障的报告，客户要求华为人立即前往。由于新员工陈路（化名）在业务上负责支路，于是，项目组长决定让他去现场。可是，陈路没有任何现场维护经验，当他听说要到客户机房现场定位时就很没自信。组长看到这种情况，并没有责怪他，而是立即召集了整个项目组员工，决定一起把问题都梳理一遍。其他的团队成员并没有觉得那是跟自己无关的事情，反而积极活跃，纷纷献计献策。大家在一起对问题定位，最后形成了一个详细的问题清单。为了增加陈路的信心，项目组临时决定简单地演练一次，等到会议结束的时候，陈路的心里就有了底气，一副信心十足的样子。后来，陈路仅仅用了不到两天的时间，就圆满完成了任务，一线还特意发来了表扬信。

对华为人来说，一个人的成功并不是真正的成功，整个团队目标的实现才是真正的成功。显然，案例中的华为人也清楚地认识到："独行侠"和"个人英雄主义"只能让自己与目标渐行渐远，唯有保持合作才能共同成长。

【辅助阅读】 落网之鸟

有一个猎人在一个湖边的沼泽地旁边铺开一张大网用来捕捉经常在这里出没的鸟。不大一会儿，就有很多鸟飞进了网中。猎人很高兴，准备跑过去把鸟儿抓起来。接下来的一幕却让猎人惊呆了：这些鸟儿突然飞了起来，还把那张大网一起带走了。

猎人追着这些鸟儿跑，跑了好远的路也没追到。有个农夫说道："算了吧，你一个地上跑的怎么可能追上天上飞的呢？"猎人却很坚定地说："你错了，如果只有一只鸟，我肯定是追不上的。可是，现在是一群鸟，我肯定能追上它们。"果然，天快要黑的时候，所有的鸟都想回自己的窝了，于是就开始各奔东西，再也不像开始那样同心协力了。终于，鸟儿被网着拉下来，最终全被猎人活捉了。

"落网之鸟"的故事给我们一个警示：同心合作是一个企业得以生存和持续发展的必要条件，"个人主义"思想只会害人害己。为了不让华为公司成为众多竞争对手的"落网之鸟"，任正非要求华为人发扬团队合作精神，要为实现公司和个人的共同目标，自觉地担负起自己的责任，并甘愿为其他团队成员牺牲自己的利益。

如今，华为有成千上万的团队，员工将自己融入到团队中，主动承担任务，或者帮助团队的其他成员解决问题，他们已经融为一体。一名华为员工回忆道："还记得是新员工时，我接到一个从没有上过手的新需求，马上要转测试，所以当天必须调通。同事张琳本来不负责这项工作，但是却陪着我到凌晨，直到联调全部通过，没有一句怨言。"

这都是华为公司团队精神的真实表现，也是华为这个大家庭与其他企业的区别所在。在这个温馨的大家庭里，每一个员工都会觉得心情舒畅，工作热情很容易被激发。正是有了这样的团队，华为才有凝聚力，华为人的才华才能够得到最大程度的发挥。

不仅在华为，甚至在世界财富 500 强企业中，没有一家企业不重视团队精神，也没有一家企业会招聘没有团队精神的员工。因为这些企业深知，不懂得合作的员工是不可能推动企业发展的，唯有群体奋斗的道路才是公司成功的捷径。

【辅助阅读】微软留下的人

微软公司在研发 Windows 2000 的过程中，曾组成了 3 000 名工程师和测试人员的团队，这些人只为实现一个目标，他们默契地分工合作，最终完成了 5 000 万行代码的任务。如今，微软公司的很多员工都成了百万富翁，可是，他们没有选择离开公司自己创业，而是继续留在微软工作，正是因为微软能够提供一个群体合作与奋斗的平台。

作为团队中的一员，在通往共同目标的路上会遇到不同的困难，团队中的每个人都要怀着关爱之心，把其他员工的任务当作自己的任务，彼此同心协力，共同进步。只有发挥团队成员的合力优势，才能打造高绩效的团队。

"我们今天是利益共同体，明天是命运共同体，当我们建成内耗小、活力大的群体的时候，当我们跨过这个时机形成团结如一人的数以万人的群体的时候，我们抗御风雨的能力就增强了，可以在国际市场的大风暴中去搏击。"这是任正非说过的话，也是华为人共同的呼声。当爱立信兼并马可尼、阿尔卡特与朗讯合并、诺基亚与西门子合并时，华为在国际上的竞争压力越来越强，可是任正非和华为人却显得异常平静与自信，因为他们一直相信华为是一个共同体，有能力在国际市场的大风暴中搏击。

那么，华为是通过哪些途径或方式来实现团队合作的呢？一是取长补短，二是无缝对接，三是群狼战术。

5.2　取长补短

《晏子春秋·内篇问上二十四》载："任人之长，不强其短；任人之工，不强其拙。"意思是说，要用人的长处和优势，而不可勉强别人的短处和劣势。在企业中，每个人都有他存在的价值和理由，我们需要借助他们的特长，以弥补我们的不足。不过，"金无足赤，人无完人"，别人有不足之处，也需要借助我们的长处，帮助他们完成工作目标。因此，学会取长补短，发挥各自优势才能所向披靡。正如科学家卢瑟福说的那样，"科学家不是依赖于个人的思想，而是综合了几千人的智慧。所有的人想同一个问题，并且每人做它的部分工作，添加到正建立起来的伟大知识大厦中。"

取长补短，发挥各自优势，是很多成功企业家实践的结果，也是任正非一直坚持的用人原则。

1998年，华为市场部的高层们正在讨论市场策略和人力资源的相关事宜，市场部"老大"孙亚芳也在场。当各个副总正在激烈讨论的时候，任正非意外地出现了，而且看上去有点愤怒。果然，没等大家反应过来，任正非就"发炮"了："你们市场部选拔干部应该选那些有狼性的干部，比如说某某（某办事处的主任），我认为这样的干部就不能晋升。"

任正非话音刚落，孙亚芳就站了起来，她对着任正非说："老板，某某（某办事处的主任）不是你说的这样子，你对他不了解，不能用这种眼光来看他。"任正非顿时哑口无言，在场的其他人也被孙亚芳的举动震住了。过了一会儿，任正非说："你们接着讨论吧。"然后就转身离开了。后来，这位被任正非点名的办事处主任还被任正非亲自提拔为华为副总裁一职。

如果说华为是一群狼，任正非则是一直是领头的那一只，他有敏锐的嗅觉和不屈不挠的精神。可是，再怎么强壮的狼也不可能扑倒野牛，再怎么优秀的任正非也不可能独自支撑华为公司的发展。任正非也有缺点，他需要借助孙亚芳等人的优势，帮助华为越过一座座大山。

因此，团队中的每个人都要学会让别人分担压力，借助别人的优势，困难就会迎刃而解。这个道理不仅在华为管理实践中被验证，在美国南北战争期间也得到了验证。

【辅助阅读】林肯在南北战争中的用人术

在美国的南北战争之初，有一位名叫格兰特的将军，好酒贪杯，整天都是一副醉醺醺的样子。由于南北战争还没有全面爆发，别人也就没怎么在意。可是没过多久，林肯出人意料地启用格兰特为总司令。命令一下，几乎所有人都强烈反对。在他们看来，北方军队在人力、物力和财力上都有绝对优势，短期内就能平定叛乱，一旦任命这个"酒鬼"作为总司令，胜败就很难说了。林肯却笑着说："如果我知道他爱喝酒，我倒是应该多送给他几桶，让大家也能分享一下。"显然，林肯心意已决。

战争的结果证明林肯是正确的。北方军队正是在格兰特的带领下，节节胜利，很快就平定了南方奴隶主集团的武装叛乱。

　　而林肯之所以选择格兰特，并非他无人可用，而是格兰特确实是一个运筹帷幄的将才。林肯觉得，战争是残酷的，既然别人有优势，就要将优势发挥出来，至于缺点，可以让其他人来弥补。

　　巨阙宝剑固然锋利，但补鞋却不如尖利的锥子；豹子固然凶猛，但人们还是会用猫来捉老鼠。团队中，每个人都有各自的优势，只要我们善加利用，并发挥出各自优势，就能让团队发挥出最大的能量。就像任正非说的那样，只要将公司内部的人黏合在一起，就能够创造出协同效应。

　　华为员工杨龙（化名）担任 QCC 圈长后不久就遇到了麻烦。当时，他们不仅缺乏定量数据，而且问题分类也不明朗，很多工作他都要从头开始，数据收集的工作量很大。开始几天，杨龙都在独自奋战，可是没有一点头绪，他都有点想打退堂鼓了。他找到了辅导员，说："如果做不好前期数据分析工作，我就放弃做圈长了，否则就是让大家的努力建立在一个不牢靠的基础上。"

　　辅导员看着有点激动的杨龙，笑着说："不用因为个人技能不足就觉得愧对圈员，可以和大家一起学习啊。"杨龙这才恍然大悟，为什么自己不知道向圈员求助呢？他高兴地跑了回去。

　　杨龙把圈员召集起来，开始向大家征求意见，圈员也非常配合。那些熟悉数据收集工作的人主动承担起收集数据的工作，那些擅长数据分析工作的人则开始分析数据。同时，杨龙又在 QCC 交流园地中求助，得到众多圈友的支持和有用的建议。没过多久，工作就明朗了，他也不再犯愁了，开心地笑了起来。最终，杨龙的 QCC 走上了正轨，数据收集也获得了系统的解决方案。

　　"役其所长，则事无废功"，只要发挥一个人的长处，则凡事不会不成功。同样的道理，如果我们能够借助别人的长处弥补自己的不足，那么，也绝不会有完成不了的工作。

在华为，部门经理遇到困难的时候，就会叫上相关的人员到他的座位上开小会讨论。讨论会上，每个人都畅所欲言，充分发挥自己的优势，通过这种集思广益的办法提升决策的准确性。如今，这种民主讨论的作风在华为相当常见，这种工作方式不仅可以让团队成员都能参与到活动中，并发表意见，更为重要的是，这种集思广益的民主讨论作风还能够充分利用团队的力量，打造出更加高绩效的团队。

因此，作为团队中的一员，特别是对于管理者来说，我们都应该向华为人学习，正视自己的不足，也要懂得借助团队的力量，发挥出每一个成员各自的优势，这样就能够将问题一一化解。

5.3 无缝对接

无缝对接是指各个单位采用完全相同的管理体系和技术支撑，由此形成的顺畅运作状态。当由一个单位指挥其他单位时，如同指挥自己的单位。在企业日常运作中，要想实现无缝对接，更重要的是信息传递。而这一过程在很大程度上又需要通过人们相互沟通来完成，一旦沟通不到位，致使信息传递不畅通或出现偏差，那么某条信息的执行必定不能达到预期效果。

华为培训中讲到过一个鸟和猪的故事。鸟带着一群猪去觅食，鸟越飞越高，视野也越来越广，当它看到前方有一片红薯地的时候，拼命喊着地面的那群猪：“快，快，快，前面有一块红薯地。”可是，猪却无动于衷，因为它们正前面有一条过不去的河沟。

工作中很容易出现故事里的情节：管理者每天不停地在骂着员工“笨”，员工也听不懂管理者每天想着什么，觉得管理者天天就在说“鸟语”。这都是因为管理者和员工没有建立有效的沟通渠道，导致沟通不畅。“鸟”发出的信息没法准确及时地传达给“猪”，“猪”的想法也没有很好的渠道及时让“鸟”知道。结果，管理者和员工之间对企业的未来、发展前途以及价值观的理解没有共识。

　　或许有人认为，工作结束以后再沟通也无妨，此时若去打扰同事或上级会影响他们的工作。实际上这是一种错误的观念。沟通滞后意味着被动、信息受阻、机会丧失、工作效率低下等一系列的问题。因此，强化沟通，实现无缝对接是高效工作不可或缺的一部分。

　　在实际工作中，很多员工都缺乏沟通意识。特别是急于表现自己的新员工，在接到工作任务以后，喜欢独自揣摩工作中遇到的问题，暗自鼓励自己不要放弃表现的机会。结果等到任务完成或者需要与协作方进行对接的时候才发现很多问题。此时，如果要修正，难度已经非常大了，就算要修正也属于返工性质，既浪费了自己的时间，也严重影响到别人的工作节奏和进度。

　　孙哲（化名）在华为负责数据库接口，需要与呼叫处理、移动管理等接口进行工作对接。最开始的时候，大家都使用一个接口模块，所以最后的工作对接没有出现问题。可是后来就有研发人员把接口变了，而且是各变各的，大家都没有意识到最后的对接会出现问题。结果在对接过程中根本就对不上。最后，大家只能重新修改程序并定下新的接口。经过重新调整以后，接口虽然对上了，但整个工作浪费了差不多一个月时间。

　　事实上，整个项目的执行，从立项到收尾每时每刻都离不开沟通，尤其是跨部门的协作。而且很多时候，项目进度延期、返工维护等，正是由于我们自己与协作方的任务对接不到位造成的。如果我们的沟通意识再强烈一些，在工作过程中随时进行沟通，就不会出现案例中的复杂情况。

【辅助阅读】沟通的策略和技巧

　　光有沟通意识是不够的，还要讲究沟通策略——既不能过于频繁地沟通，扰乱别人的工作节奏，也不能沟通太晚，以至于沟通滞后。

　　在沟通时，沟通者要注重沟通技巧。通常情况下，他们可以将项目计划分为明确目标、确认项目里程碑、工作分解、质量控制、确定项目进度计划、项目运作六个阶段。由于每个阶段的工作可能依次进行，也可能同时进行，这使得沟通尤为重要。因此，在立项之初，各项目相关人员就应该针对项目各个内容进行沟通，以在资源分配、执行、配合等方面达成共识。

关于沟通的技巧，华为员工总结了几条切实有效的建议。比如，建立良好的沟通模式，至少有一条可以独立进行沟通的渠道；采用方便有效的共同工具，如工作日报，通过每日团队成员对任务进度等相关工作信息的说明，发现问题并沟通；有积极的沟通欲望，促使自己主动地沟通。

值得一提的是，华为员工为了能够实现部门之间的无缝对接，盛行一种"吃文化"。总部派人到办事处做支持，首先就要过吃饭这一关，找一个咖啡厅或者干净的小饭馆，边吃边谈。华为"吃文化"的精髓就在于边吃边谈中，可以进行畅通无阻的沟通、交流。在交流过程中，还可以顺便把工作的目的、对策穿插进去，为日后的工作达成配合的默契，实现完美对接。

华为的"吃"文化在内部许多部门十分流行，甚至已经成为工作的一种延续和补充。员工之间要么实行 AA 制，要么轮流做东，今天你请一顿，明天他请一顿，给了内部员工一个经常性沟通交流的平台，整个团队的气氛也被调动起来。员工们不用每天伏案埋首，默默无闻地推动各自项目的进展，也避免了每个人在工作中不考虑结果地各自发挥。

在华为，干部也是"吃文化"的倡导者。只要干部上任，就应该感谢下属，然后请下属吃饭。不仅自己"吃"出了个中深味，还能不断进行总结和推广，影响下属也用心去"吃"。员工们也能心领神会，结果自然是大获裨益。

对于华为的"吃文化"，任正非曾多次在不同场合表示支持，甚至提出要继续发扬光大。任正非说："你感觉自己进步了，就自己请自己来一顿；你要当好领导吗，那么，多请部下吃几盘炒粉吧，在轻松自由的氛围里，很轻易就做到了上下沟通，协同工作，部门的效率也就提高了；你想做大秘书，也要多请客，你的工作经过沟通开放了，大家帮助你，互相有了解，你就能成为'大秘'；搞管理的，更要在一起这样经常碰。"

如今，各类组织日益全球化、员工队伍也日益多样化，实施开放的沟通也成为必然要求。特别是像华为这样以信息化为主的通信企业，更应该强化沟通，才能减少无用功。

5.4 群狼战术

华为刚创立的时候，任正非在与美国某咨询公司女高管的一次会谈上，第一次系统阐述了华为的狼文化。说到华为要如何对付甚至打败跨国公司时，任正非打了一个比喻。他说："跨国公司是大象，华为是老鼠。华为打不过大象，但是要有狼的精神，要有敏锐的嗅觉、强烈的竞争意识、团队合作和牺牲精神。"任正非欣赏狼文化，他希望华为人在面对强大的对手时，也能够像狼一样，用团队的力量拿下"猎物"，因此，他提出了"企业就是要发展一批狼"的号召。

曾有几名探险者来到非洲大草原上，切身经历并记录了一个令人震撼的狼群作战的壮观画面：

在非洲大草原上，有一群饥饿的狼紧紧盯着另一群数目庞大的野牛。烈日下的狼总是三三两两的，看上去无精打采，似乎已经跟着野牛群好几天了。而野牛群则继续警惕而又悠闲地漫步在草原上，似乎并没有把狼放在眼里。随着头狼的一声长啸，所有的狼都恢复了神气，它们慢慢跑动起来。野牛似乎也觉察到什么，可是为时已晚，一场屠杀开始了。只见六头凶悍的狼疯狂扑向母牛和小牛聚集的地方，牛群开始四散奔逃，根本不管同伴死活。那些跑得慢的小牛和老牛则更加惊慌。最后，一些老、幼、病牛被赶到了一个高地，那里有狼群早已设计好的陷阱。接着，又出现了一批狼，它们迅速围攻、屠杀，最后只见狼的微笑。

或许在很多人的眼里，这是非常残忍的画面。可是，在弱肉强食的动物世界，这就是生存之道，就像诺贝尔文学奖获得者拉迪亚德·基普林说的那样："弱肉强食如同天空一样古老而真实，信奉这个原理的狼得以生存，违背这个原理就会灭亡。"

华为就是在弱肉强食的市场竞争中，不断发展壮大的。在不久之前，中国电信制造业中还有巨龙、大唐、中兴、华为这四家企业，它们代表着中国本土电信制造业的最高水平。现如今，我们已经很少能够听到巨龙和大唐的名字，更多的只有华为。其实，这跟华为人像狼一样的团队协作精神是分不开的。狼文化从华为早期创业阶段开始就一直存在。

1996年，信息产业部、邮电部在北京召开全国交换机订货会。这次会议集结了各个省市电信系统的主要官员和行业负责人，因此，这次会议关系着第二年装机计划的市场份额，华为公司也非常重视。为了推广华为自主研发的C&C08数字程控交换机，华为在短短的几天时间内，从各个办事处和总部抽调了近400人的队伍。这批由各地办事处主任、项目经理和高层主管等组成的高素质队伍，每天的任务就是全天候跟进各个省市的主要领导和电信局局长们，坚决保证在每个省、市都能拿到第二年的订单。据统计，参加会议的领导不过40人，而华为参加会议的人员却高出了近9倍。

"狼群"战术获得了很好的效果，华为成功地击败了上海贝尔、青岛朗讯等竞争对手，硬是从"老虎"的嘴巴里抢到了一大沓订单。华为的成功让很多竞争对手肃然起敬，他们纷纷效仿华为，组成一支庞大的队伍。只不过与华为人不同的是，这些人根本就没有协作意识，更没有强大的后援团队。他们不像华为人一样有技术方案设计、外围关系拓展等强大的后备资源，因此，当他们再次遭遇华为的时候，依然溃不成军。

华为的"狼文化"反映了严密高效的协调合作对于团队的重要性。当一个行业处于硝烟四起的激烈竞争环境时，那些懂得团队合作的组织更容易获得成功。没有团队协作精神，再多的人也无济于事。

对于华为人的"群狼战术"，日本一家大型企业集团的大中华区总裁就深有体会。他说："华为人的客户接待水平堪称世界一流，与日本松下是一个级别的。"那么，华为看起来风风光光的客户接待又是如何组织的呢？

华为人总结为"一五一工程——一支队伍、五个手段、一个资料库"。他们将客户服务当作一个完整的系统，很多部门和人员都会参与进来。在团队精神的带动下，华为每次都能够打动客户，获得订单。

团结就是胜利。美国零售业巨头西尔斯公司的管理者罗伯特·伍德说："无论多么强大的士兵都难以战胜敌人的围剿，但是如果他们联合起来就会战无不胜，瓦解掉阻挡在面前的一切障碍。"或许，用这句话来概括华为人的接待工作最好不过了。华为人正是靠着这种团队协作，围剿并拿下了"猎物"。

不过，团队协作说起来容易，做起来却并不简单。很多企业，包括日本索尼这样的大公司都为此付出过代价。

【辅助阅读】 索尼欠缺的团队协作意识

电子产品巨头索尼公司本来具备实现多赢协作的要素，公司不仅拥有不同的业务部门：音乐制作部、电子产品部、软件部、消费品部等，而且这些部门都是"能人"。不过遗憾的是，索尼内部并没有团结协作的意识，各部门总是各自为政，公司的产品很难整合在一起，为此，公司失去了很多扩大市场的机会。

索尼公司曾推出过类似苹果公司的 iPod 的新产品——Sony Connect，看似完美的企划最后却变成了被业界嘲笑的失败之作。由于索尼公司在产品开发过程中各部门各行其是，缺乏整体协调，导致产品的市场评价极差，最终不得不停售该产品。后来，苹果公司推出 iPod 产品，并取得了惊人的销售业绩，索尼公司只能扼腕叹息。

　　成功的企业并不是把最好的人留下来，而是要充分发挥他们的价值。比尔·盖茨说，"5%的人不能编写复杂的程序，而团队工作就弥补了这一不足。"因此，微软公司总是会有几十人或者几百人组成的团队，他们相互协助，共同努力。有人问比尔·盖茨："如果离开微软，你还能重新创立一个微软吗？"比尔·盖茨坚定地说："能，只要你允许我带走自己的团队。"团队协作对于一个天才都如此重要，更何况我们这些平常人呢！因此，每个人在团队中想要快速地成长，就应该善于合作，有优秀的团队意识，依靠团队的力量来提升自己。

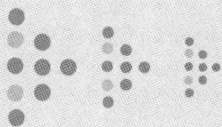

第四章　管理科学

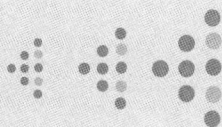

以前我们就讲过华为公司什么都不会留下，就剩下管理。所有产品都会过时，被淘汰掉，管理者本人也会更新换代，而企业文化和管理体系则会代代相传。因此我们要重视企业在这个方面的建设，这样我们就会在奋斗中越来越强、越来越厉害。

——任正非

带着问题阅读：

1. 如何平衡授权与控制之间的关系？

2. 管理为什么要以结果为导向？

3. 如何让制度成为一种有生命力的文化？

4. 面对人才，企业如何选、育、用、留？

5. 牵引机制如何拉动员工奋斗和企业发展？

1. 授权与控制

经营管理事务需要管理者通过对管理的科学性、规律性的研究，不断提升管理的技能与技巧，适应外部的变化，积极发挥人们的主观能动性，有效地开展工作。这其中尤其重要的一条是管理控制与员工自主的问题。

企业中的不同层级人员拥有差异化的职权，而权限则在不同的层级之间对应地流动，由此便产生授权的问题。从某种程度上来说，授权是组织运作的一大关键行为，是将完成一项工作任务所必须具备的权力分授给下属员工的过程。进一步讲，在此过程中，管理者将决策权移转给员工，只授予权力，但不托付完成该项工作的必要责任。这种决策权涉及用人、用资源、做事、调度协调等。从管理实践来看，各大企业在规模扩张后取得成功，在很大程度上得益于授权得当。

1.1　先分权再授权

自创立开始，华为始终因应着环境和自身发展变化，步步为营地探索着一套适合自己的授权之道。时至 2009 年，任正非酝酿了一次改革：华为内部开展了组织结构和人力资源管理机制的改革，确定了"以代表处系统部铁三角为基础的，轻装及能力综合化的海军陆战队式"的作战队形。这种管理模式变革的核心在于：打破过去的决策集中和滞后，采用"先分权再授权"的模式来促进决策与行动反应的速度，让员工当家作主。华为之所以会如此设计，源于华为的管理实践中遇到的一个难题。

原来，随着华为组织规模的不断扩大，拥有着较多权限和资源的华为决策机构开始远离业务一线，而为了控制企业运营风险，华为不得不设置了许多流程控制点。但是，由于授权不足，使得华为内部出现了严重的官僚主义及教条主义问题。于是，一线工作人员除了花不到1/3的时间去找目标、找机会以及将机会转化为结果之外，其他时间完全被用在了与后方的频繁联系上。也就是说，面对规模越来越大的市场，华为的管理线被越拉越长，而对机会的把握越来越不得力，甚至很多时候在坐失良机。所以，一线工作人员必须拥有更多的决策权，才能科学决策，才能在机会面前作出最快速的反应。

就在这时，一份来自华为北非地区的工作汇报触动了任正非思维的一角。在华为北非分部，员工围绕做厚客户界面成立了一个特别的工作小组——它是由客户经理、解决方案专家、交付专家组成的，形成了面向客户的"铁三角"作战单元。而铁三角的精髓所在，即是：为了目标而打破功能壁垒，形成一套以项目为中心的团队运作模式。华为的各种先进设备和优质资源，都应该在前线发现目标后在第一时间内给予有效的支持，而不是坐等后方那些拥有资源的管理者慢慢赶来指挥作战。

这种管理上的尝试，为华为组织结构变革和管理创新提供了一条思路，就是：采用新型分权管理模式，把决策权根据授权规则授予一线团队，而后方仅起到监督和保障作用。2009年开始，华为建立铁三角新型分权形式，在此前提下选择适宜的人员进行授权管理，一线被授予了"将在外，军令有所不受"的决策权；而总部则依靠分级授权、定期汇报等形式，来确认和保障授权效果。

　　这种策略很快便见到成效。2012 年上半年，华为营业收入达到 1 027 亿人民币，同比增长 5.1%。诚然，如此喜人的业绩离不开华为终端市场的突破，但从分权再到授权管理带来的组织运营效率提升也是功不可没的。任正非曾感叹："哪怕每年提高千分之一的效率都是可喜的。"分权与授权的管理变革使得华为在前进中不断优化、厚积薄发，而华为在面对未来日益复杂的市场变化时反应也更加敏捷、游刃有余。

【辅助阅读】授权与分权的区分

　　共同点：授权与分权都是将原本属于上级的权力授予下级，由下级自主处理相关事务。

　　不同点：

　　①从时间上来看，授权通常是短期性质的行为，当项目结束后权力将被收回；而分权则是长期性质的行为，往往会形成固化的职位说明和权力划分规定。

　　②从授予主体来看，分权是组织权责制度规定的，授权则是由上级根据分权要求而决定的。

　　③从受众来说，一个企业会通过经常性授权，来确认受众的问题处理能力；如果能力达到要求、令人满意，他才能成为分权对象。

1.2　授权四大原则

　　前文中我们介绍了华为在授权管理方面的必然性，下面我们来看授权的基本原则。为了保障工作的有序推进和授权结果的有效实现，华为的管理者在授权过程中严格遵循着以下原则。

（1）适当授权。

所谓"适当"包含三层含义：

一是授权大小适宜。因为，如果授权过小，往往无法实现激发员工尽职尽责的目标；如果授权过大，又会导致大权旁落，出现难以收拾的局面。

二是契合员工承受能力。也就是说，被授权者所授的工作量不可超过其能力、精力、体力所能承受的限度，以免被授权者因工作量过大而顾此失彼，无所适从，继而影响了整个组织的战斗力。

三是视任务轻重、业务性质授权。如果任务重、工作专业性强，应该多采取授权措施，但管理者必须确保自己能掌控局面、作出正确决策。

（2）授权可控。

授权行为是可控的。这种可控性体现在两个方面：一方面，管理者握有主动性、灵活性，并灵活掌握授权的范围、时间等；另一方面，授权后管理者能够根据实际需要随时调整授权，收放自如，大小适宜。

华为非常重视授权的可控度，任正非曾说："授权而不彻底放权，对权力加以监督和干涉。"因此，华为采取多种措施去控制授权效果，具体实践我们将在后面细化说明。

（3）带责授权。

所谓"带责授权"，是指管理者明确地将权与责同时授予员工，这种方式会促使员工自主完成工作任务，在一定程度上也可以规避员工不愿意承担责任的问题。在华为，管理者会向员工交代清楚权限范围，但是管理者并不会授出最终权力和责任。此外，凡是属于个体职权范围的事、涉及组织的全局性问题（如集中指挥权、组织目标确定、经济预算审批等），管理者亦不会轻易授权。

（4）动态考量。

动态考量是指针对环境条件、目标责任及时间的差异，管理者授予员工不同的权力。动态考量原则体现了华为从实际需要出发的授权思想。通常，华为会采取两大动态授权类型：单项授权和条件授权。

所谓"单项授权"，即只针对某个项目授予决策或处理的权力，待问题解决或项目结束后，权力即行收回。华为业务常常以项目制形式开展，即：围绕某项业务的开展而选定组长和项目成员，每个人的任务和权限也是围绕本次业务开展而设置的。一旦该项目结束，那么相关人员的任务及权限也随即终止。比如，为了开拓联通或移动的市场，那么华为会先任命一位副总裁，然后由该副总裁抽调几个人组成项目组，并具有对应组织调配权等。待这个项目成功完成、所有人得到对应的奖励后，该授权也结束了。

【辅助阅读】华为项目制的由来与实施

华为项目制是在 2001 年年底确定下来。当时，华为面向全球进行项目管理体系的梳理和研究，在对美国、英国、澳大利亚等 12 个国家的项目管理体系进行综合比较后，最终选择了美国的项目管理协会的 PMP 项目管理专业资格认证。后来，华为所有研发项目经理、市场项目经理都必须在 3 年内进行培训学习并通过该项认证，通过者方可继续任职。

所谓"条件授权"，即只在某一特定环境条件下，授予员工某种权力；一旦环境条件发生改变，权限也应随之改变。比如，面对某次客户投诉，华为会选定某个员工担任负责人，由其全权接洽此次问题，直到该客户的问题得到彻底解决，客户满意。

上述四大原则是华为在授权管理时奉行的基本原则。在此过程中，华为也进行了很多尝试和实践，由此形成了一些独到的管理理念和管理技巧，其中部分管理理念和技巧方法甚至已经成为华为默认的管理模式。

1.3 高度授权

授权的第一前提是信任。授权中最忌讳，明明已经授权给下属，却又不相信，总是横加干涉，如此授权只会适得其反，让被授权对象不知所措，不得不重新依赖授权者。在华为，只要相信被授权者，就不会零零碎碎地授权，而是能一次授予的权力就一次授下去。授权后，并不会"大事小事都干预，事无巨细都过问"。

（1）疑人不用，用人不疑。

华为的授权始终坚持以"疑人不用，用人不疑"为原则。在华为，至今仍流传着关于任正非和郑宝用的一个故事。

1993年的某一天，郑宝用按惯例主持一次非常重要的研发项目立项评审会议。突然，郑宝用看到总裁任正非也来参加会议了，马上跑了过去，并对任正非说："任总，这个会你不用参加了，我会把结果告诉你的。"任正非听到郑宝用的话之后，很平静地离开了会议现场。

1989年到1995年正是华为史上最艰苦的时期，身为华为总裁任正非的日子很不好过。如此重要的项目评审会议，任正非将最后的决策权交给郑宝用，甚至会在公开场合说："郑宝用，一个人能顶10 000个。"

任正非认为，华为在当时的情况是，前方的"作战部队"只有不到三分之一的时间是用在找目标、找机会以及将机会转化为结果上，大量的时间用在了频繁地与后方沟通协调上。本应由后方解决的问题让前方协调，拖了前线的后腿，好钢没有用在刀刃上。

为此，任正非在一次讲话中提到美军特种部队的例子：

"以前前线的连长指挥不了炮兵，要报告师部请求支援，师部下命令炮兵才开炸。现在系统的支持力量超强，前端功能全面，授权明确，特种战士一个通讯呼叫，飞机就开炸，炮兵就开打。前线3人一组，包括一名信息情报专家，一名火力炸弹专家，一名战斗专家。他们互相了解一点对方的领域，紧急救援、包扎等都经过训练。当发现目标后，信息专家利用先进的卫星工具等确定敌人的集群、目标、方向、装备等，炸弹专家配置炸弹、火力，计算出必要的作战方式，其按授权许可度，用通信呼唤炮火，消减了敌人。美军作战小组的授权是以作战规模来定位的，例如：5 000 万美元，在授权范围内，后方根据前方命令就及时提供炮火支援。"

在任正非看来，那些长时间脱离前线的人，往往会失去对"战场"的敏锐，失去现场解决问题能力。所以，真正的决策权必须交给那些听得见"炮火"的人。2010 年年初，任正非明确表示，华为已从 2009 年同步展开了组织结构及人力资源机制的改革，这一过程主要是让华为从过去的集权管理过渡到分权制衡管理，让一线拥有更多的决策权，以便在千变万化的市场中及时作出准确决策。

因而，人们也一次次见证了任正非让一些年轻人挑起大梁，放心地将大客户交给那些刚走出校门的年轻人进行管理；让那些不到 30 岁，没有任何海外市场经验的技术和市场人员到异国他乡开拓市场；甚至三个人组成一个决策小组，集体作出决策且经费在 5 000 万元以下的项目可以直接上马运作……如今回顾起来，正是任正非有着充分授权的意识和用人不疑的胸怀，才会让更多的华为人敢于冒险，艰苦奋斗，仅仅用了 10 年的时间，便奠定了华为在国际上的地位。

【辅助阅读】信任与授权的关联

在社会科学中，信任被视为一种依赖关系。值得信任的个人在政策、道德守则和承诺等方面，会主动去寻求实践。而根据心理学中的"期待效应"，在授权管理中，被信任者会因获得期许和肯定而努力给出积极正向的结果。因而，对被授权者给予信任是一种有助于良性结果生成的管理模式。

(2) 高效自主。

在华为，任正非不仅坚持对员工充分授权，他还鼓励员工在工作中做到高效自主，自觉学会担负起企业的责任。对此，他曾说："一个优秀的士兵，应该听从将军的领导，但打起仗来，将军不在身旁怎么办？凡事都要看情况，企业也一样，员工没必要事事都请示。"

在任正非看来，事事都请示的制度不仅不利于员工独立自主的工作习惯的培养，还不利于员工有效解决一些紧急事件或者在汇报中错失一些良机。更重要的是，任正非认为事事汇报会在一定程度上滋生员工内部的迂腐气息，导致管理层产生官僚气息，这种气息不仅会影响公司运营速度的提升，更会将公司发展引入一个完全朝着领导者倾斜的误区。

一次，任正非去华为驻南京市场部走访考察，恰逢市场部一个员工经过调查做了一份有关新市场开拓的报告，市场部主任有些畏惧地向任正非问道："任总，宋炳成调研的这部分市场咱们华为涉及很少，你看，是应该加大调研力度还是侧重主流市场？"

任正非听后十分不悦，直接批评道："我就是来参观，来找员工闲聊的，你才是市场部主任，市场方面的事你问我干吗？凡事都要跟我请示，华为还要你们这些干部做什么？"

华为是知识分子聚集的地方，而知识分子最不缺的便是脑子。任正非相信，通过高度授权，让广大员工在大多数事情上能够自己作出决策，而非机械地层层申报等待领导批示，长此以往地坚持下去，在华为的团队里，必然能够诞生出更多的领导人才，为公司发展贡献更多的智力。

说到这里，有人可能会感慨："华为的管理实在太容易了！"因此，笔者不得不再补充一点：华为的授权绝非简单的拍脑子行为，或者只要按原则操作即可，为了保障授权效果，华为还建立了一套有效的管理维护机制。

1.4　授权机制

通常，企业管理者可以从授权程度和授权过程监督两大方面，来设计管理机制，全力避免不良授权的出现，同时也避免授权过程中出现授权不力的问题。

（1）按类、循序授权。

为确保授权效果，华为的管理者在授权时会根据实际情况和授权对象，进行不同程度的授权：制约授权、弹性授权、不充分授权以及充分授权。这四种授权程度同时也是授权管理的四个阶段。

【辅助阅读】授权的四种程度

①制约授权，适用于新员工，管理者宜将最基本的事务性工作交给他们。

②弹性授权，即不定期地下派一些略有挑战性的工作，期间管理者应扮演好教练角色，做到言传身教。

③不充分授权，适用于公司的中层骨干人员，管理者可将重要工作交给他们做，如项目谈判、重大决策的参与等。

④充分授权，适用于核心员工、重点培养对象，管理者将任务交给他后，让其自由发挥，管理者只需注意其不偏离轨道即可。

实施授权时，华为的管理者通常会秉持循序渐进的原则，根据员工的工作能力、经验水平变化情况来进行授权。此外，他们还会在授权过程中给予足够的支持和帮助。

（2）授权与牵制。

在华为，任正非虽然常常强调，要给予员工充分的信任，将权力下放，让员工更加自主地完成工作，但是，他的授权思想并不是一味授权而没有限度。在充分授权的同时，他也时刻注意着权力的平衡与制约。他常说："授权不等于彻底放权，把权力都放出去了，企业还要管理者做什么？"

一次，华为的一个技师同生产组的组长吵了起来，任正非知道后仔细了解了事情经过。原来，华为新开发了一款交换机，技师认为，新的交换机应该在换频案板上加一个控制钮，生产组长却觉得多此一举，交换机一旦使用，就很少有人去手动调控了。

任正非觉得两人说得都有道理，一个是从机械结构着眼，要求科学合理；一个是从实际操作着眼，经验准确。两人都想把新交换机定型得更加完美、更加实用，都是为公司好。根据公司的授权规定，两人也都有修改产品生产工艺的职权，究竟按照谁的想法来安排工艺流程，实在是个让人头疼的问题。

后来，任正非想出一个两全其美的办法，把两者的权责划分得更加清楚，在公司原有部门之外，再设一个开发部，由那位技师主持，专门从事产品改进研究。开发部与生产小组分权并立，既不冲突，又可以相互扶持，很好地做到了权力的合理分配。

牵制是一种四两拨千斤的管人技巧，在授权后，管理者仍然要保留一定的、必要的牵制权，以此来确保企业内部出现权力分歧时，高层领导能够在第一时间作出相应的调整策略，保障企业整体的健康运营。

上面两种方法是从授权者角度出发而建立的授权效果维护机制。事实上，华为还从被授权者的角度出发去建立授权效果维护机制。

(3) 定期汇报。

管理者应提前在团队内部设计好工作汇报机制，要求被授权人及时汇报，以了解工作进展情况。这种方法对被授权者的主动性有更高的要求。

华为的一位项目经理这样回忆自己刚做管理者时遇到的问题："由于华为的项目时间要求都非常紧张，所有成员都加班加点地工作。我将部分任务授权给项目成员处理后便去忙其他的事情了。经过一个月的努力，到了第一阶段集成的时候，一位项目成员负责设计的系统出现了问题，与其他人设计的系统存在很大的偏差。于是，我不得不召集其他人一同帮忙修正，为此多花费了一周的时间。"

事实上，很多员工都习惯于埋头做事，遇到问题便自行解决，这便导致管理者发现问题的时候常常为时已晚。因此，管理者应当认识到：即便项目成员的一个很简单的决定或者工作中的一个小问题，管理者也应该有所了解。如果任务比较复杂，纵然管理者授权出去，也要把控过程。在此过程中，工作汇报就显得尤为重要。通过定期汇报，管理者可以随时了解成员们的工作进展情况，也可以在工作汇报中与员工共同探讨可能遇到的问题，进而使得授权任务得以顺利完成。

值得注意的是，切忌使得定期汇报沦为"反授权"的机会。反授权是指员工把自己所拥有的责任和权力反授给管理者。一些偷懒的员工可能将自己职权范围内的工作问题、矛盾，借工作汇报的时机反推给管理者去处理，让管理者帮自己工作。这是华为授权管理过程中最禁忌的事情。

华为的一位管理者说：每个人都要努力做得更好，如果管理者总是被员工牵着鼻子走，处理一些本应由员工处理的问题，那么管理者将无暇顾及自己应做的工作，企业管理也会越来越乱套。

2. 用结果说话

"结果导向"是指一切企业行为皆是为了实现预期结果而产生的，而并非为了推进某个过程而产生了管理行为。这就好像人类之所以发明了计算机，是因为人类希望寻找一种轻松的计算方式，于是设想制造一个可以代替手工计算的机器，随后才发明了计算机；而不是因为有了塑料、电路板、中央处理器，而后才发明了计算机。简单地说，行为过程只有以结果为导向，它才是一个有效的过程。

2.1 以结果为导向

就华为而言，所谓的结果管理，其实质就是一切以产品的商品化为导向。任正非在《华为的红旗到底能打多久》一文中这样论述道："紧紧抓住产品的商品化，一切评价体系都要围绕商品化来导向，以促使科技队伍成熟化。我们的产品经理要对研发、中试、生产、售后服务、产品行销等负责任，贯彻沿产品生命线的一体化管理方式。这就是要建立商品意识，从设计开始，就要构建技术、质量、成本和服务的优势，这也是一个价值管理问题。"任正非强调华为的工作开展以及绩效评价都要以商品化为导向。这体现了华为在执行上最朴素的要求——即满足客户需求，为公司创造价值。

贝尔公司发明了半导体，瑞士则是第一个开发出精工表的国家，但它们都没能像日本一样，将技术成功地转化为商品，获取应有的市场价值。正如华为人说的那样，技术是用来卖钱的，卖出去的技术才有价值。

在华为的发展历程中，有一次惨痛教训是华为人永远忘不掉的。

1992年，郑宝用带领着十几个开发人员，准备开发局用机。当时，他们只有开发模拟空分用户机的经验，对开发局用机则一无所知，于是决定开发模拟空分局用交换机，并命名为JK1000。

1990年时，中国的固定电话普及率只有1.1%，世界排名第113位。所以，华为在1992年预测，按照中国电信产业的总体目标，2000年固定电话普及率在5%到6%，先进的数字程控交换机在中国不适用。于是，华为在1993年年初投入了全部的开发力量和巨额的开发费用，随后JK1000成功问世，并在5月份获得了国家邮电部的入网证书。在市场推广上，华为也志在必得。然而到了1993年年底，数字程控技术得到普及，华为的JK1000空分交换机刚推出就面临没有市场的危险局面，很快市场便被数字程控交换机取代了。JK1000空分交换机在市场上败下阵后没多久，华为的研发队伍又在CT2项目上吃了亏，让华为公司遭受了巨大的损失。

事件发生以后，任正非吸取教训，意识到华为的研发执行团队必须从技术驱动转变成市场驱动，紧紧抓住产品的商业化，坚持不研发"卖不掉的世界顶尖水平"。任正非要求华为员工不能像早期的贝尔公司一样，只懂得研发新技术，不懂得将技术转化成商品。

（1）以结果为导向的工作。

工作要以结果为导向，并不只是研究部门要以商品化为导向，而是要求所有部门及员工都要以商品化的思维去组织工作。只有这样，才能充分发挥整体合力的优势，实现最终产品（服务）的商品化目标。华为无论在市场拓展还是研发上，都充分发挥各部门的合力优势，占领市场。

1996 年，中国电信市场上接入网产品的机会点突然出现：邮电部允许原交换机局通过 V5.2 技术接口带其他厂家的用户模块。但此时，华为中研部的接入网产品发展得并不理想，原因是接入网产品与交换机业务部的远端模块之间存在着一定的冲突；而当时交换机业务部又是华为中研部第一大部门，但接入网产品的内部研发资源却得不到保障，因而研发进度较慢。

在这种情况下，华为老对手中兴和新对手 UT 斯达康都借着接入网产品在中国市场上迅猛发展，华为公司市场部因此向公司总部频频告急。任正非把当时的中研部总裁李一男狠狠地批评了一顿。

1996 年年底，中研部专门成立了跨部门接入网新产品攻关项目组。该项目组由多媒体业务部、交换机业务部、传输业务部、无线业务部的核心骨干人员组成，力求通过多业务部的共同参与，实现资源共享，发挥产品和技术之间的组合优势，增强企业研发的核心竞争力。

该跨部门项目组成立后，华为用了仅仅 3 个月的时间，便一举突破了新产品的关键技术问题。与此同时，华为在如何创新地组建接入网络、发展电信新业务（如 ETS 无线接入、会议电视等）方面，率先提出并实现了新的业务应用。可以说，华为各业务部的通力配合，为华为成功打造了极具差异化竞争力的接入网新产品。

说到这里会发现，华为中研部的接入网产品起初发展并不好，这是因为中研部独自开发，未能进行资源和信息共享，导致研发的产品无法与其他模块对接。而在后来建立了跨部门的研发团队，从各方面需求进行会诊，确定最佳接入网产品设计方案，如此便一举突破了关键技术问题。由此可见，业务执行要以成果为导向，这是非常重要的；如果不考虑结果率性而为，那么最终不过是无谓地浪费资源和机会罢了。

（2）以结果为导向的考评。

在华为，为了更好地推动商品化导向的执行思维和行动力，所有的工作都要遵守和接受以结果为导向的评价和考核原则。

华为的一位 PL（项目组长）说过这样一段话："当我还没有成为一个主管时，经常加班到深夜，周末也不休息。每天过着'两点一线'的生活，而且每天都认真地工作，这得到了主管的赞许。那时候，我认为'加班＝艰苦奋斗'。等到我升为 PL 以后，每天向项目组成员强调要加班，这样才能体现出你的价值。但我的上级告诉我，评价一个人工作成效并不是看他累不累，加不加班，而是看他在工作中交付的结果。"

加班不等于艰苦奋斗，同样，艰苦奋斗也不是加班就能涵盖的。这位华为主管指出，工作评价要以工作结果为导向，其实就是一切评价以商品化为导向。一个部门、一个员工，即使再努力，但没有效率，没有成果，对公司而言都是有害无益的行为，因而工作评价应以结果为导向。如果不注重商品化，哪怕产品做得再好，工作再努力，只会破坏和降低公司的绩效。

【辅助阅读】结果导向与过程导向的区别

结果导向是 ISO 质量管理体系、绩效管理理论中的基本概念之一。它强调经营、管理和工作的结果，以及过程中所呈现出来的能力、态度，都必须符合预期结果的要求，否则这样的经营、管理和工作行为便是缺少价值的。简言之，结果导向强调的是结果的达成，而结果本身为人们指明了行动的方向。

过程导向关注的是结果实现的过程，它重视过程对结果的影响，对管理者的能力要求较高。在以过程为导向的企业管理中，管理者先去关注是否做了某事，而后要关注这件事是否达成预期结果。

2.2　结果逆推行动

在商品化/结果导向推动下，企业管理者还需要适时地明确预期目标。工作就好比打猎，猎物就是最终工作目标，先要弄清楚目标在哪里，然后才能采取行动。

弄清楚工作预期结果是第一步，只有先将预期结果弄清楚，接下来才不至于把事情做错，自然也能够更轻松地完成目标。这个道理听起来很容易理解，但是在工作实践中却并不容易被人拿来使用。即使是华为这样的成功企业，在它的创立初期，也有很多员工忽视了这个工作原则。

华为公司创立初期，曾一度出现工作结果和预期不相契合的问题，使得企业多次陷入危机。那时候，无论是计划部门还是员工，都承受了很大的压力。华为不得不派人调查原因，在访问了一些员工后发现：大部分华为的员工在领导分配任务后，竟然不清楚自己应该在什么时间执行任务、什么时间完成、怎么去操作、具体完成到什么程度才算合格……这些员工习惯于听到任务后，什么都不考虑，卷起裤腿就埋头干起来，根本就不懂得花时间考虑自己的预期工作结果是什么。

痛定思痛，自我反省，华为才发现员工工作方法上存在问题：员工接受任务后，根本就不清楚预期工作结果和要求是什么，就开始埋头苦干；这样一来，员工工作时就没有方向感。有时候，员工还会在中途调整工作方向，更严重的情况是，等到工作结束后才发现自己的工作结果与预期不符合。

大多数情况下，最后的胜利者不属于那些整天都在埋头苦干的人，而是知道自己的预期工作结果的人。前者的工作态度值得鼓励，后者的工作方法更值得我们去学习。

那么，华为人怎么做呢？就拿华为的销售人员来说，通常情况下，他们会先找准客户，然后充分调查客户的信息，把销售当成个项目来做。在销售的执行过程中，华为员工也是按计划一步一步设定未来需要达成的结果要求。例如，一般情况下，他们会按计划，一个项目最低拿下 50% 的份额，准备得好要拿下 80% 的份额，可以挑战拿下 100% 的份额。接下来，项目组开始朝着100% 份额的结果方向作出努力，把项目涉及的所有客户的详细信息、所有竞争对手的策略和优势劣势、自己的优势和劣势都写在黑板上，拟订详尽的行动方案。之后，项目组成员分头行动。

这样一个"预期结果—步骤—行动"的过程，使华为的销售业绩稳定增长，使结果真正意义上达到了要求。更重要的是，华为人的狼性精神也就在这样的点滴中得到贯彻。

【辅助阅读】结果逆推法与条件导向法

结果逆推法是一种有效的企业规划方法，它是相对于"条件导向法"而产生的规划管理方法。

①条件导向法。通常，人们在计划做一件事情时，会先来审视自己具备了何种条件、何种资质，达到了何种水平，而后再去确定自己最终要达成何种结果。通俗地说，就是"有多大的肚子，就吃多少饭"。这是典型的"条件决定结果论"。

②结果逆推法。在这种方法下，人们首先要确定自己或企业试图达成的终极结果，再去分析实现这个结果所需要的人力物力、在实现过程中可能会遇到

的瓶颈或困难；随后，结合这些分析结果，提出解决过程难题的预案，并补足企业管理方面存在的不足之处，最终全力以赴地去达成预期的结果。

2.3　过程决定结果

要让工作结果得到彻底实现，过程的实施与控制也是非常重要的。无论是管理者还是基层员工，都必须做到少浪费、零浪费，事事一次就做对，最终才能最大化地产生成果。然而，不少人在工作中有忽略细节的坏毛病，总想着迅速地把某件事情做完，最终，不可避免地要重新做一遍，这不仅使得工作效率低下，同时也造成了更多的资源浪费。而这一切归根结底，都是工作不严谨、第一次没有将工作做到位所造成的。

在华为，曾发生过这样一件意外的事。1999 年春节，华为样板点意外地曝出了基站的问题，东北用户的投诉不断。大年三十，以开发经理为首的"救火队"紧急出动，前往严寒的东北。"救火队"到达目的地后，就面临着一个难题：基站在 30 多米高的铁塔上面，如果要分析故障的原因就必须上铁塔，可是在严寒的冬季上铁塔是一件非常危险的事情。"救火队"也顾不上那么多，冒着生命危险爬了上去。为了找到故障发生的原因，在之后的几天时间里，他们在东北严寒的冬夜下，还要多次外出试验。

一个星期后，他们才得出了结论，是因为温度太低才导致基站不能正常工作。不过，得知这个结果，开发人员的第一反应是"不可能"，因为他们确定基站已经顺利地通过了零下 40 度的低温环境测试，而且还有实验数据为证。最后，"救火队"只能回到深圳后立即召开会议，对以前的实验报告进行分析，结果，他们终于发现了问题所在。

原来在发货之前，由于市场要货时间紧急，开发人员就跟测试人员联合起来做环境实验。那时候，搭建测试环境的环境实验箱搭在西乡的富成大楼，而用于基站连接的交换机在建成大楼。大伙儿就想出了一个"取巧"的办法：

基站不用和交换机连，直接使用一个测试软件来测试，结果，基站的隐患就被忽略了，它们"顺利"地通过测试。

在工作中，像华为开发人员这样想出"取巧"的办法的事例不在少数，而这种工作不严谨、不细致、不到位的情况，也使得人们付出了极高的代价。这一项目问题就给华为造成了极大的人力物力浪费，同时严重地影响了产品形象，在客户心中造成了不好的影响。

因此，"把工作一次就做对"是对员工最低的工作要求，第一次不把工作做好，只能带来更多的消耗，是一种低效的工作行为。在华为，任正非极力推崇一步到位的精神，他不希望华为人因为第一次没有把事情做好而最终付出更多操劳，否则华为的未来是没有希望可言的。

后来，在华为研究实验系统的一次大会上，任正非强调："做工作是一种热爱，是一种献身的驱动，是一种机遇和挑战。认真地做好每一件事，不管是大事还是小事。只有全身心地投入，认真细致，潜心钻研，才会有爱因斯坦、居里夫人、瓦特与贝尔……才会有未受过系统教育而成为发明大王的爱迪生。"

任正非经常去德国和日本等工业发达的国家，因为这些国家的员工凡事追求将工作一次就做对。在任正非看来，日本企业的员工似乎连骨子里都散发出追求极致的味道，而且也会影响到身边的人。

【辅助阅读】一个受日本企业文化影响的中国人

有一位从日本回来的中国人，准备在家乡的城市投资开一家日式料理店。他首先选择了10个有发展潜力的店面，然后仔细地把这些店面的地理位置、环境、布局等方面的优劣势列成清单，反复比较后，筛选出其中的3个。最后，他又列出了一张更详细的清单，并且在委托信息咨询公司进行市场调查以后，才将店面确定下来。

店面装修的时候，他将店内所有的空间，包括厨房、卫生间、门厅，甚至店外都精心设计，可谓精细到极致。他的朋友都有些"看不惯"了，说他去了一趟日本，竟然也变成日本人那样婆婆妈妈，一点都不豪爽。但等店面装修完以后，这些曾经抱怨过的朋友确实感觉到了舒适。

等到一切就绪，朋友们就迫不及待地催他开业，说："早一天开业就多赚一天的钱。"可是，他却一点也不着急，说他还要花一个星期的时间收集建议，改善店面存在的问题。他说："在日本，不能让客人等候超过 5 分钟，不能让客人有任何不满意的地方。现在开业还没有把握，我们要多花一些时间找出毛病，找到问题，开店要一步到位。"

日本企业之所以强大，很大程度上在于它们能够做到工作一次做到位。在日本，只要你犯错了，就得离开，他们只会给你一次机会，没有第二次。或许，这就是为什么日本能够有丰田、索尼、松下、东芝等多个世界 500 强企业的原因。

为了培养华为人的工作态度，任正非经常带着华为的一些干部到德国、日本和美国参观考察，每一次回国以后，都有很多感慨。一位曾到美国波士顿一家专门生产电源的 CP 公司参观的华为干部就曾这样感慨道："美国人没有中国人那么多远大的理想，也没有胸怀祖国、放眼世界的空洞抱负，更不像我们那样充满幻想。这个民族踏踏实实、不屈不挠的奋斗精神是值得我们学习的。航天飞机、大规模硅片、超大型计算机、超微型的终端，发达而优良的电信设备、测试仪器，是美国人民的勤劳创造的，是掠夺不来的。"

任正非希望，华为人也能够像日本、美国和德国等国家的员工一样，工作踏踏实实，第一次就把事情做对，华为的产品能与世界一流企业的产品媲美，这样华为就能够逐渐赢得客户的信任和尊重，实现"做一个世界级设备供应商"的预期结果。如今，就像任正非希望的那样，华为人做任何事都会极为认真，这保证了在华为过程管理与预期结果直接对接，预期结果也往往能够一次实现。

2.4 过程的可控性

为确保结果实现的必然性，企业除了培养一次到位的工作作风外，更要强化过程管理的可控性。事实上，在这方面，几乎每个企业都有自己的一套方法，其有效性也是经过验证的。

【辅助阅读】 常见的过程控制方法

为确保过程可控，企业管理者可以采用多种控制方法，比如：目标管理卡，在过程实施之前设计，它有助于本次结果的实现；AAR 管理，在过程实施之后进行，它有助于下一次结果的实现。

①目标管理卡。目标即预期结果。在目标管理卡上，可以设定预期目标、实现办法及完成期限等内容。在过程控制时可以以之作为行动参照，同时也可以作为事务达成情况评估的依据。

②AAR（After Action Review）管理。又称行动后反思，是指通过对已经结束的项目进行学习，从中发现不足和优点，进而在接下来的项目管理中，实现能力提升。它是提升执行力非常有效的方法和途径，让我们发现执行中的不足，反思失败的原因，通过对症下药，找到问题的解决办法。

无疑，华为在这方面也有独到而有效的尝试。华为曾总结了一种聪明的方法，叫做里程碑计划。里程碑计划是为了达到特定的里程碑而展开的一系列活动。里程碑计划通过建立里程碑和检验各个里程碑的达到情况，控制授权项目进度并保证预期结果的最终实现。下面，我们以华为公司某项目部的一次接待客户考察项目为例，介绍一下如何采用里程碑计划来控制授权过程。

×国是公司的重要市场，华为公司在 2010 年 9 月 15 日中标一个 50 万线固网项目，项目在 2010 年 10 月份开始实施。在项目实施过程中，客户反馈出现了交货延迟和测试出错的问题。

为了改善客户关系，重建客户信心，华为决定在 2010 年 11 月 2 日前邀请客户公司的总经理到华为公司考察。接下来，有经验的管理者肯定会想到确定这个项目的执行步骤，再将每个步骤工作授权给对应的负责人，这也是使用里程碑计划的第一步。这样就不会盲目执行，从而避免在执行中反复修改的问题，又可以保证里程碑计划的可行性。

在确定步骤时，管理者会找出所有完成该项目所需要的环节。如果一个人想不出来，管理者会组织团队成员进行头脑风暴。接下来，管理者会把想到的、分析的环节全部写在纸上，即便只是一个简单的思路。随后，团队成员会把写在纸上的各环节整理成文字，删减重复的，合并相似的，最后用简洁的词语描述并写下来。

为了推进一个项目的运作，管理者应该缜密地思考其执行过程，才能确保顺利达成目标。当然，所谓里程碑计划，顾名思义就是要对重要的环节进行监督，而不是对项目的每一个环节，否则这样的方法就没有任何意义。华为管理者会将项目环节中资源薄弱、业务不熟练或者可能带来麻烦的步骤作为关键步骤。自然，这些步骤也成为"里程碑计划"的监控对象。

当确定了关键环节后，接下来就是执行时间的分配了，这是非常重要的一步。因为里程碑计划中的每个里程碑要有明确的开始和结束时间，这样才能保证各阶段任务及最终结果要求能够在计划内实现。

由于完成项目的总时间是确定的，因此，管理者应考虑好如何分配各里程碑时间，而不是探讨总时长是否合理。待确定好关键步骤（里程碑）和时间后，即可绘制里程碑计划。华为编制的关于客户考察的里程碑计划如图 4—1 所示。

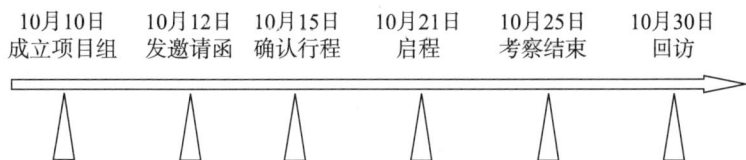

图 4—1　客户考察里程碑计划

最后，华为管理者要根据里程碑计划上的要求，精准控制项目中的关键环节，在适当的工作落实节点做好跟进，这样项目实施结果才会更为可控，风险也会大大降低。

说到这里，我们可以清晰地得出一个结论：关注结果实现，而后再关注过程，寻找最佳实现过程，这才是华为实现科学管理的强大内驱力，也是华为在长足发展中取得成功的本源。

3. 制度规范化

在汉语中"制"有节制、限制的意思，"度"有标准、尺度的意思。这两个字结合起来，表明制度是限制人们行为的标尺。而从企业管理的角度来说，制度可以这样定义：制度是要求企业上下共同遵守的行为规程或准则。从某种程度上来说，它是为组织实现某一特定功能和特定目标而设立的一系列规范体系。

3.1　无规矩不成方圆

我们知道，堵车是每一个大城市发展当中的一个通病——原本一个小时的车程，遇到堵车的时候堵上三四个小时也不足为奇。关于大城市交通治堵的"高招"，专家学者们提了一大堆，但是往往治标不治本。其实，要想彻底治理堵车问题，就必须先弄清楚堵车背后隐藏的根本性问题——交通参与者的规则意识。

我们以德国和中国的交通治理状况两相对比加以说明。德国和中国的交通法规几乎一样，但两国人遵纪守法的意识大相径庭。德国人严格遵守这些规则几乎达到一丝不苟的境地，但是很多中国人却常常肆意破坏规则。

比如，右侧超车。国内交通法并不容许这种做法，但国内右侧超车者比比皆是。这是什么原因导致的呢？因为国内超车道塞满了慢车，所以司机只能选择在右侧超车。

在中国驾车者的意识里，自己开车速度快慢别人是无权干涉的。所以，初学驾车者、拿着手机高谈阔论者在快车道慢慢行驶，而其后面跟着一大串驾车者在心急如焚。而在德国，时速低于120公里的汽车不会轻易上左线；即使在左线行驶的车，一旦发现后方有速度更快的来车时，也会主动让到右侧，避免"慢车霸道"的行为。

一些人或许觉得，遵守秩序和确保效率之间是互相矛盾的——如果遵守秩序、规则，就会导致效率变得缓慢。基于这种想法，他们为了确保自己的速度最大化，就会不惜去破坏他人的操作环境，影响他人的正常执行效率。这种行为的目标是赢得高效，但是它却破坏了秩序的正常管理，因此其本身又会陷入一个更糟糕的局面。很多堵车问题的出现正是源于此。所以说，这些人并未意识到：有序的秩序才是效率的保证。

在路上人们也可能看到这样一种情形：一个正在施工的路段，从两条道路的来车都要驶到同一条路上。于是，两边的车排起长龙，然后有秩序地一边一辆地并入窄路，如同一条慢慢合拢的拉链，车辆通过速度并不慢。

其实，不仅治理交通拥堵可以从建立规则方面着手；对于工作中的效率滞缓问题，我们同样可以从规则的建立上着手。而从本质上说，一个企业建立制度的本质就是建立一种规则。如果在一个企业中，人们没有规则意识，那么势必会出现工作秩序混乱、工作效率低下等一系列问题。但是，如果人们头脑中建立起了一种规则意识，那么这种规则会融入他们的骨子里，进而自然而然地表现出企业期望的行为来。

【辅助阅读】 规则的概念理解

在企业管理中，规则通常是指由代表人统一制定并通过的，由企业里的所有成员一起遵守的条例和章程。企业中的规则通常存在两种形式：明规则和潜规则。

其中，明规则是指已有明文规定的规则，具有一定的局限性，需要不断完善，"制度"就是一种明规则；潜规则是指并未曾明文规定出来的规则，它是约定俗成的，可弥补明规则中的不足之处，通常表现为企业道德文化。

通常，企业会让明规则和潜规则同时发挥作用，而当企业发展到一定程度时，潜规则会转化为明规则，即将口耳相传的、有益的行为要求纳入制度中。

对于"规则"二字，军人出身的任正非理解颇深。作为中国最优秀的企业家之一，他在早期更是接受了军旅生活的洗礼，军事管理思想侵入了其脑海最深处。任正非曾无数次强调规则意识的重要性，并在企业管理中着力强化员工的规则意识。

华为新员工在进入公司之初，都须进行半个月军训，学习华为的企业文化，以这种方式来培养员工的规则意识。华为新员工培训纪律中有一条："皮鞋、西裤、衬衫、领带，一个都不能少！"从进入华为第一天起，每位员工都要接受严格的检查，不合格的必须立即改正，拒绝改正者，很可能被开除。只要是规定，员工必须遵守执行。军训使规则意识渗透到华为员工的内心深处。

在华为有一条特别的规定，所有写软件的员工被统一安排"编程规范"的培训，例如"一二一软件训练营"，将公司所有软件编写所用的语言、模式加以统一，包括文档的格式全部是统一的。这种基础训练使员工能够使用统一的编程语言，减少了沟通障碍导致的时间浪费。

其实，这种基础训练也是在培养员工的规则意识，将军队文化渗透到员工的血液中。这种对规则的尊重和遵从，使得华为人像军人一样去按时、有效地完成任务。这也是华为始终能够保持队形，在国际市场上具有竞争力的重要原因。当然，在中国企业中，像华为这样着力于建立规则意识的企业也不在少数，海尔公司也是如此。

【辅助阅读】 海尔规则意识的建立

　　张瑞敏刚接管海尔的时候，员工完全没有规则意识可言。工人们8点上班，9点就不见踪影了。用一位老员工的话说："10点钟随便往大院丢一个手榴弹也炸不到人。"由于管理混乱，公司生产的产品质量很差，根本就卖不出去，在这种恶性循环下，海尔连工人的工资都发放不出来。

　　不过，等张瑞敏开始接手海尔以后，他用了最简单的办法：制定严格的规章制度，从小事管起，约束每一道工序、每一个环节的工作行为。没用多久，海尔就走上了正轨。

　　事实上，这种显而易见的变化便是规则所发挥的作用。从这个角度说，规则并非人们想象中的"是一种束缚"，恰恰相反，它在许多时候代表着一些新的概念：效率、规范、秩序……正如孟子所说："不以规矩，无以成方圆。"重视规则，确保行为的有序性，这不仅是企业管理的刚性要求，也是所有活动参与者应该共同遵守的原则。

3.2　从制度到文化

　　当一个组织开始打造制度文化后，制度就拥有了自己的生命力，独立于任何成员之外，发挥着独特的影响力。电子数据系统公司是罗斯·佩罗于20世纪60年代初创立的，虽然佩罗已在1987年离开，但这家企业依然生机勃勃，活力不减当年。

　　当一个组织生成制度文化后，它本身便有了价值，而不仅仅是因为产品或服务而具有价值。这时，它不会因为组织目标的变化而消失，而是会对目标加以重新界定。而在这个过程中，制度之于企业的意义在于，它使企业管理中一些难以避免的矛盾从人与人的个体对立，转变为人与制度的对立，从而更好地约束企业上下人员的行为，减少对立或降低对立的尖锐程度，从而逐渐形成有自己特色的制度文化。

【辅助阅读】制度文化的基本特点

　　制度和文化看似两个名词，但却是密切相关的：一个企业的制度精髓可以被转化为文化，而文化中的内涵又以制度的形式呈现出来。这种有机融合最终造就了一个企业的制度文化。概括地说，任何企业的制度文化都具有五大基本特点。

　　①制度文化的内涵包括各种成文的、习惯的行为模式与行为规范。

　　②制度文化凝聚了全体企业人的智慧，并通过持续实践而传承下去。

　　③制度文化的核心是随着企业发展演化而形成的一套系统的价值观。

　　④制度文化作为一种系统或体系具有二重性：一方面，它是企业活动的产物；另一方面，它又必然成为限制不规范活动的因素。

　　⑤制度文化以物质条件为基础，受经济活动制约。因此，在管理实践中逐步形成的制度文化，会因时代、地域等的不同而表现出多样性特征。

　　制度文化的特点表明，制度文化管理是一个不断运动、变化着的过程。

　　需要注意的是，制度文化并不是无条件的、轻易生成的。这也是管理实践中组织制度很多，而有影响的制度文化却不多的原因。事实上，制度文化管理有个前提条件，那就是"得到员工认可"。如何把握这个问题，从本质上来说是一种基本的人性和人情观的问题，因为制度的最终效力在于人的认同，制度文化产生效力的地方不在别处，而在人的心灵。

　　因此，华为着力把握住了文化的"柔"和制度的"刚"两大方面，并从以下四个方面入手实现了两者的结合。

(1) 制度应从根本需求出发。

制度应从组织的根本性需求出发，发挥维护根本性需求的功能。如事关组织生存的问题（包括产品质量、安全、相关方关系等），都必须通过制度的形式加以明确规范。这些制度必须对人有高度的约束和规范，但又对人呈现出充分信任和尊重，而这一切是建立在人的需求的基础上。

(2) 制度应实现利益平衡与制约。

制度作为公正的体现，主要体现为形式公正和内容公正，使制度约束下的参与者的利益得到平衡。每个参与者往往有一定的心理承受限度，而决定这种承受限度的是制度形式和内容的公正性。同时，制度制约下的每一个成员也是监督者，如果制度的内容是不公正的，这个制度自然也无法得到人们的认可。

(3) 制度出台的程序应公正和规范。

制度管理中如果缺少公正的出台程序，那么便极有可能遭遇强权管理的问题。在管理实践中，强权管理如果发展到一定程度时，又往往会产生"指鹿为马"的后果，这恰恰是制度创设程序中要求保障程序公正与规范的重要意义所在。

(4) 制度的执行要严格平等。

制度执行的最好效果就是以无歧视为基本原则，并在此原则下产生一种普遍认同的心理。为此，企业在制定制度时，需要组织高层领导的积极参与和强有力的支持推动，对制度落实情况进行定期的督导和检查，并确保制度在不同层面上得到有效落实。

从制度到文化的演进，从本质上来说是企业文化建设中的重要一环。其间，稳定良好的制度设计本身亦是形成企业文化的基础，而科学严谨的制度贯彻则是企业管理中的科学管理精髓。

3.3　公开公平无歧义

有人说："张瑞敏给海尔画了张图，而任正非则为华为建立了一套制度，这个制度确保华为在未来若干年内能运行在正常的轨道上。"在很多人总结华为管理的成功经验时，将很大比例的原因归结为制度管理，那么华为的制度到底好在哪里，又有什么突出特征呢？

总的来说，华为的制度建设主要是从两大方面入手的，一是制度的"两公"管理（公开公平），二是制度的无歧义，以此来确保员工能理解、认同制度并进行自我约束，保障其顺利达成企业目标。

（1）无歧义。

在很多情况下，企业有制度，员工也在长期的训练下形成了规则意识，但是不同的人对规则的理解不同，这不仅无益于企业管理的规范化、提升员工的工作效率，还会产生诸多不良影响。我们可以用"手表效应"来说明这个道理。

【辅助阅读】手表效应中的管理学

在一片大森林里生活着一群小猴子，它们每天日出觅食，日落休息，日子过得平淡悠闲。一位游客穿越森林时，不小心将手表遗落在一块石头上。猴子吉米捡到了这块手表，并很快学会了使用手表。于是，它成了整个猴群的主要角色，每只猴子都会向它请教时间；再后来，整个猴群的作息时间都由吉米来规定。吉米由此树立起威望，被推选为猴王。

吉米知道，是手表给自己带来了好运。于是，吉米每天花大量时间在森林里寻找更多的手表。后来，它相继得到了第二块、第三块手表。然而，在得到三块手表后，吉米的麻烦反而来了。因为每块手表显示的时间都是不同的，吉米无法确定哪块手表显示的时间是正确的。而群猴也发现，吉米不能回答准确的时间了。慢慢地，吉米的威望大降，猴群的作息时间也变得一塌糊涂。

如果把"手表效应"放到企业里，时间就相当于制度。不同的手表给出不一样的时间，相当于不同的人从不同的角度看待制度。因此，人们对制度的解释也不尽一致。也就是说，当员工对制度和规则的理解存在歧义时，如果不知道怎样做，也不知道应该做到什么程度才算符合要求，就相当于根本没有准则。一旦出现这种情况，就会出现"公说公有理，婆说婆有理"的问题，导致员工或管理者之间产生矛盾，让本来就混乱的现状雪上加霜。

解决这种情况的根本做法是在制定制度时做到具体、细致，毫无歧义，让员工看一眼就知道自己应该怎么做，以及不这么做的后果。这样一来，就不会发生规则无法执行的情形了。

华为集团就制定了非常细致的行为准则。在华为，所有在厂区内的员工，都必须靠右侧通行；离开座位时，必须将椅子推进桌洞里；用餐完毕后，必须主动用抹布把桌面擦干净，并倒掉垃圾；班车司机接员工上班时，必须分秒不差。无论员工违反了上述哪一项，都会被罚款。

所以说，只有细致的制度，才能保证制度没有歧义，而员工也很容易去理解。这样能够保证员工行为标准的一致性。当然，好的规则和员工的规则意识并不是一两天就能形成的，这是一个潜移默化的过程，企业可以学习华为，将员工规则意识的培养落实到日常工作中，这样久而久之，自然会打造一支纪律过硬的员工队伍。

（2）制度内容要公平公正。

在企业管理中，严谨的制度体系的公平公正是每位员工的心理需求，也是企业管理的需要。任正非曾不止一次地强调，华为是一个公平竞争的平台。对此，任正非曾有过精彩的论述："华为要按价值贡献，拉升人才之间的差距，给火车头加满油，让列车跑得更快些及做功更多。在华为，践行价值观一定要有一群带头人。人才不是按管辖面来评价待遇体系，一定要按贡献和责任结果，以及他们在此基础上的奋斗精神。目前人力资源大方向政策已确定，下一步要允许不同场景、不同环境、不同地区的人力资源政策适当差异化。"

在华为，每个员工的机会是均等的，做得好就应该受到表扬，做得不好就要接受惩罚。不偏不倚，一视同仁，每个人都享受着公平公正的竞争气氛，员工个人才能也能得到团队其他成员的认同。

华为在沙特阿拉伯代表处有一个CSO团队，其中有一个专门负责清单配置工作的本地员工，他有个中文名字叫"大巴"（化名）。2009年6月，该团队需要开具一种到货款的票据，可是，大家从来就没有开过这种票据，加上正赶上代表处业务量很大，人力紧张，着实让主任张达（化名）很犯愁。没想到，大巴主动找到了张达，希望能将这项工作承担起来。张达很欣慰，并给大巴说了很多鼓励的话。

大巴很快就忙碌起来，他每天都不断地跟客户、市场、供应链、财经等部门沟通协调，几乎没怎么休息。结果，星期一交给他的任务，他在星期三就完满地完成了，这也大大超出了团队的预期目标。经历了这件事以后，大巴得到代表处的认可，破例任命他为产品经理一职。

做人做事始终都要公平，做到不偏不倚。张达说："对于做得好的员工，他在这个组织里面有不断成长的机会，但是，对于那些不努力的员工，我们只得将他们淘汰出这个团队，即使这样做的时候我们感觉很难受。"

【辅助阅读】柳传志的"制度第一"

联想集团有这样一条制度规定："凡开会迟到者都要罚站。"联想集团董事长柳传志在媒体的一次采访中说："公司规定，如果不请假而迟到就一定要罚站。我也被罚过三次，但这三次都是在无法请假的情况下发生的，比如：有一次被关在了电梯里边。罚站是挺严肃，而且很尴尬的事情，因为这不是随便站着就可以敷衍了事的。在20个人开会的时候，迟到的人进来后会议就要停一下，静默看他站一分钟，有点像默哀，真是挺难受的一件事，尤其是在大的会场，会采用通报的方式。第一个罚站的是我的一个老领导，他罚站的时候，站了一身汗，我坐了一身汗。后来我跟他说：'今天晚上我到你们家去，给你站一分钟。'不好做，但是也就这么硬做下来了。"

柳传志的那位老领导对联想集团的贡献是很大的，对柳传志本人的帮助也非常多，但他的行为违反了联想的制度规定，他便如其他人一样接受处罚，这就是联想集团严格实行制度化管理、追求公平公正的表现。

事实证明，公平公正的做事原则是一个员工最基本的心理需求，也是一个企业得以持续发展的原动力。

任正非认为，华为人无论职位高低，在人格上都是平等的，每个人都要得到平等的发展机会。因此，华为一直都提倡"公平竞争，不唯学历，注重实际才干"的方针，致力于创造出公平竞争的平台。也正是如此，华为人才会紧紧地黏合在一起，始终保持一种旺盛的战斗力。

3.4　鲜明的制度观

作为企业管理的参照标准，任何企业的管理制度的存在，都具有极为重要的意义。当制度被设计完毕后，人们会更多地考虑制度的贯彻、落实问题，甚至一些企业管理者会完全依赖制度去管理企业。因为完善的制度确实帮助企业管理者减轻了管理的负担——管理者似乎只要按照制度的要求去要求员工和自身，去管控现状，去对违背要求的行为加以惩治即可。

现实情况是这样的吗？不，这仅仅是浮于表面的、浅薄的制度管理模式。优秀的制度管理应携带一种属于企业的独特观念，而制度本身不过是这种管理观念得以落实的介质罢了。我们来看华为在对待制度时是抱持着怎样的态度。

观点1：制度不是为了压榨

近年来，华为员工猝死新闻偶现报端，一些人曾将出现此类事件的根源归结为制度问题。他们认为，华为的制度设计是为了以光明正大的理由去压榨员工劳动力。这一观点一经发出，附和者众。

然而，对一个发展至如今规模的一个大型企业而言，其制度设计的更大追求是保障企业运作的正常进行，这是企业存活下去的根本。对于一个智慧超出一般人的知识群体来说，用制度来压榨员工，更是不可取的，因为那会导致大量的人员流失，而对致力于留住行业精英人才的华为来说，这恰恰是要竭力避免的一点。

所以，华为坚持着自己的观点：管理制度的存在是为了维护体制运行，是为了进一步推进企业发展。而为了维护和验证这一点，华为鼓励全员参与到制度管理和制度建设中，矢志于建立一套更易于被接受的管理制度。

观点2：管理制度改革，人人获益

2014年9月23日，任正非在华为公司内部激励导向和激励原则汇报会上发表讲话。他表示，华为管理制度改革要关注到企业的每个角落，特别是在绩效管理制度方面，一定要让人人都能分享到企业成长的收益。

任正非在讲话中指出，华为薪酬激励的对标分析要提高合理性，要管理好拉车人和坐车人的分配比例，让拉车人比坐车人拿得多，拉车人在拉车时比不拉车的时候要拿得多。他同时强调，华为不仅要注意高管员工的收入，基层员工的收入也要得到重视，让人人都能分享到公司成长的收益。

任正非说，在企业市场的某些方面，华为还没有获得战略地位，而要把握住这些机会，仅靠提高员工奖金没有用，最重要的是要建立起系统思维结构。"我们公司为什么缺少系统性思维？因为是从小的游击战打过来的，提拔的都是务实的人，没有对务虚的人给予肯定。"为此，他建议，华为在管理制度方面要慢慢转变，以契合企业的时代发展。

观点3：不囿于一隅，及时更新

一些企业在发展到一定阶段后，其内部便会暴露出各种各样的问题。有时候，这是因为它们在按固定的管理制度行事，在新问题出现时无法用旧有管理制度予以解决，因此企业陷入一筹莫展的困境，甚至偏离航道。

华为虽然设立了一套系统的管理制度，但其在处理问题时却不会过度僵化地受条条框框的束缚，因而其管理作战更显灵活。在这方面，华为的主导思路是：不囿于一隅，及时更新。这也恰恰是华为的高明之处。企业在运行过程中一旦出现偏差或背离，任正非便会及时予以纠正；如果预测到未来可能存在制度落后于市场的情况，任正非则会要求管理者们对管理制度进行优化和完善，并让新的管理制度在实践和员工认知中不断更新。

在任何企业中，管理者对待制度的态度都会直接影响制度发挥的作用，影响企业管理的方向和能效问题。而且，任何制度在企业中的适用性也都是有一定时间限制的。因而，不仅在制度初建时，而且在企业管理发展到一定阶段时，企业管理者都极有必要考虑制度本身的适应性，从而保障制度为管理提供足够的助力。从华为的管理实践来看，这一点无疑是非常成功的。

4. 人才管理

任正非指出："技术是企业的财富，市场资源是企业的财富……而人才是企业的最大财富。"因此，如何让优秀的人才进入企业，让贤能之人被安置在适宜的岗位上，为其提供足够的发展和成长机会，并对每个人的心态予以关照，使之阳光灿烂地面对工作、打造事业，这是每个成功企业在人才管理方面必须考虑的问题。

4.1　得人才者得天下

在如今的企业发展中，高层次人才逐渐成为企业最为稀缺、最为关键的资源。全球范围内针对人才的激烈争夺已经全面铺展开来，美国麦肯锡公司甚至将这种情况称为"人才大战"。正所谓"得人才者得天下"，只有拥有优秀人才的企业，才可能在竞争激烈的市场上获得立足之地。

在这场人才争夺战中，华为在中国民营企业中可谓"个中翘楚"。1998年，华为从全国一次性招聘800余名应届毕业生，这是华为大规模招聘毕业生的第一次行动。2001年，华为到全国著名高校招聘最优秀学生，并声称："工科硕士研究生全要，本科的前十名也全要。"在这一次人才招聘中，华为一共招聘了5 000多名新员工。而且，华为借助这次全国最大规模的招聘活动而闻名退迩。

另外，华为还与部分国内著名高校建立了定向培训关系——由这些院校负责对学生进行专业知识和技能的培训，华为负责为院校提供一定的经济资助和企业文化培训，而学生毕业后则直接到华为就业。同时，华为在这些名牌大学里设有专门的"三金"——奖学金（奖励学业优秀的学生）、奖教金（奖励教学有突出贡献的教师）、贷学金（帮助那些经济困难的学生），作为对定向培训的激励。

不过，华为这一系列举措，一度被同行批评为"垄断人才"。他们表示，华为发展速度再快，但是它在两年内招聘近万名毕业生也是用不完的，而这种"囤积"重点高校的优秀毕业生的策略，完全是一种人才浪费。而另一方面，这种人才管理策略也在一定程度上造成了华为非直接生产性成本居高不下的问题。因为，当时刚进华为的本科毕业生月薪水平为5 000元左右，研究生月薪水平在6 000元以上。即使按照5 000位员工来估算，每月仅人才的工资支出便已经高达2 500万元。这个数字在企业销售额飞速增长的时候，可能尚且显示不出其负面影响，但公司的发展速度一旦变缓，负面影响之大便会即刻凸显出来。

然而，对于同行的"浪费"一说，任正非却不以为然。他带着一点骄傲地说道："社会上，包括一些世界著名公司，说华为的浪费太大，但我们认为正是浪费造就了华为。当然，我们不能再犯同样的错误，再浪费下去。"

事实上，华为这种所谓的浪费行为亦是有道理的。华为通过这种先入为主的方式，使众多在校学生对华为产生了极为强烈的归属感，并潜移默化地对华为的企业文化理念生出强烈的认同感，这帮助华为轻松而迅速地培养出了一大批忠实于华为、认同华为价值观的员工。目前，华为公司的核心管理层、科研骨干，多数是华为与对口高校培养出来的，在华为总人数中约占到70%。

【辅助阅读】人才管理的概念

20世纪90年代，"人才管理（Talent Management）"这一概念出现了。许多企业极力招募、发展和保留人才，通过人才来驱动公司的业绩。美国学者雅克·菲兹－恩兹认为，人才管理囊括了六项人力资源服务：聘用与安置、领导力发展、继任、绩效管理、培训和教育、保留。

4.2 选贤任能

当华为将越来越多的人召集到企业中来之后，其下一步要做的就是选择贤能之士——选拔有能力、有贡献的人，并把工作交给他们，进而使得企业持续保持高绩效。为此，华为对所有管理者提出了要求，要关注和重用那些贤能的人。

任人唯贤是华为一贯的干部选拔原则，任正非认为贤能的人是华为宝贵的干部资源，公司要注重对这些人的培养和提拔，使他们成为华为事业的中坚力量，这也意味着他们能够带来高的绩效。因此，任人唯贤被视为华为的干部选择原则。

任正非这样说道："十几万员工啊，绝大多数都是高端知识分子，相当多都是世界级的知识分子，这样的人能那么团结，说明了我们有一种文化，这种文化的基础就是任人唯贤，而不是任人唯亲……华为一贯的文化就不是走家族发展的文化。我们不是搞房地产的，我们是搞科技的，科学技术不是存在我一个人的脑袋里，是在所有人的脑袋里，大家不去努力，怎么会有今天……我们设计这种结构就确立了任人唯贤的路线，现在我们越走越清晰，怎么还会倒回去搞任人唯亲？这是不可能的事情。"任正非在接班人问题上的表态，已经说明华为任人唯贤的决心，就是要让那些有能力、有贡献的人处在重要的位置上。

任正非意识到，干部选拔制度如果不能体现任人唯贤的原则，那么华为内部有能力的员工将永远没有机会为公司作出贡献，这样的华为是不能长久的。因此，华为始终坚持任人唯贤的干部选拔制度。华为市场部几次轰轰烈烈的大辞职事件就是任人唯贤的体现，贤能的人选上来，不胜任的选下去，不论资排辈。

华为任人唯贤的企业文化深入人心。任正非甚至在 2008 年华为内刊《华为人》中特意发布自律誓言："承诺在任期间，绝不允许亲属与公司发生任何形式的关联交易，绝不在公司的重大决策中掺杂自私的动机。"

成功的企业就要选拔贤能的人做干部，否则一定会错失很多优秀的人才。在人才录用上应该是，有德有才，破格重用；有德无才，培养使用；有才无德，限制录用；无德无才，坚决不用。

（1）举贤不避亲。

在中国民营企业中，采用家族式管理无疑会增加企业的稳定性，但家族式管理的先天不足也使得许多企业家急于回避。比如，万科集团的王石曾说："在中国企业中如果要形成一种公平竞争的机制，举贤一定要避亲。"而在蒙牛公司成立之初，牛根生与众人约定"直系亲属不得进公司，不能'塞人'"，因为将自己的孩子或亲人放在企业中，将难以考核其是否"贤"。

然而，任正非与他们的观点截然不同，他的主张是"举贤不避亲"。不过，他为这个"亲"赋予了一个特别的内涵——"亲"是所有认同华为企业文化的人士，甚至是能够被塑造为认同华为企业文化的人士。

同时，任正非还为这些被举荐的人才设定了考核要求。在华为，每个人都有责任向企业推荐人才，但不建议中层以上干部推荐本科以下学历的人员。如果推荐这样的人员，那么推荐人必须积极承担连带责任。而另一方面，对被推荐来的低学历人员，华为将给予最低报酬水平，且需要待试用期3个月后经团队讨论通过，方可留用。此后，华为每年至少为之安排一次考核，如果其成长性不足，将立即被辞退。这样一来，华为在人才引进方面便可以在最大程度上选择有能力的人才，但又能够保证其能力的持续成长与企业发展的契合。

（2）虚心接受比自己高明的人。

虚心接受比自己高明的人是选拔干部的前提，如果管理人员对有才华的人故意视而不见，选出的干部如何服众？管理者应能够虚心承认比自己强的下属，以公司的发展进步和利益最大化目标作为用人的准则，不要因为个人的成见而影响人员的正确配置。华为非常重视这一点。

李玉琢是华为历史上第一位外聘副总裁，得到了任正非和华为上下充分的重视与爱戴。众所周知，新人到华为都要从基层做起，但李玉琢在华为车间仅仅实习了不到三个月，便被任正非调任为莫贝克公司总裁，而莫贝克公司正是后来为华为创造了60亿元人民币"过冬"资产的安圣电气公司。在华为工作的几年中，李玉琢的工作能力和人品更是得到了任正非的高度肯定和尊重。据李玉琢回忆，几乎他的任何想法或建议都会得到任正非批准，即便两人存在意见冲突，任正非也会在事后进行反思，肯定李玉琢的正确主张。后来，李玉琢由于身体原因表示要离开华为时，任正非因为爱才三次拒绝李玉琢的辞职申请。再后来，李玉琢真的离开了华为。但任正非却先后派副总裁郑宝用、郭为，甚至董事长孙亚芳等人，前后六次邀请李玉琢重返华为。

华为对人才的重视度由此可见一斑，而华为对人才能力的尊重亦让人敬仰。实际上，不仅仅是在华为，同为本土一流企业的海尔公司也非常尊重员工的能力，而且，还极为鼓励员工说出自己的建议和想法。

【辅助阅读】海尔车间的员工嘉奖模式

在海尔的车间里，有一块十分醒目的"小改小革小发明"的看板，上面展示的是企业基层员工在工作岗位的各种小发明、小创造，而且公司会以员工的名字给它们命名，以激发员工的工作积极性。

海尔的车间曾经从日本引进了一套工作台设备，可是每次工作后，都会产生很多的废料，既不便于打扫也影响车间的整体环境。卫晓（化名）作为一名普通员工，心想"这样下去也不是办法"，于是开始研究如何解决这个问题。后来他想到了一个绝妙的办法：在工作台下面设计一个废料的收集箱，只要废料一离开工作台，就会掉进设计好的收集箱里面。最后，这个小发明得到了领导的嘉奖，而且是以这位员工的名字作为该收集箱的名字。这种嘉奖模式使卫晓的荣誉心得到极大的满足，同时也大大激发了其他员工在工作中的创造积极性。

企业中的每个人都具备创造性的头脑或者比管理者优秀的技能，只是他们没有展示自己的舞台。而海尔和华为在这方面的管理方法是一致的：就是虚心接受这些人才。

（3）让最有责任心的人担任最重要职务。

在管理实践中，华为会依据客观公正的工作考评结果，让最有责任心的人员来担负重要的责任。但是，华为并不会受制于资历与级别，而是依据甄别程序，来对有突出才干和突出贡献者进行破格晋升。这意味着华为的每个员工都可以通过努力工作以及工作经验，而获得职务或任职资格的晋升，这是华为任人唯贤的管理理念在制度上的体现。

任正非指出："公司很重视优秀员工的晋升和提拔，我们区别干部有两种原则，一是社会责任（狭义），二是个人成就感。社会责任不是指以天下为己任，不是指先天下之忧而忧、后天下之乐而乐这种社会责任，我们说的社会责任是在企业内部，优秀的员工对组织目标的强烈责任心和使命感，大于个人成就感。以完成目标为中心，为完成目标提供了大量服务，这种服务就是狭义的社会责任。有些干部看起来自己好像没有什么成就，但他负责的目标实现得很好，他实质上就起到了领袖的作用。范仲淹说的那种广义的社会责任体现出的是政治家才能，我们这种狭义的社会责任体现出的是企业管理者才能。我们还有些个人成就欲特强的人，我们也不打击他，而是肯定他，支持他，信任他，把他培养成英雄模范。但不能让他当领袖，除非他能慢慢改变过来，否则永远只能从事具体工作。这些人没有经过社会责任感的改造，进入高层，容易引致不团结，甚至分裂。但基层没有英雄就没有活力，就没有希望。"

也就是说，华为和任正非把社会责任和个人成就都设定为选拔人才的基础。任正非要求管理者帮助部下去做"英雄"，从而为实现公司的目标提供良好服务。其出发点在于，让最有责任心的人担任最重要职务。

总体上说，华为在人才的引进和任用上，其态度是非常宽容的。在华为，管理者们虚心地接受着比自己高明的人，大胆地肯定员工的能力和成绩。同时，华为还为他们提供了更利于其发展的平台和机会，比如华为在全球 140 个国家有代表处，如果谁对某个领域的工作有了新思路，就可以申请去那里进行调研、学习和尝试。这样的人才管理氛围和人才发展平台，帮助华为聚拢了极多的人才，并帮助华为公司仅用短短的 20 多年便位列世界 500 强企业行列。根据《财富》杂志发布的 2015 年版世界 500 强排名，华为位列第 228 位，是国内唯一入选的通信设备商。

4.3　帮助人才成长

人才之所以被称为人才是因为其才能契合当下需求，但是这并不意味他们的才学长期契合当下需求和未来需求。为什么华为要不断选派骨干去进修？其背后的管理思路就是：帮助人们实现能力提升，这直接关系到个体和华为公司的绩效问题。

（1）目的1：让人才成长。

20世纪90年代末，华为进入新的高速发展期，很多没有管理经验的人被推上管理岗位，这对公司的业务带来一定影响。为此，任正非要求人力资源部门加大培养骨干人员力度，作为后备干部。任正非在1998年描述道："经历了10年的创业，高中级干部总的来说是好的，具有高度的责任心与事业心，也勇于自我批评，自我约束。由于历史的原因，把你们推到了领导岗位，并不意味着具备了必需的才干。但你们对公司的忠诚，对工作的敬业，都是你们提高技能后继续担负领导工作的重要基础，公司信任你们，你们必须努力学习。公司迅猛发展，你们在管理技能上已出现差距，要下决心努力学习赶上来。"

任正非认为，华为在发展过程中，有很多不合适的人被推上了干部的岗位，这些人缺乏时间检验，造成难以胜任工作的局面。为了弥补重要管理岗位的空缺，华为需要选派骨干进修，形成企业的核心力量。因此，选派骨干进修成为华为公司人力资源管理变革的一项重要内容。

此外，华为力图通过选派骨干进修，提高骨干各方面的能力，以应对不断变化的市场以及技术。任正非以及华为非常重视骨干的学习，这从任正非与员工的对话中可以看出：

员工：当公司的一个产品进入了后期，由于市场原因，这个产品的维护可能会长期存在。我就是这样一个产品的技术骨干，部门要给我一个维护专家的称号。作为这样一个专家未来的发展方向在哪里？

任总：作为一个维修专家，你很光荣，专家专家，就是懂一两点是专家，懂得很多就不叫专家了。维修专家是产品生命周期中的一种现象，在这个过程中总会出现一些维修专家。维修专家的前途往哪里去？有两个前途，一个就是继续做这个维修专家，帮我们守住这个阵地，守到 20 年。占住这个位置，全中国就我一号种子，这是我的拿手活了。或者你守不了 20 年，只能守 1 年 2 年，那你就培养一个接班人，如果你的接班人能够接过你原来维修专家的班，你就可以努力学新技术、新产品，那你就可以走入新的产品领域成为新的专家，新的领域很广阔，随你怎么跃。第二个方面，觉得我守着这个产品时，个人技术水平在慢慢退化，不可能在新的技术上赶上新的成员，可以横向学习管理，逐步走上管理岗位。管理岗位主要是要懂管理，并不要求技术精通到专家水平。

专家有大有小，小的也是专家。因此这么看问题，你的出路是有的，你要努力学习，对自己的人生要规划好。

任正非希望骨干能够尽职尽责的同时，也提出骨干应横向学习，以提高自身素养，适应公司的发展。

（2）目的 2：让企业竞争力提升。

选派骨干进修非常有利于打造核心竞争力。任正非认为，华为与西方企业相比，从来就没有优势，过去没有，现在也没有，西方企业已经走在中国企业前面几十年。因此，他号召华为人向西方国家学习，同时选派骨干人员到各地进修。

1996 年，华为派出一批骨干参观美国拉斯维加斯展出的 IT 界最大的展览会——Comdex 展览会。在这一批骨干中，有队长陈会荣，成员郑树生、周代琪等。其中，陈会荣和姜明武都是华为 C&C08 的硬件开发骨干，郑树生则是浙江大学的博士，刚到华为时和杨汉超一起开发 7 号信令。

拉斯维加斯的这次展览会规模很大，前去参观的华为人用了整整两天的时间来参观所有展位。这次展览会的参观，极大扩宽了他们的视野——他们第一次看到以太网交换机的产品。他们还参加微软的 Window 95 发布会，而演示操作系统的人正是比尔·盖茨。

海外进修给了华为人很好的学习机会，让他们回到华为以后可以大展身手。后来，参加这次展览会的骨干都成为了华为的核心。如今，陈会荣成为华为高级副总裁；郑树生曾任华为常务副总裁，后任 H3C 总裁兼首席运营官；周代琪已是华为公司党委书记。

为了能够让更多的华为骨干有进修的机会，华为早在 1993 年就在美国硅谷成立了兰博公司。长期以来，华为都会定期派一些骨干人员到这里"进修"。任正非说："我们以后要定期派中研部的总监到美国去。在那里也没有什么具体的任务，就是交一些朋友，开阔一下眼界。"

进修不仅可以成为开发人员开阔视野的途径，甚至华为还将其作为选拔干部的主要参考标准。任正非在《谈学习》一文中直言不讳地指出："员工有不学习的权利，公司也有在选拔干部时不录用的权力。"这句话告诫着华为的人，无论一个人的职位多高、资历多深，他都不能借着过去的功劳一劳永逸，如果他不学习、不进步，那就意味着两个字：下岗。可以说，选派骨干进修在华为是一种被上下重视的正向的人才管理模式。

【辅助阅读】三星公司的人才培养模式

三星有两种非常特别的人才培养模式，一是脱产培训，二是旅游式培训。

其中，脱产培训主要是为了培养创造型人才。三星每年投资 1 亿美元用于员工脱产学习。在三星自己的学校里，三星的每个人获得年均约 16 天的培训，接受的课程包括"谈判能力"等。

而旅游式培训则为三星造就了很多国际型人才。每年，三星会安排 400 名服务多年的、有才华的、级别不高的员工，要求其自己选择国家去旅行。期间，他们并无特殊任务，主要是学习当地语言，接受当地文化的熏陶，最终成为该地区的专家。三星的一位人事经理曾说："我们不指望立即有效果，但三星将逐渐地拥有具有世界眼光的一流经理。"

4.4　人才心态关照

在人才管理过程中，单纯地强化人才的技术能力和业绩水平，这是远远不够的；还有一个值得关注的点，就是人们的心态。一个人的心态直接影响着他对工作、对事业、对事物处理的态度和结果。在人才管理过程中，如何让人才以积极心态为主导，让消极心态通过无损害的方式疏通掉，这是管理者进行人员心态关照的核心。下面，我们来看华为是如何应对常见的负面心态的。

（1）面对攀比心。

在现实生活中有很多人抱怨生活，而攀比心则是"罪魁祸首"，华为人也不例外。任正非曾这样描述道："一部分员工，不知道是自己的祖坟埋得好，还是碰到了什么神仙，突然富有后，就不知所措了。有些人表现得奢侈、张狂，在小区级社会上表现得咄咄逼人，自己的家人也趾高气扬……"

【辅助阅读】关于攀比的心理学解读

攀比心在心理学上被界定为：个体发现自身与参照个体之间存在偏差时产生的负面情绪。而由攀比心诱发的行为又可以被分为正性攀比和负性攀比。

其中，正性攀比是指正向的比较，它能够激发人们积极的竞争欲望；而负性攀比是指那些消极的比较，会使人们产生巨大的精神压力和极端的自我肯定或者否定。后者的最大问题在于人们缺少对自身和外部的理性分析，一味地沉溺于攀比中无法自拔，是一种非常不利的状态。管理者需要关照的是负性攀比问题。

对于员工出现的攀比心的问题，任正非认真地分析并找出了问题的原因。他说，这些员工之所以会出现暴发户心态，稍微有点钱就开始挥霍，就在于这

部分人的攀比心理，总喜欢向上流社会看齐，而不是满足于当下。

任正非认为，在经济全球化的形势下，尤其是 IT 产业竞争空前惨烈，每天都会有数不清的公司破产，因此，每个人都面临着巨大的压力。在大环境面前，华为人的攀比心态势必会影响到自己的工作心态，让工作态度失衡。久而久之，就会被压得喘不过气来，而一旦心理承受能力不强的话，抑郁症就会悄然上身。

因此，任正非希望华为的领导干部可以正确引导员工心态。任正非说："员工不能成为守财奴，丰厚的薪酬是为了通过优裕、高雅的生活，激发人们更加努力地去工作、有效地奋斗，不是使我们的精神自闭、自锁。"同时，任正非也提醒年轻的华为人："人与人之间是有差距的，每个人都要承认差距的存在；一个人对自己所处的环境要有满足感，不要盲目地攀比。你们对自己付出的努力没有一种满足感，就会不断地折磨自己并痛苦着，真是身在福中不知福。这不是宿命，宿命是人知道差距后，而不努力去改变。"

在任正非看来，"满足当下，不攀比"才能让自己身心愉悦，才能时刻让自己保持乐观的精神，每天快乐地工作。任正非曾多次到以色列参观考察，他被犹太人能够在沙漠上建国的精神折服。回国后，他感慨道："以色列这个国家是我们学习的榜样，它说它沙漠都没有，只有一个脑袋。一个离散了 20 个世纪的犹太民族，在重返家园后，他们在资源严重贫乏，严重缺水的荒漠上创造了令人难以相信的奇迹。他们的资源就是有聪明的脑袋，他们是靠精神和文化的力量，创造了世界奇迹。"我们都知道，犹太人在过去的很多年时间里生活在水深火热之中，他们甚至一度遭到迫害，可是他们依然顽强地生存了下来，并创造了很多世界奇迹。在任正非看来，这与犹太人的乐观精神是分不开的。

当华为公司的一些新员工抱怨自己得到的报酬太少时，任正非希望他们理性认识差距，对自己所处的环境要有满足感，不要攀比。任正非希望华为人也能够靠精神和文化的力量，创造华为人自己的奇迹。在华为内部讲话中，任正非说道："公司有的员工，心里面常常愤愤不平，觉得委屈他啦！其实我们公司很简单，并不像他们说的那样不公平。一个新员工进入这个公司，他们前半年先培训，后面一年左右主要是熟悉工作，他们真正产生贡献是在两年后，他们进公司时大约五六千块钱，这样的报酬在社会上已经不低了。但是他们和老员工对比，觉得愤愤不平，说老员工有股票。大家想一想，红军爬雪山过草地，历经十四年到达北京，许多人从一个少年变成一个青年。到北京后，只有其中很少一部分人当了官。这个差异是客观存在的。战火纷飞的时候，别人攻上山头，给他一个英雄或者给他一个连长，然后也有人愤愤不平：'我不就是没冲上这个山头吗？'那不就是你没有过雪山草地，不就是你没有冲上山头吗？就是说，在创业风险时期，你没有出现，当时公司处在风险时期，他们将工资奖金全部家当都投入到公司了。你那时还没有进入这个公司，所以你没有分享到那时的一份风险与一份幸福。"

员工的攀比心态很容易在自己得到的利益低于别人时产生消极心理，如果不能够得到正确的引导，就会影响到个人的健康，破坏团队团结。因此，任正非才会迫切地希望华为人能够正确认识到待遇上的差距，要将攀比建立在科学的业务竞争上，这样才是正确的选择。

（2）直面抑郁症。

华为被称为"中国最累的企业"，不管事实真假，华为公司一路走来，的确让华为人付出了代价。一直以来，华为人承受着高于其他企业数倍的压力，特别是在开拓海外市场的过程中，他们简直就是"在夹缝中生存"，这是外人无法体会的辛酸，也是无法感受到的压力。于是，有关华为员工轻生的消息便不断出现。

2006 年，在海外工作多年的某华为员工回国后，因为不堪忍受女友背叛的现实，从自家的阳台上纵身一跃，结束了自己年轻的生命。

2007 年，华为成都研究所一名员工因为遇到了一点挫折，选择了跳楼自杀。同一年，在深圳的一个小区楼道里，年仅26岁的华为员工张某，因为不堪忍受繁重的工作压力，最后选择了自缢身亡。时隔不到一个月，华为长春办事处的一名员工，在与其主管在电话里激烈地争吵过后，扔下手机，从7楼跳了下去。

这些华为人已经有了很高的收入，也有很好的发展前景，可是因为工作中或生活中的一点小小的挫折，他们就对生活失去了信心，并结束了年轻的生命。显然，这些人不够坚强。任正非认为，抑郁问题事实上折射出了华为人的严重心理问题。

【辅助阅读】关于抑郁症的心理学解读

抑郁症是躁狂抑郁症的一种发作形式，其典型特征是情感低落、思维迟缓、言语动作减少及迟缓。抑郁症严重困扰着人们的工作和生活，给家庭、企业和社会带来了沉重的负担，约15%的抑郁症患者死于自杀。世界卫生组织、世界银行和哈佛大学的一项联合研究表明，抑郁症已经继非传染性慢性病之后，成为中国疾病负担的第二大病症。

当任正非听到越来越多关于华为员工因抑郁症而自杀的消息后，心情十分沉重。此后，任正非说了这样一番话来鼓励华为人要珍惜生命，"不以物喜，不以己悲，唯有奋斗才会有益于社会"，任何时候都不要失去生活的信心。

"混沌中充满了希望，希望又从现实走向了新的混沌。人类的历史是必然王国向自由王国发展的历史。在自由王国里，又会在更新台阶上处于必然王国。因此，人类永远充满了希望，再过5 000年还会有发明创造，对于有志者来说，永远都有机会。任何时间晚了的悲叹，都是无为者的自我解嘲。"这是任正非说过的话，字里行间都流露了任正非的豁达心胸。华为一路的艰辛并没有让任正非失去信心，反而锻造了他强烈的危机意识和坚定的意志，更为重要的是乐观、自信的生活态度。

英国心理医生特罗茜·罗尔说："抑郁症是我们为自己构筑的心灵牢狱，而正因为是我们自己构筑的，所以我就有能力用自己的双手打开枷锁，将自己释放出来。"这意味着，真正要走出抑郁困境必须依靠自己。

因此，任正非的两句话是值得人们去铭记的，那就是："不管遭遇到什么，其实我们拥有的，永远比失去的多。要以积极乐观的人生态度面对危机和挑战，懂得欣赏生命中平凡的美丽与快乐，懂得学会庆祝和鼓励。"企业中的每个人都应有这样的认知，而管理者不仅要有这样的认知，更需要在工作中关注员工的心理现状，帮助他们保持良好的、端正的心态。

5. 牵引机制

牵引机制是指促动企业人朝某个目标作出努力的管理模式。相对于个体而言，牵引机制以一种外部力量切入管理行为中，起到促动作用。通常，牵引机制可能呈现为一个企业的绩效管理机制、薪酬利益分享机制以及企业文化管理机制等。

5.1　牵引与压力差

在任何企业中，牵引机制的根本都是来自压力差的设置。也就是说，没有压力差或压力欠佳的时候，牵引机制是难以发挥力量的。企业必须设定合理的压力差来实现科学而有效的牵引。

以督促员工学习为例，企业应采用什么样的压力差，来设置牵引机制呢？华为是这样做的：华为的软件工程师从 1 级开始，一直做到 9 级。9 级相当于副总裁的级别，享受同一级别待遇。而新员工进入企业之后，如果希望自己能够向更高级别发展，那么他可以通过华为的内部制度加以了解——华为制度上会清楚地说明各级标准，比如 1 级标准是达到能写多少行代码，曾经做过何种类型的产品等，对这些事项都有着明确且量化的界定。员工可以根据这些标准来自检，然后通过学习平台去学习或在工作中有意识地积累。通过一段时间的实践、学习，员工达到了 1 级标准后，接下来即可朝向 2 级标准努力。在管理学中，这种方法被称为"任职资格管理"。

再以引导员工努力工作为例。一些小型企业非常关心业务开展，认为只要做好业务即可，却忽略了压力差的构建，为了照顾所谓的"兄弟义气"而在绩效管理时采取"大锅饭"的形式。表面上看，这似乎很公平，但实际上却伤害了那些真正努力工作的员工，这反而造成了最大的不公平。

华为是如何做的呢？华为曾设计了一种压力差较大的绩效机制。比如，华为绩效为 A 级的员工奖金是绩效为 B 级的 2.5 倍，绩效为 B + 级的员工奖金是绩效为 B 级的 2 倍。不同级别的绩效与奖金对比是非常明显的，绩效好的员工的年薪相当于绩效一般的员工的年薪的 2 倍。事实上，这种薪酬差距造成的压力差，促使华为员工为做好工作付出了超出想象的努力。

从督促员工或引导员工的管理行为属性来看，这些管理模式和管理行为都可以界定为：一种实现员工进步的牵引机制。从这种牵引实践效果来说，企业非常有必要通过设置合理的压力差，来激活组织、打破大锅饭的死水、解放企业生产力，实际上这也是中国企业管理制度的一个巨大进步。当然，肆意打破大锅饭模式，也可能造成"部门墙"的问题，这就有赖于文化的切入和牵引了，关于这些内容我们将在后文中介绍。

任正非曾说过类似的话，他在华为这么多年所做的两件事就是分活儿和分钱，这两件事做好了，组织就活了。杰克·韦尔奇也说过："我的工作就是将最好的人才放在最大的机会中，同时将金钱分配在最适当的位子上，就是这样而已。"这种基于任职和考核的分钱过程，其实质便是一个构建压力差的过程，一个实现有力的组织牵引的过程。

【辅助阅读】海尔的订单牵引机制

不同的企业，其所采用的牵引机制都是有差异的。在具体介绍华为牵引机制之前，我们先来简单介绍一下海尔的牵引机制——订单牵引机制。

我们知道，在计划推动机制下，企业在原材料采购、配送、生产、配货等过程中，都是按企业预先制订的计划来进行的。由于企业无法确定产品的最终客户，因而不可避免地出现产品大量囤积的问题，仓储费用因而居高不下。

为了解决这个问题，海尔对企业的物流系统进行重大的改进，设定了JIT模式——采购、送料、配货皆采用适当的方式，使客户的交货日期得到最大程度的满足。这一管理变化，使得海尔的采购周期从10天降到3天，再加上成品配送时间，完成客户订单的总时间仅需7天；而所有供应商都可以实现网上接受订货，并查询计划与库存，及时补货；待货物入库后，立体库亦可利用信息系统来实施配料行为，并在4小时内送料到工位。这种快捷反应的行为，其背后的支持力量便是订单牵引机制。

5.2　绩效牵引

绩效牵引是指通过绩效的价值取向来影响被牵引对象行为方式的一个过程。在不同的组织中，绩效牵引对人们行为的影响将通过价值取向来加以确定。我们可以通过不同的例子来了解绩效牵引对绩效以至达成目标的影响。

在一些体育比赛中，我们常常喊出"友谊第一，比赛第二"的口号，但是暗含其中的牵引策略却是"以比赛的最终胜负结果为导向"的。如果以"友谊第一"为最终策略导向，那么一旦比赛失利，他们可能一并失去比赛资格，更遑论实现比赛中的友谊第一了。因此，比赛的输赢是参与比赛的必须要件。换句话说，游戏规则是以胜负为牵引策略的。

从企业参与市场竞争来看，企业经营成功往往需要在实现多个目标之后。而从长期来看，其财务目标又将成为指导企业的牵引点，企业因策略性竞争需要，可能在短期内不易实现赢利，但不可能长期不赢利。如果是这样，那么它们将会丧失参与市场游戏的资格。就拿上市公司来说，如果它们未能在两年内实现赢利将会被特别处理，如再不赢利，则可能出局。因此，公司经营的绩效牵引策略最终是利润。

当然，我们需要明确的是，绩效牵引策略的实施不是目的，而是实现目的的手段。在华为，绩效牵引更是一个极为被看重的牵引模式。有人说："华为的绩效管理是很残酷的。A 和 B + 看起来只差一个档次，但奖金却可能是一辆车的差距。"正是基于这个原因，在华为绝对没有"大锅饭"，绩效档次之间的距离分明。正如北京研究所人力资源部招聘总监钮嘉说的那样："公司就是要识别出最优秀的人，给他最多的资源、发展机会、薪酬、股票，以此牵引员工不停地向上奋斗。"下面，我们来看华为是如何实现这种绩效管理的牵引的。

实践 1：全程考核管理 华为绩效考核遵循实用主义原则，从绩效评价体系到绩效考核过程，再到考核结果的应用都是围绕成果（价值）展开的，这也是华为绩效管理看似与普通绩效管理无异，实则大放异彩的原因所在。以考核过程为例，华为的考核贯彻于整个过程。具体地说，在事前，需要向每个价值创造者提出价值创造的期望，例如向管理者提出目标要求；在事中，对每个人的价值创造过程进行监督和指导，以避免价值创造过程的偏向和资源的浪费，例如项目管理者对成员的工作质量和进度进行监控，以保证其朝着目标按计划前进，而没有浪费；在事后，则根据事前确定的价值期望，如项目目标，对所创造的价值进行具体的评价。这种时时关注的程序设定，促使员工在绩效实践过程中必须打起全副精神，以创造最理想的考核成绩。

实践 2：实施末位淘汰制 末位淘汰制是指组织依据绩效考核结果，将排名靠后员工进行淘汰的绩效管理制度。任正非一直强调华为离冬天不远，其始终抱着一种强烈的忧患意识。作为异军突起的电信企业，面临着技术更新换代频繁、竞争压力大的局面，如何在冬天里生存下来，是任正非、华为思考的首要问题。人才是企业的中流砥柱，所谓人在"阵地"就在，而守得住阵地的必须是那些各方面都十分优秀的人。显然，华为为了过冬、守住阵地，就会淘汰落后者，让优秀的人才加入进来。因此，华为每年坚持引进一批批优秀的人才，同时采取末位淘汰制。该淘汰制是按季度通过绩效考核进行的。考核分为 ABCD 四级，其中 A 级占 15% ~ 20%，B 级占 40% ~ 45%，C 级占 35%，D 级占 5%。而这 D 级的 5% 则是将被淘汰的部分。对于这部分人员，华为会签署书面文件，以正式形式要求去作出改进。如果其在下个季度仍未考核及格则对其进行再培训，此期间只领取基本岗位工资。培训后进行重新竞聘，合格者为其安排对应的岗位。借助末位淘汰制，良性激励机制得以在华为建立起来。

　　实践 3：最差奖大会　在绩效考核结果得出后，即可开始奖惩，而最好的惩罚方式莫过于让员工自我惩罚。华为意图通过最差奖大会，唤起员工的耻辱心，让其改正错误。这实质上就是让员工自我惩罚。因此，一味地由管理者批评员工错误，不如让员工自己认识到错误所在，从而感到愧疚。2000 年 9 月 1 日，华为召开了一场特殊的"颁奖大会"，参加者是研发系统的几千名员工，几百名研发骨干被一个个点名到主席台"领奖"，奖品是几年来华为研发、生产过程中，因工作不认真、测试不严格、盲目创新等人为因素导致的报废品，以及因不必要的失误而导致的维修费用的单据等。当时每一个获奖者都面红耳赤，任正非要求获奖者把"奖品"带回家，放到客厅最显眼的地方，每天都看一看。这种场面隆重的"颁奖大会"华为经常举行，其目的就是揭起犯错者的伤疤，将问题暴露出来，不遮遮掩掩，以唤起他们的耻辱心，增强在今后工作中的责任心。

5.3　利益牵引

　　利益牵引是指在整个管理过程中，各类事务结果都将与个体或群体利益相关联。事实上，利益牵引往往是与绩效牵引互相联系的。换言之，绩效考核带来的薪酬差距构成了一种横向的压力差，它以绩效和贡献为基准，人为拉开彼此差异，让员工和员工比，利用这种差异激发员工努力工作——如果不努力工作，创造更多业绩，就不能获得更多奖金。

任正非在《能工巧匠是我们企业的宝贵财富》一文中指出："公司总的来说，是希望不断地提高员工的收入，使员工的收入能够被更好地用于家庭建设。但是钱从哪儿来呢，只有从提高效益中来。要按照公司总的增幅、总的利润增长和降低成本目标来定出工资总额。所以如果我们的利润不能再增长，我们的收入也就不能再增长。只有大家提高自己的效益，使自己的工作有效性和质量达到一个高标准，才有可能把大家的待遇提到一个高标准。因此我认为企业是要根据自己的效益来不断提高和改善员工的生活水平的。"因此，华为设计了虚拟饱和配股法来提高人均效益。

2011年华为进行了新一轮饱和配股，对此任正非说道"我们赚的钱都想分给大家"。任正非希望将利润回报给奋斗者，然后一代一代的奋斗者延续公司持久的利润。但怎么合理地分配？华为新的饱和配股将主要围绕奋斗者进行。

华为发布了饱和配股指引性文件。但任正非指出，这些导向性的文件，可能会产生一些影响。文件做得再好，毕竟并不能覆盖所有的正在发生的变化，因而华为在具体评价中，不是简单地按照条文来区分，而是实事求是地评价每个员工的贡献，以让那些真正做得好的人利益最大化。

当然，华为不希望饱和配股成为奖懒罚勤的工具，员工在得到饱和配股后，开始消极起来，这是华为最不愿意看到的。因此，华为要求饱和配股政策的执行者把握以下两点：①把奋斗者和不奋斗者识别出来。②把优秀的奋斗者与普通的奋斗者区分开来。

（1）让配股覆盖到奋斗者身上。

饱和配股是为吸引员工成为优秀员工，而不是为了奖励而奖励。因而在配股的过程中，华为对哪些人应该获得配股，哪些人不应该获得配股，哪些人应该多配，哪些人不应该多配都作出了明确的规定。员工提交了成为奋斗者的申请，并不意味着他就是奋斗者，是否算是奋斗者，关键要看其在工作中的表现。

为了杜绝投机现象，让真正的贡献者分享利益，华为内部专门召开了一次"与奋斗者分享利益"的讨论会。任正非在会议上强调："与奋斗者分享利益，让贡献多的人获得更多的配股机会，这是一个大的战略，我非常担心这个战略落实不好。因为，有使命感，努力贡献的人，不一定是乖孩子，华为的文件过去许多是管乖孩子的。如果这些努力贡献者没有得到利益，这是我们的战略失败。"

任正非认为，公司不能按固有观念评价员工的成绩，而是要看员工的实际贡献，让那些干得好的人得到利益，"绝不让雷锋吃亏"。为此，华为人力资源部将评价对象分成三类：普通劳动者、一般奋斗者和最有成效的奋斗者。

普通劳动者　华为将 12 级及以下员工划为普通员工。对于这类人的待遇，华为按照法律、法规的相关报酬条款，在保障其利益的同时，根据企业经营状况，给他们稍好一点的报酬。

一般的奋斗者　这类人需要平衡家庭和工作，因而并不是真正意义上的积极奋斗者。对于这类人，华为指出，只要他们的贡献大于公司支付给他们的成本，公司就会接受他们，而且会给他们稍高一点的报酬。

最有成效的奋斗者　任正非认为这一类人是华为的中流砥柱，是华为最需要的人，他们有权以奖金和股票的方式与公司分享利益。

对于这三种人的不同待遇，任正非认为华为的主管们不能机械地执行文件，一旦与条款不相符，就将人狠狠地打击一顿是不对的。他希望公平、公正、客观地评价他们，让那些真正做出贡献的人分享利益，这样，华为才能拥有一批时刻准备冲锋陷阵的"奋斗者"。

（2）拒绝给怠惰者配股。

华为坚决压制真正的无作为人的股权增长。对于怠惰者华为拒绝再配股，不论是已经配股的，还是没有配股的。对此任正非指出："怠惰就不给他评奋斗者，这是主管的权力。个别案例事先与人力资源部沟通，谋定而后动。如果认为这个人不该配，即使他符合公司的规定，还是不应配，配了就是错误。如果给错了人，就是伤害了公司的竞争力，就是支持怠惰。所以，我们希望基层干部要敢作敢为。"

华为认为只有那些优秀的贡献者，才有增股的资格。华为同时规定绩效好的员工虽违反配股条款，但主管认为他是奋斗者，就应该给。

我们可以看到华为的饱和配股意图非常明显：给优秀的奋斗者饱和配股、给一般奋斗者限额配股、给愿意奋斗者零配股。

(3) 利益分享的有效控制。

就像前文所说的那样，饱和配股激励有利也有弊，它对增强员工的凝聚力、战斗力是功不可没的，但期股的高额回报可能会助长员工怠惰的思想。也就是说，一旦获得期权，很多员工可能一劳永逸地吃"大锅饭"。为了让激励政策真正覆盖到奋斗者身上，企业必须采取控制措施，下面来看华为在这方面的管理实践。

完善日常管理机制　华为意识到科学地进行饱和配股，尤其是识别奋斗者与非奋斗者必须要建立科学的日常管理机制，例如出勤制度、工作报表制度、汇报制度等，经过严格推广，才不至于使那些埋头奋斗的人因忘了填报表而少拿配股。

资源共享，确保评价准确　单方面的评价更容易导致评价结果失准，因此，华为将各种信息进行共享，例如人力资源部提供考勤状况，行政部门提供奖惩数据，主管提供员工工作态度状况，经过综合分析便可以最大限度地提高评价结果的准确性。

公示并掌握工作方法　华为在推行饱和配股后，并没有贸然急进，而是边公示边找方法，同时与各级主管进行充分沟通，掌握评价方法，以避免机械执行，导致分配不公。

任正非指出："开始公示也不等于就正确了，熟悉公示这项工作，需要两三年时间。我们各级干部，就是要将 10% 的优胜者找出来，他们也许有缺点，这样的选拔机制会促进公司的发展。"

5.4　文化牵引

文化牵引是指以企业文化作为原动力去拉动企业的运营与发展。为什么以文化作为牵引动力呢？任正非说："资源是会枯竭的，只有文化才会生生不息。"华为公司便是在一条生生不息的文化线的牵引下走向成熟的。

———————————————

【辅助阅读】文化牵引力的概念理解

文化牵引力的核心在于企业文化的内容。所谓"企业文化"，是企业为解决生存和发展的问题而逐步建立并形成的，由价值观、信念、仪式、符号、处事方式等组成的企业特有的文化形象，是一种被全体企业成员认为有效、被共享并共同遵循的基本信念和认知。

美国的特雷斯·迪尔和阿伦·肯尼迪将企业文化分为四种类型，即：强人文化，拼命干、尽情玩文化，攻坚文化，过程文化。

①强人文化。这种文化鼓励内部竞争和创新，具有竞争性较强、产品更新快的特点。

②拼命干、尽情玩文化。这种文化强调工作与娱乐兼重，鼓励员工完成低风险类工作，具有竞争性不强、产品比较稳定的特点。

③攻坚文化。这种文化是在周密分析的基础上保持专一的投入，具有投资大、见效慢的特点。

④过程文化。这种文化着眼于如何做，没有工作反馈环节，员工工作成果难以衡量，具有按部就班的特点。

———————————————

在实践中，华为文化的核心被归纳为"狼性文化"。在创业发展的初期，华为的文化以狼性为主导。任正非说："企业就是要发展成一批狼！"1998年6月，任正非在《华为的红旗到底能打多久》一文中第一次、也是唯一一次系统地阐述了狼文化。任正非是这样描述狼的："狼有三大特性，一是敏锐的嗅觉；二是不屈不挠、奋不顾身的进攻精神；三是群体奋斗。企业要扩张，必须有这三要素。"于是，狼性文化便牵引出一套极具特色的管理观念和模式，并伴随着华为人的一系列狼性行为。

（1）敏感地捕捉战机。

狼在捕猎时，时刻保持着警惕，注意观察猎物的一举一动以及周围的环境，它们不会放过任何一个进攻的机会。华为人对市场的敏感度可谓达到了极致。他们会将一根2米长的线缆通过空运卖给客户，这不是贪图蝇头小利，而是以小搏大，逐步占领整个市场。从不拒绝任何机会，是华为人能够在国际市场上大展身手的原因。

1992年，在国内省会城市和大城市的通信设备是北电、朗讯和阿尔卡特等跨国公司的天下。这一年，华为成功地自主研发了交换机及设备，但是华为没有贸然进军，而是巧妙地采用了群狼战术——"农村包围城市"。那时候，阿尔卡特和朗讯这些跨国集团由于员工人数有限，根本无法顾及小县城等看似没有商机的地方，就连爱立信在黑龙江的本地网都只派了3~4人驻守。但华为却看到商机，华为让拥有200人队伍的"群狼"常年驻守在黑龙江，不放过任何一个本地网项目。

华为凭借着这一批"狼"，当市场出现目标的时候，能够比竞争对手更快地作出反应。如果华为人知道客户在某个小岛上开会，他们会在第二天出现在客户面前，让客户大吃一惊。

（2）奋不顾身地进攻。

执著、专一、野心是狼的又一大特性。华为人似乎领会到了这一点，他们对"猎物"穷追不舍，只要有一丝气息就绝不罢手。即便是客户与别人已经签约的项目，华为人都会抢回来。对于华为人而言只有想不到的，没有做不到的。市场部的人经常挂在嘴边的一句是：签了吗？大签了吗（终审通过）？只要最后一个字没签，我们就要去争取。

"烧不死的鸟是凤凰"，面对困难不屈不挠，不害怕"冷板凳要坐十年"，坚持"从点点滴滴做起"。华为人一旦确定目标就会奋不顾身地去实现，绝不退缩。这份"执著、专一"的狼性让华为在国际市场上，一次次击败对手，攫取"猎物"。

1998 年，王晓（化名）成为华为湖南地区的头狼，带领着狼群在四处觅食。公司一纸调令，派王晓开拓俄罗斯这一新的市场。但是莫斯科对王晓、对华为都是一个遥远、寒冷、陌生的异国城市。王晓初到莫斯科，信心十足，他对下属说："我们要跑遍俄罗斯的每一个地区，一定能有收获。"几个月后，市场让王晓感觉到了寒意，只签订了一个 38 美元的合同。更糟的是金融危机爆发，很多运营商都面临倒闭。作为头狼的王晓几乎要哭了。但他忍住了，在莫斯科，不相信眼泪。

1998 年和 1999 年，华为在莫斯科连续两年没有订单，但王晓和他的狼群依然坚守着。他们还在日内瓦郑重地告诉俄罗斯运营商：华为仍然在俄罗斯。王晓在俄罗斯加大了投入：储备人才，招聘优秀的人才送回总部；在俄罗斯组建正规的营销队伍及营销网络；不辞辛劳地拜访运营商管理层，培养主要的客户群等。当金融危机过后，华为终于迎来了丰收的季节。

莫斯科不相信眼泪，海外市场不相信眼泪。王晓这匹头狼带领狼群奋不顾身，在困境面前不屈不挠，最终达到了目标。王晓以及他的团队只是华为人开拓海外市场的一个缩影。

（3）群体奋斗。

任正非在《胜利祝酒词》一文中写道："华为的企业文化是建立在国家优

良传统文化基础上的企业文化，这个企业文化黏合全体员工团结合作，走群体奋斗的道路。有了这个平台，你的聪明才智方能很好发挥，并有所成就。没有责任心，不善于合作，不能群体奋斗的人，等于丧失了在华为进步的机会。"

为了捕杀体形比自己大几倍的动物，狼在捕杀猎物时通常会成群活动。例如，狼群捕杀驯鹿时，会采取多路追击的方法，当驯鹿在奔跑中遇到障碍物而不得不转弯的时候，其他狼就会从两面包抄上来，这时候，不论驯鹿的奔跑速度多快，也无法逃避狼群的"天罗地网"。

压强战术便是华为"群狼作战"的生动体现。而"胜则举杯相庆，败则拼死相救"则是华为群体奋斗的真实写照。华为人为了一个共同的目标，自觉地担负起自己的责任，并甘愿为其他团队成员牺牲自己的利益。

从绩效角度而言，群体奋斗实质上是用团队拿绩效的一种表现形式。华为人凭借着群体奋斗的精神，奔向海外，征服了一个又一个的海外市场。

可以说，华为正是拥有了这样的"狼性文化"，才取得了一次又一次的成功。任正非一直强调的这种"狼性文化"也被深深地烙印在所有华为人的心中，并成为华为的标志性牵引力。鉴于华为取得的巨大成功，"狼性"二字也已成为中国企业乃至中国社会热捧和仿效的文化。尽管从 2005 年以后，任正非已经很少提及"狼性"，但"狼性文化"的牵引力和造成的影响力已非一般文化现象可以比拟。

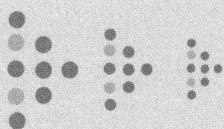

第五章　工作方法

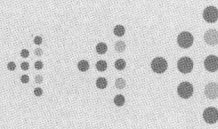

现实生活中能把某一项业务精通是十分难的，您不必面面俱到地去努力，那样更难。干一行，爱一行，行行出状元。您想提高效益、待遇，只有把精力集中在一个有限的工作面上，不然就很难熟能生巧。您什么都想会、什么都想做，就意味着什么都不精通。

——任正非

1. 专业主义

在很长一段时间里，专业一词被赋予这样的定义："专业是指人类社会科学技术进步、生活生产实践中，用来描述职业生涯某一阶段、某一人群，用来谋生，长时期从事的具体业务作业规范。"我们可以简单地理解，一个人长期从事某项工作，具有较深的造诣，那么他就可以称得上是"专业的"。当然，华为对"专业"的理解是极为深刻的，且在实践中表现出其对专业的高度要求。

1.1　干一行，专一行

在很长一段时间里，华为对专业的定义可以简单地归纳为"将某个领域研究透彻"。在这样的概念界定下，任正非要求华为人专注于专业领域，爱一行，干一行；干一行，专一行。

为此，任正非专门撰文，在《致新员工书》中鼓励华为人："希望丢掉速成的幻想，学习日本人踏踏实实、德国人一丝不苟的敬业精神。能把某一项技术精通就是十分难得的。您想提高效益、待遇，只有把精力集中在一个有限的工作面上，不然就很难熟能生巧。您什么都想会、什么都想做，就意味着什么都不精通，任何一件事对您都是做初工。努力钻进去，兴趣自然在。我们要造就一批业精于勤，行成于思，有真正动手能力、管理能力的干部。"

在华为内部还传承着一个观念——板凳要坐十年冷。这个观点很容易理解，事实上，很多科学家、文学家和艺术家都是在自己很小的领域里"坐冷板凳"，才做出成就的，他们最终成为一代专业人才。但如果让自己成为涉足多个领域的人才，则可能导致每个领域都难以深入研究，无法实现"专业"。

一次，任正非走到华为的一个实验室，他看到一个工作人员，就很随意地跟他聊起来。任正非问道："老产品的不断优化和对新产品的开发，你更喜欢哪一行？"没想到，这个工作人员的答案令任正非很生气，他说："我当然喜欢新东西越多越好，将来离开华为后，还好就业。"

任正非生气的原因并非这位员工说要离开华为，而是这个工作人员对工作的态度，他过于追求新事物，每样都只懂得一点，最后不可能有所成就。最后，任正非举出微软公司的例子。他告诉这个工作人员，在华为工作，就相当于在给一条铁轨上的一段枕木钉道钉，如果到了微软，普通员工连钉道钉的工作机会都没有。他说，微软分工比华为更细，还得做频带更窄、更细的工作，简直就是0、1、0、1、0、1地累加下去，这样的工作会更加无聊，却更加专业化。

任正非认为，一个人只有在自己很小的领域里，不甘寂寞，刻苦钻研，才能培养核心竞争力，才能有所成就。华为的这种观点很有道理。庄子云："吾生也有涯，而知也无涯。以有涯随无涯，殆已。"一个人将有限的精力投入各个领域的研究，终将会一事无成。很多人抱怨自己的付出没能获得应有的期望回报，很大一部分原因就在于此。所以，华为人应将自己的才华、精力投入到当下的工作中，如此，才能使自己的能力得到提升，获得更多的业绩。

任正非说，华为需要的是专家，而不是万金油式的通才。例如，焊接专家、插件专家、线缆及机框组装专家、包装专家、货运专家、仓库专家、打字专家等，这些形形色色的专家和专业人才组合在一起，才能成为一个有战斗力的兵团。而在这个过程中，让人们获得这样的专业能力则是最为关键的。

【辅助阅读】专业能力与"一万小时定律"

马尔科姆·葛拉德威尔曾在《异类》一书中提出了"一万小时定律"，就是不管人们做什么事情，只要他能够坚持一万小时，那么他基本上可以获得该领域的专业能力。这说明，人们在学习过程中，要想完美掌握某项复杂技能，实际上存在着一个练习的最小临界量。很多研究者就练习时长，给出这个神奇的临界量：10 000 小时。而任何一位世界级的专家，无论是作家、运动员，还是钢琴师等，其在专业领域上的训练大多不会低于这个数字。

1.2 专家要源于一线

华为要求的专业人才并非单纯的理论大师；人们认为，除了理论知识的积累外，经过实践经验的打磨后造就的才是真正的专家。

任正非提出这样的观点："真正的专家要源于一线。"一个人即使拥有深厚的理论功底，但如果没有经过一线工作的锻炼，也很难快速成长起来，反而会成为"伪专家"。因此，任正非才会呼吁华为的一些中高层领导也要像新员工一样，经常到基层忍受"煎熬"，要通过实践，获取更多的管理经验，成为真正的专家。

后来，任正非在《追求专业造诣，走好专家路》一文中说道："对于专家的培养，我们过去有一些成见和误解，往往认为总部才是专家的摇篮。理由很简单而且看似合理：总部资源丰富，视野开阔，同时距离研发最近，从而做一线时间过长也成为很多人解释自己技术退化、知识沉淀不足的自然而然的借口。这些认识固然有一定的道理，但是仔细推敲却不见得有其内在的必然性，并且容易让人忽视一线实践对于专家培养的重要性。有位客户这样评价技术人员：你们有些专家能讲清楚光纤的种类，而讲不清楚光纤的熔接；能讲清楚设备功耗的指标，却无法为我推荐一款可靠的电池；能讲清楚业务发放的流程，却从来没有去过运营商的营业厅。"

"真正的专家是不能缺少一线经验的，我们最好的给养其实来源于我们的客户。专家要从一线中来，也要到一线中去，在与客户的碰撞和交融中检查和修正我们对待专业的标准，避免成为伪专家。"

任正非深信，实践出真知。华为人已经拥有丰富的理论积淀，如果再经历一线"战火"的洗礼，就会得到突破，成为真正可用的人才。事实也证明任正非的观点是正确的，在华为，只有那些勇于实践并善于总结的人，才能找出自己存在的问题、原因，当他们及时更正后，便快速地成长起来。

2007年5月前，姜一民（化名）一直都在华为某研究所负责产品开发，可是对产品在一线如何应用一点都不清楚，工作也无从展开。于是，姜一民只能白天忙着学习测试，晚上便一头扎进那些理论知识的书堆里，拼命寻找一些跟工作相关的案例，然后按照自己的思路重新写下来。后来，姜一民到某地参加V项目的第一个商用网启动仪式，在验收测试中，遇到了一个语音与数据业务组合的用例，测试时总是失败。正当大家不知所措的时候，姜一民想到了之前自己写过的一个案例，茅塞顿开，问题也很快就得到了解决。这件事也让他第一次尝到了在实践中总结经验的"甜头"。2009年，姜一民来到了号称世界上最寒冷地区的某海外办事处，白天的室外温度达到了零下30度。就是在这种天寒地冻的环境下，姜一民每次在现场处理问题的时候，都会坚持把每个操作细节详细地记录下来。回到基站，他就会总结出其中有价值的部分，并形成案例，然后在公司网站上发表。很快，他就从一个对一线技术一窍不通的"菜鸟"一跃成为了"专家"，一直都深受领导的重视。

姜一民的经历也充分证明了任正非的那句话，"实践后经过归纳总结，才会有飞跃的提高。"很多成功的华为人的经历也证明，只有那些从实践中摸爬滚打出来的人在面对困难的时候，才会更加冷静，并能够采取有效的处理办法。这些人在与竞争对手的碰撞中，会焕发出高昂的斗志和拼搏勇气，这是使企业取得决定性胜利的必要条件。

1.3　学习与持续提升

世界 500 强企业中流传这样一条知识折旧定律："一年不学习，你所拥有的全部知识就会折旧 80% 。你今天不懂的东西，到明天早晨就过时了。现在有关这个世界的绝大多数观念，也许在不到两年的时间里，将成为永远的过去。"因此，任正非这样说道："一天不进步，就可能出局；三天不学习，就赶不上业界巨头，这是严酷的事实。"也就是说，即便今天你被称为"专家"，但你不可以停滞不前；而你的专业程度若要持续提升，对自己的潜力进行再挖掘，则必须借助持续的自我优化。

（1）自觉地学习。

未来社会的"文盲"已不是那些不识字的人，而是那些不主动学习的人。因此，德鲁克会说："真正持久的优势就是怎样去学习，就是怎样使自己的企业能够学习得比别人更快。"作为世界 500 强企业的一员，华为公司一直提倡员工自觉地学习，并使员工成为公司资本的一部分。

任正非说："我们提倡自觉地学习，特别是在实践中学习。你自觉地归纳与总结，就会更快地提升自己。公司的发展，给每个人都创造了均等机会。英雄要赶上时代的步伐，要不断地超越自我。"为此，任正非特意提到了华为的"市场部集体辞职事件"。

1996 年，包括孙亚芳在内的市场部中高层管理人员集体辞职，然后重新竞聘上岗，这就是在当时引起广泛争议的"市场部集体辞职事件"。其实，在某种程度上，这就是华为人自我优化的典型案例。后来，孙亚芳在一年后的讲话中准确地描述了这次大辞职事件的动机和意义。她说："我们将面对更高水平的客户，他们有多年引进项目的经验和丰富的专业知识，他们是用国际营销市场这把尺子要求我们的。而我们将应对的是现代化指挥作战和产品多元化销售中业务指导的问题。"

显然，华为的集体大辞职，其本质便是华为人意识到自己的不足，并自觉、自愿学习的不断进取的过程。后来，任正非也非常赞同市场部的这种学习态度，并号召华为人向市场部学习这种精神。

（2）谦虚地学习。

在任正非看来，如果华为人都能够谦虚地向他人学习，就等于倒着成长，就更有利于个人和华为公司的事业。

任正非在自己的文章中写道："我曾经讲过一个故事，就是如果一个人倒着长，从80岁开始长，1岁死掉的话，我想这个世界不知有多少伟人。我们的父母教育我们要认真读书，我们却不认真读书。等我们长大了，又告诉我们的孩子要认真读书，他们不认真读书，他们还要批判我们。他们长大了，又管教他们的孩子要认真读书……如此重复的人生认识论，因而人就没有很大的长进。如果从80岁倒着长，人们将非常珍惜光阴，珍惜他们的工作方法和经验。当然，从80岁倒着长这是不可能的，但学习方法上是有可能的，我们如今有如此庞大的知识网络和科技情报网络，充分利用它们也就跟倒着长一样，只不过要有谦虚认真学习他人的精神才行。从这一点上讲，年轻是缺点，但也是优点。"

在过去的20多年时间里，华为人正是凭借着这种"知不足，而后改"的谦虚学习的精神，及时纠正和弥补不足，从而不断地提升自己的专业水平。

1998年，为了寻求新的挑战，苏红（化名）毅然放弃了舒适的某外企白领的工作，加入了华为驻南方办事处，成为一名行政秘书，并从此开始了在华为的成长。刚开始，苏红并不习惯秘书的忙碌生活，以往清闲惯了的她忙得焦头烂额。为了快速适应工作，苏红趁着别人有空的时候，主动找到了那些有经验的老同事，向他们"取经"。经过了一段艰苦的摸索期后，苏红找到了工作方法：把简单的工作做得规范化、条理化。很快，苏红就得到了办事处领导的认可，客户投诉率也大大降低，而她自己的能力也得到了提高。半年后，苏红接到了总部调令，成为第一个从办事处调到总部工作的秘书。

1999 年，华为海外市场刚起步，因为没有海外市场拓展经验，华为一些领导的工作简直就是千头万绪，加上这些领导的思维都很活跃，苏红在负责把他们的思路整理成文字的时候，就感觉到非常吃力。有时候，领导一开完会就交代说："今天晚上就必须拿出来。"不过苏红并没有抱怨，反而"怪罪"自己能力不足，决定了要自我优化，提升自己处理多元化事务的能力。在之后的一段时间里，苏红就会利用周末时间去公司写纪要，如果实在晚了就直接睡在办公室。有时候半夜醒来脑子里会冒出来点东西，她又会爬起来写一段。有时间的时候，她还会看看书，参考一些案例。每次领导要求审核纪要的时候，苏红都会逐字逐句地检查一遍，确保万无一失。最终，在国际营销一年多的时间里，苏红很快就成长起来，成为公司的骨干人员。

在这个竞争激烈的时代，每一个优秀的企业人都应该像苏红一样，与时俱进，不放过任何一个学习、提升技能和挑战的机会。这样的人对未来才能有充足的准备，也更容易在竞争中占据主动。

任正非指出，"人非生而知之，而是学而知之"，任何一个人要想不被时代淘汰，唯一的办法就是学习、学习、再学习，实践、实践、再实践。唯有取长补短，才能避免被快速发展的社会淘汰。

（3）坚持不懈地学习。

真正的成功者都是那些不安于现状的人，他们迫使自己不断地学习，不断地进步，一步步走向成功。在那些通过不断学习成长为企业领袖的成功人士中，我们不得不提起"全球第一女 CEO"的惠普公司董事长兼首席执行官卡莉·费奥瑞纳及惠普人。

【辅助阅读】卡莉·费奥瑞纳的自我优化过程

卡莉·费奥瑞纳在学校研修的是法律专业，按照常人的理解，她本该是一名律师，而不是惠普这样的技术创新型公司的领导者。虽然她学习过历史和哲学，但是这都不是惠普公司领导人的标准。显然，她是通过不断学习，自我优化，才获得了足够的胜任 CEO 工作的能力的。

后来，卡莉·费奥瑞纳曾总结和回忆在惠普的经历："不断学习是一个 CEO 成功的最基本要素。这里说的不断学习，是在工作中不断地总结过去的经验，不断适应新的环境和新的变化，不断体会更美好的工作方法和效率。""在惠普，不只是我需要在工作中不断学习，整个惠普都有鼓励员工学习的机制，每过一段时间，大家就会坐在一起，相互交流，了解对方和整个公司的动态，了解业界新的动向。"

与华为人一样，要想在激烈的竞争中胜出，卡莉·费奥瑞纳以及惠普人始终坚持不断学习，不断地吸取经验，持续提升自己的专业能力。

1994 年，李德（化名）成为华为公司的一员，被安排在交换机装配中粘贴板名条。工作了几天，李德发现自己每天都是机械式重复工作，无论自己如何努力，工作效率都很低。李德决定改变这种低效的工作状况，他买了一些关于交换机、排队机的相关知识的书籍，然后利用业余时间认真研究学习。同时，李德还会主动找到熟悉产品的老员工，了解产品的知识。最后，他对交换机的每一种配置都相当清楚，粘贴板名条的能力和效率有了很大的提高。

没过多久，华为无线接入系统（ETS）正式进入了试生产阶段，李德就被安排到 ETS 车间，负责 ETS 基站装配工作。由于自己此前对装配工艺不是很了解，他便主动开始学习总装车间装配工艺文件的设计，每天都会坚持看一点，直到掌握了一整套工艺体系的基础知识。

记得在装配车间工作的时候，需要一些工作指导图。因为那时候公司装配区还没有配备电脑，只能用手绘制，所以速度很慢而且效果也不好。这一次，李德便充当了"先锋官"，自己花"血本"买了一台电脑，开始自学 Auto CAD。后来，他从一个对 Auto CAD 一窍不通的人，成长为车间里仅有的 Auto CAD 软件应用专家，设计工作的效率和质量都得到了提升，装配区的指导图也得以"改头换面"。

李德这个"软件"之所以得到不断"升级"，并逐渐成为公司的资本，就在于他身上一直有着自我优化的意识，并将这种意识付诸行动。他后来回忆道："在华为六年，我一刻也没有停止过学习，我并没有什么崇高的理想和远大目标，学习的目的就是想将手头上的工作做好，干活时轻松。"显然，在他的眼里，专业成长没有秘诀，只要坚持勤思勤学并学以致用。

社会在进步，当外部世界在日新月异地改变时，每一家企业都希望它的员工能够持续成长，以更专业的姿态应对企业发展，给企业带来更多的价值。而对于任何一个企业人来说，唯有每天学习一点点，让自己的专业度得到提升，才能更好地适应企业发展的需要，才能够在激烈的市场竞争中脱颖而出。

1.4 专业的深度拓展

随着时代的发展，"专业"的范畴如果仍然界定在"专业技术"的概念上，那么无疑略显狭隘。在华为，专业主义的范畴得到了进一步延伸：在专业技术基础上构建的多方面的、纵深的能力集合。

【辅助阅读】大前研一的专业主义

日本企业家、研究学者大前研一曾出版了一本著述，名为《专业主义》。在书中，他提出他认为的"专业"概念："专家要控制自己的感情，并靠理性行动。他们不仅具备较强的专业知识和技能以及伦理观念，而且无一例外地将顾客放在第一位，具有永不衰竭的好奇心和进取心，严格遵守纪律。"根据他的归纳，真正的专业人士必须具备四种能力，即：先见能力、构思能力、讨论的能力以及适应矛盾的能力。

而华为对专业的范畴拓展不完全寄希望于单一方面的优势，而要实现均衡发展。对此，任正非给出了解释："公司从上到下都重视研发、营销，但不重视理货系统、中央收发系统、出纳系统、订单系统等很多系统，这些不被重视的系统就像短木板一样，前面干得再好，后面发不出货，还是等于白干。因此，公司一定要建立起统一的价值评价体系、统一的考评体系，才能使人员在内部流动和平衡成为可能。所以说，每一个链条都是不可或缺的。比如有人说我搞研发创新很厉害，但创新的价值如何体现？创新必须通过转化成商品，才能产生价值。我们重视技术、重视营销，这一点我并不反对，但每一个链条都是很重要的。"

有人对此提出了质疑，认为任正非完全推翻了华为过去对"专业"及专业实现路径的界定。而且，人们顽固地认为："专才优势足以让自己在职场中占据一席之地。"

对于这种想法，华为的培训师作出了进一步解释。在一次培训课上，培训师指出："我们最薄弱的关键环节将影响到我们的工作业绩。在七大关键绩效区间里，我们有可能有6个方面都表现得很好，但我们的总体业绩却取决于最薄弱的环节。"也恰恰是基于培训师所说的这个原因，任正非时常对华为员工发展不均衡的现象感到非常忧心。他认为，如果不解决这种现象，一味地坚持发展人们在某一方面的专长，那么华为要想进步就是空话。

为了辅助华为人的专业领域和深度拓展，华为人会先围绕自己的核心能力，去设定相关能力要求，然后借助关键技能打分法，去确定自己最薄弱的环节。当然，找到自己的技能不足不是最终的目的，真正的目的是解决它。

大部分华为人是通过自主学习来提升自己的能力的。一位华为人说："通过识别自己最薄弱的环节，专门攻克该领域，直到熟练掌握所需技能为止，这会让个人业绩得到最快的提升。"

事实上，华为人还会采用另一种方法来丰富自己的技能，即积极参与岗位轮换。华为的岗位轮换有两种方式，一是业务轮换，比如让负责研发的员工去搞中试、生产、服务等，让他们理解什么才是商品；二是岗位轮换，让不同岗位的干部发生职位变动，这样有利于企业管理技巧的传播，形成均衡发展。华为动员两百多个硕士毕业生到售后服务系统去锻炼就是典型的例子。

当然，无论是自主学习还是岗位轮换都不是我们所要强调的最重要的事情，最重要的是作为企业人必须认识到：不要让自己的专业度欠佳，更不要让自己的专业优势因短板而被迫受制。

2. 效率为先

提高工作效率即效率强化，是一门致力于提高组织效率的方法。它主要分析组织及组织的流程，对组织的效率作出界定、评估和分析。作为一种管理哲学，效率强化的核心思想是以一切可行的效率标准来指导人们的工作行为，把效率的控制与把握作为管理活动的宗旨，放在工作的中心和突出位置，这种思想是效率强化工作的精髓所在。

2.1　效率设计

工作效率，一般是指工作产出与投入之比。通俗地讲，就是在执行某个工作任务时，取得的业绩与所用时间、精力、资金等的比值。工作效率是评定工作能力的重要指标。

良好的工作效率是如何产生的呢？高效率是做出来的，但它首先应该是设计出来的。虽然效率会受到有限资源的限制，但只要科学地规划和设计，做到资源使用最优，同样能够实现高效率。

【辅助阅读】 地铁乘车的效率设计

去过香港，搭过港铁的朋友们可能会觉得换乘特别方便，很多时候只要下了车，不用离开站台，转身就可以换乘，不用像在深圳、北京、上海那样得跑很远才能改乘另一条线路。为什么可以这样方便？香港的地铁为什么可以预测得这样准确，知道在太子地铁站要换乘的就是去荃湾站的，而不是去中环站的？

实际上，香港地铁在很多线路交汇的地方，两条线路会并行走 2～3 站，这个看似多此一举的安排使得乘客的换乘得到分流，而预测的准确度也大大提高，乘客无谓的滞留时间大大缩短！这些站点通常是最繁忙的，并行效益也很高。反观北京地铁，两条线路，甚至多条线路只有一个交互点，这使得人流非常集中和拥挤，尤其是在繁华地段。此外，两条线的换乘时间较长，以西直门站为例，2 号线换 13 号线需要 20 分钟左右，试问效率何来？

同是人口密集的城市，同样的人口运输能力，香港地铁的乘车效率却高出了北京很多。这就给我们一个启示：效率也是要靠设计出来的。

有一句脍炙人口的谚语："磨刀不误砍柴工。"现在，很多人会经常用这句话嘲笑那些跟砍柴的樵夫一样的人，做事之前不想清楚，不管刀是利还是钝，一上山就"吭哧吭哧"砍起来，最后工作效率却非常低。

在华为，曾有一个产品经理讲过这样的故事：只要东风一来，有人就会摩拳擦掌，立刻将开发周期延长。

特别是在 CMM 活动中，按照规范的流程，前期需要编写高质量的文档和代码，以及单元测试、文档与代码的审核等，的确很费时间。可是，如果可以改变以往立刻编码的习惯，经过前期详细考虑的过程以后，就能够有效避免边干边想、推倒重来、经常反复等情况，工作量就远远没有之前那么大了。

事实上，对于这种没有做好计划就立刻编码的行为，国外企业早在 20 多年前就已经抛弃了，它们甚至给它取了一个名字 "WISCY（Why Isn't Somebody Coding Yet?——为什么还不编码呢?）方式"。可是，这种被人"唾弃"的工作方式依然在中国企业里盛行。

因此，在做任何事情的时候都没有必要急于下手，而是要做好周详的计划和准备，这样就能有效避免边干边想、推倒重来、经常反复等情况。这就跟砍柴之前不忘磨斧子一样，不仅不会耽误人们砍柴的时间，反而会让人们砍得最快、最多。这就要求人们在做任何工作时都不要急于下手，而是要对资源做好统筹和规划，将需要的资源准备充足，这样才能节省更多的时间。对此，中国籍的华为人在印度有着很深刻的体会。

华为驻印度办事处的中国籍员工与本地员工曾开展了一次活动，在此期间，一个看起来非常腼腆的印度籍项目经理小心翼翼地跟一位中国籍的华为员工说："我非常佩服你们中国人的执著和干劲，但是建议你们能不能在 WORK HARD（努力地工作）的同时，注意 WORK SMART（聪敏地工作）。"他说，在执行计划前，应该首先 DO THE RIGHT THINGS（做正确的事），然后才 DO THE THINGS RIGHT（把事情做对），这样才能 DO THE THINGS BETTER（把事情做得更好）。

确实，印度项目经理一般在项目准备阶段工作做得非常细，包括需求确认、项目预测、项目开发、项目培训计划、项目质量监督计划、项目必要资源（人力、软件和设备）供应计划、风险控制计划、项目流程定义等。对此，中国籍员工总觉得他们又慢又傻，在耽误进度。可是，等到项目展开，就会发现在人们需要资源时，资源就在手边了。等到项目提前完成了，中国籍员工们才感到了些许惭愧。

在工作中，很多人很容易犯下类似的错误，只是一味地要求自己努力地工作，却不知道聪明地工作。尽管完成了任务，可是自己却付出了比别人一倍甚至数倍的时间和精力，这是不值得的。"凡事预则立，不预则废。在接到任务以后不要急于下手，而是要仔细地想清楚应该怎么做。"这是任正非对华为人的教诲。后来，华为人在效率强化方面进行了很多探索，我们接下来将对这些实践进行阐述。

2.2　流程优化

精简至极是华为在效率强化方面的第一个实践。所谓精简至极主要是指在工作流程方面进行优化，力求化繁为简，让各个环节变得简单朴实，从而减少任务完成时间、降低失误率。

对此，在华为的内部文章中曾有这样的论述："我们正在强化业务流程重整的力度，用ISO9001来规范每一件事的操作，为后继的开放式网络管理创造条件；用MRP II管理软件，将业务流程程式化，实现管理网络化、数据化，进而强化我们公司在经营计划（预算）、经营统计分析与经营（经济）审计综合管理等方面的能力。"

"为了使工作流程缩短，支持准确度增加，工作效率大幅度提高，我们还建立了开放的多层、多级专业管理平台，确保公司经营活动的迅速展开。每一个平面的责任中心，分工明确，责任清晰。通过多级责任中心的协调配合，就建立起开放的管理平台。无论何时何地，任何级别的员工都会及时地最直接、快捷地得到支持。"

可见，流程对工作效率的影响是巨大的，也正是由于这个原因，诸如华为等成功企业都会考虑从理顺流程入手，简化工作，以实现高效的时间管理。华为一位中层管理者指出："我现在最大的爱好之一，就是分析工作流程的网络图，每一次能去掉一个多余的环节，就少了一个工作延误的可能，这意味着大量时间的节省。这两年来，我去掉的各种冗余工作环节达70个，粗略评估一下，省下的时间高达3 000多个小时，也就是120多天啊！"

崔西定律指出："任何工作的困难度都与执行步骤的数目平方成正比。"所以说，高效的管理必然有一条精简的流程。在华为，流程参与者都会利用三种方法对工作进行简化，以实现流程精简化。

（1）取消一切冗余环节。

如果流程中各个环节结束后未创造出预期的价值，那么，流程的执行也就失去了意义，执行流程只会平白地消耗资源。只有删除那些冗余的流程，才能将有限的资源投入到其他流程中去，在总体上缩短流程周期。

2009 年，任正非向华为全体员工发出指示：让一线直接决策！他曾经百般周折地将一个庞大的企业集团牢牢地控制在手中，此时，在一线上奔忙的员工却渐渐缺少了创业时的激情和敏锐。他发现：企业中设置了过多流程控制点，冗余的环节阻碍了上传下达的流畅性，降低了员工工作效率。

任正非认为：取消流程中的冗余环节，是优化工作程序、提高工作效率的第一步。使用这种方法时，需要充分考虑企业的内部控制环境。

（2）合并部分事务或环节。

合并的作用不仅在于化零为整，更在于能叠加优势，消除劣势。在华为，如果当前的工作环节皆不能被取消，那么，管理者就会换个思路：将各个环节适当加以合并怎么样？合并是指将两个或两个以上的事务或环节合为一个。

工序、工具的合并　很多情况下，各个环节之间的生产能力不平衡，有的人手短缺，有的则人浮于事，忙闲不均，将这些环节加以调整和合并，往往能去劣存优，取得立竿见影的效果。

合并上下环节　将一项任务的多个环节分别交给几位执行者，可以大大加快企业内部物流和信息流的速度。但是，从上一个环节到下一个环节的交接过程，也可能是一次发生错误的机会。因此，为避免出现交接时的失误，可将多个环节的工作任务交由一位执行者全权负责。华为通常指定一位员工负责一个产品或服务的全过程——从下订单到发货或服务开始至结束。这些员工在服务业组织中被称为"个案员"或"个案经理"，是客户与企业的单一接触点。

合并相似的环节　常言道，熟能生巧。对于任务相同或相似的环节，可以将之合并，由一位执行者来完成该环节的操作，最大限度地减少在人力和时间方面的浪费。2007 年，华为在人力资源部的主持下，对员工的岗位职责和操作流程进行重新分析，合并一些任务相同或相似的作业环节，提高单个工作环节的工作效率。

（3）借助载体实现简单化处理。

对于一些复杂的环节，可以借助一些现代手法来予以简化，如信息技术。信息技术可以成为流程加速的强大工具。如果用于基础扎实的流程，信息技术能够大大增强它的能力。

以数据采集、数据传送为例，华为使用机器代替部分人力从事数据采集工作，降低了人为差错率；而自动化的数据传送，避免了对已经存在于一个系统里的数据的重复录入，省掉数据不匹配带来的麻烦。这两方面同时也节省了大量时间。

其实，越是复杂的流程，越可以用精简的方法加以改善。借助 ECRS 分析方法，可以设计工作流程中的每个环节，可以使流程由复杂变为简单，完成任务所需的时间也会因此而大大减少。

2.3 科学排序

科学排序是华为在效率强化方面的第二个实践。一个流程可能看起来已经足够精简，但是它的环节顺序却可能存在着改善空间，这是科学排序实践遵循的思路。在华为，科学排序只有两步：先是分清轻重缓急，而后设定优先级。

（1）分清轻重缓急。

在工作中，华为人会根据四象限法则，将所有任务分别放在 4 个象限中，通过这种方式来分清哪些事项应优先处理，哪些事项可以延后处理，继而根据工作紧急度、重要程度，来确定任务开始与结束的时间。

【辅助阅读】科维的"四象限法"

美国的管理学家科维提出"四象限法",将工作任务分为4个象限,如图 5—1 所示。

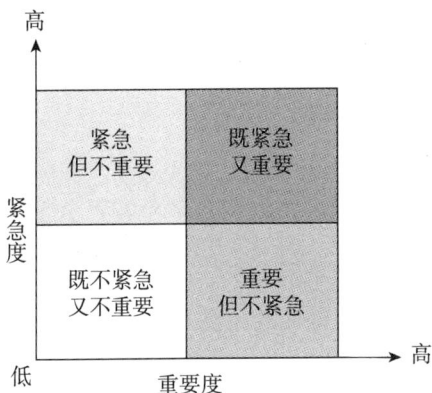

图 5—1 四象限矩阵

第一象限:重要又紧急。这部分工作任务对员工的经验、判断力是极大的考验。该象限的本质是缺乏有效的工作计划导致本来尚处于第二象限"重要但不紧急"的事情转变为"既紧急又重要"的事情,也是传统思维状态下的员工的常态,就是"忙"。

第二象限:重要但不紧急。荒废这一象限将使第一象限的范围日益扩大,使员工承担更大的压力,并在危机中疲于应付。反之,在这个象限多投入时间,则可以缩小第一象限的范围,有利于提高实践能力。如果能做好事先的规划、准备与预防措施,很多急事将无从产生。

第三象限:紧急但不重要。表面上看与第一象限相似,因为任务下达的迫切性会让员工产生"这件事很重要"的错觉。员工们将大量的时间耗费在这一象限的任务中,误认为在完成"第一象限"的工作任务,其实不过是在满足他人的期望与标准。

第四象限：不紧急也不重要。简而言之，这一象限的任务不值得花费任何时间，任何操作都是对时间的浪费，但员工长时间地在一、三象限来回奔走，忙得焦头烂额，极其希望到第四象限去休息一下，例如，阅读令人上瘾的小说、办公室聊天等，但这类休息无法达成修整的目的，反而会导致精力毁损。

通常，华为人会熟练地将事务划分到四个象限中。不过在此过程中华为人也发现，对第三象限的收缩和对第四象限的舍弃是众所周知的时间管理方式，但是在第一象限与第二象限的处理上，却常常难以保持明智——很多人更关注第一象限的事件，这将会使人长期处于高压力的工作状态，忙于收拾残局和处理危机，使人精疲力竭。

华为一位员工说："在进华为之前以及在华为的初期，我非常关注第一象限事件的工作任务。那时的感觉非常糟糕，天天加班，而工作质量却仍然不尽如人意。后来，我转换了关注的方向，发现感觉完全改变了。因为第一象限与第二象限的任务本来就是互通的，第二象限的扩大会使第一象限的事件减少，而且由于处理时间比较充足，最终完成的效果也就更好。"

在设定优先级的过程中，区分清楚紧急与重要，这一点至关重要。华为人经常说的一句话是："紧急的任务一般不重要，而重要的任务通常不紧急。"

（2）设定优先级。

为目标和任务设立优先级，是提高个人效率的关键，避免人们奋力完成的往往是根本不需要做的工作。为避免新员工始终纠缠于繁杂事务的处理，华为曾特意在时间管理培训课上着力向员工强调：学会为工作任务做好排序，设定优先级。

【辅助阅读】 艾维·李的工作排序法

伯利恒钢铁公司的总裁曾向艾维·李请教提升工作效率的方法。艾维·李给出这样的建议：确定各项需处理的工作任务；将其优先顺序写于纸上；根据纸上所写的顺序，从第一件开始去执行。

总裁对于这3个建议将信将疑，但仍然按照要求将翌日所需处理的工作预想了一遍，从第一项到第六项排好优先顺序，然后写在一张纸上，翌日到公司照本宣科地执行。结果，他惊奇地发现：工作效率明显提高。

能将六项事项全部完成的人几乎少之又少。但如果完成了前四项工作，那么，已经完成了最重要或较重要的工作，工作效率自然得以提高。

任正非有句名言："做要事而不是做急事。"华为大学的培训师也告诉接受培训者："在工作开始前，必须先弄清什么是最重要的事，什么是最应该耗费最大精力去重点做的事。"并且，培训师还总结了五个问题，以帮助华为人做好优先级排序。这五个问题如下：

我需要做什么？ 要分清缓急，弄清自己需要做什么。对于重要的工作任务，必须确定其是否一定要做，或一定要由自己去做。对于非做不可，但并非一定要自己亲自完成的工作任务，可以委派他人操作，自己负责监督即可。

什么工作任务最有价值？ 将时间和精力集中在最有价值的工作任务上，即比别人做得更出色的工作任务上。在这方面，华为时间管理培训师建议：用帕累托定律来引导自己——用80%的时间完成能带来最高价值的任务，而用20%的时间完成其他任务，这种使用时间的方法极具战略眼光。在开始采用这种方法前，不妨问问自己：哪些工作任务最有价值？如果不能确定，可以问问周围的同事、管理者，因为所有人都知道其他人该做的最重要的工作是什么。

我的关键绩效是什么? 为了能出色地完成工作,必须实现什么目标或达成什么结果?在所有关键绩效区间中,哪一个是最重要的?取得关键绩效的任务就是应该被设置为最高优先级的任务,应该被安排在最近时间内完成。

我能胜任的最有价值的工作任务是什么? 如果某项工作只有自己才能胜任,而将之出色完成后将带来巨大价值,那么,这项工作是什么?确定这项工作任务后,立即采取行动出色完成,这将给员工的业绩、事业带来巨大价值。

现在,如何使用时间最有价值? 这是时间管理的关键问题。"现在"代表了时间限定,它要求员工在工作前综合考虑现在执行工作的条件、自身现在的执行能力以及现在承担的任务总量等因素,来合理安排时间使用计划,并通过掌握正确的时间管理技能,来确保时间管理的高效性。

弄清上述 5 个问题后,再为即将面对的工作任务作出优先级判定,人们便可以快速地确定任务主次,以最有效率的工作方法去取得更多收获。

2.4 工作节奏

在工厂中,节奏又叫节拍,是指流水线上出产两个相同制品的时间间隔。而在一般工作中,节奏则泛指完成同一工作任务所需要的时间。事实上,任何工作任务的落实都要依循自己特有的节奏,有条不紊地开展。人们常说"调整好了节奏,就控制好了工作效率",所指的正是节奏对工作效率所产生的重要影响。

【辅助阅读】节奏对工作效率的影响

节奏对工作效率的影响可以从两个方面看出:

①保证工作进度的稳定性。节奏随时可能发生变化,将使人们无法掌控工作进度。但是,如果流程中的节奏能够始终保持事先确定的状态,流程作业的

各环节便会处于最理想的连续流动状态，企业运营活动状态自然是相对稳定的。

②调控工作流程的正常运行。理想的工作节奏是与工作周期相等的。无论作业节奏大于还是小于工作周期，都会给工作结果带来不良影响。所以，节奏管理的目的就是要尽可能地缩小工作周期和作业节奏之间的差距，通过两者的对比分析来协调安排企业运营中的各项活动，以保证稳定、有序的工作状态。

无疑，工作节奏的管理对于效率强化而言是非常重要的。但是，有时候一些打扰（电话、来访、邮件等）会打乱固有的节奏，使得工作效率降低。为了解决这个问题，华为人总结了"两步法"：先确认自己的工作节奏，再考虑如何创建更为和谐的工作节奏。

(1) 确认自己的工作节奏。

如果用一个词来形容华为的工作节奏，那就是快速。整个企业呈现出的快节奏状态，主要源自华为员工对工作节奏的把握。如果一个人在工作过程中常常被打断，其工作自然缺少节奏感，势必会影响工作进度。而华为作为一个"群狼"团队，团结协作是一个重要议题。要想完全不被打扰，那是不可能的。所以，工作节奏的保持必须讲究方法。首先要做的就是确认自己的工作节奏。下面我们来看华为某研发小组组长李华生（化名）是如何确认自己的工作节奏的。

通过时间安排表，标注自己是否经常被打扰　李华生在时间安排表的基础上，再加入 3 列内容，标注自己未完成工作的原因是否因为被打扰，通过日常工作计划落实情况的考核，检查自己在工作中被打扰的时间长度和原因，如表 5—1 所示。

表 5—1 任务安排表

工作 任务	计划 工作时间	实际 工作时间	是否与 预期有差距	是否 被打扰	被打扰的时间 长度和原因
1	9：00～10：00	9：00～10：20	是	是	20 分钟/任务咨询
2	10：00～11：00	10：20～11：20	是	否	——
3	11：00～12：30	11：20～12：50	是	否	——
4	14：00～15：30	14：00～16：30	是	是	1 小时/请求帮助
5	15：40～16：30		是	否	原计划取消
6	16：40～18：30	16：40～18：30	否	否	

找出经常被打扰的时间段 他找出最常被打扰的时间段，并回忆了当时同事打扰他的理由。从上表来看，上午 9 点到 10 点之间被打扰，被打扰原因是任务咨询；14 时到 15 时 30 分之间被打扰，被打扰的原因是请求帮助。由于被打扰，李华生虽然全天都在紧锣密鼓地工作，但完成任务的总时间仍然延长了 1 小时 20 分钟。

评价自己的工作节奏 然后，李华生以全天的工作计划与实际完成时间为参照，比较全天被打扰的次数和每次被打扰的时间长度。如果被打扰的次数超过 6 次或单次被打扰的时间超过 20 分钟，使工作进度延迟 10% 以上，即可判定工作节奏被打乱。根据上一步的统计，李华生判定自己工作缺少节奏感。

分析工作节奏被破坏的原因 工作节奏被打乱的原因很多：不喜欢得罪他人？喜欢参与每一件事？习惯于接受他人的咨询？别人经常来咨询意见，使自己感到自己很重要？不善于结束他人的来访？喜欢不断地和他人交谈？

李华生经过客观分析，发现自己早已习惯于接受他人的咨询并且在此过程中感受自己的重要性。而这个"习惯"却耗去大量时间，导致其部分工作计划延迟甚至取消。所以，他得出结论：建立起和谐的工作节奏是十分重要的。

（2）创建和谐的工作节奏。

工作的持续开展才能形成和谐的工作节奏，和谐的工作节奏使每天的工作任务可以完全遵照计划来执行，并在预期时间内完成。为了创建和谐的工作节奏，华为人总结了三种有效的方法。

在固定时间内开展同类工作 将同一类工作任务安排在某个固定时间集中完成。如果 A、B 两项工作任务属于同一类，可以选在同一个时间段内开展。例如，统计前一天的任务完成数据，对于 A 任务和 B 任务的数据可以同时加以统计，而这项统计工作可以安排在每天工作结束前半小时内进行。另外，员工开始一项任务后，要持续进行，不要中途停下来又去开展另一项任务。在华为，员工一旦接受了管理者下达的工作任务，就会一气呵成地完成，而不会停停断断地开展工作。很多员工下班之后仍在加班正是源自这种持续完成阶段性工作的时间管理理念。

事先明确任务 工作任务执行前，一定要明确任务的内容和预期达成的效果。在任务执行过程中走"直线"，减省不必要的工作步骤，直接选取为达成任务目标而操作的环节。并且，明确自己的工作任务才能保证工作方向的正确性，这也是提高时间利用率的最佳技巧之一。

划出与他人共同操作的环节 对于可能被人打扰的工作环节，要提前划出专门的时间，以确保其他工作任务在执行过程中不会被迫中断或延误。如果某些工作环节中需要得到他人协助才能完成，要事前与对方确认合适的时间段，以免打乱了他人的工作节奏。

毋庸置疑，华为是一个追求高效率的企业，这从其管理制度中已然可以窥见一斑；而我们需要注意的是，华为并非一个盲目追求高效率的企业，它的效率强化行为都建立在一个前提条件下：每个工作环节效率的设定，都要考虑与整体项目的工作效率是否和谐一致，以及对于企业和市场而言这样的效率是否适宜。

3. 标准为据

在工作中，人们以制度规范和实践经验为依据，将现行工作方法进行分解和优化，最终生成工作标准文本，而后据之进行工作，此即标准化管理。从效能上来说，标准化管理的实施，确保了工作过程的统一化、工作资源的一致性和工作结果的稳定可控性。

3.1 标准比人可靠

企业要想长治久安，就要拥有超越个人英雄主义色彩的流程化管理，实现"无为而治"才是企业持续发展的原动力。"无为而治"是管理的最高境界，指企业在不依赖人为控制的情况下也能达到既定的目标。在这种管理模式下，企业不再过分依赖管理者，而是通过内在控制激发员工的工作积极性，实现自我管理和自我控制，这也是华为想要长治久安的唯一选择。

1998 年，华为进入了第二次创业时期。这一年，华为的销售额比 1995 年激增 6 倍，金额到达惊人的 89 亿元，更为可观的是，华为基本实现了"农村包围城市，最终夺取城市"的战略目标，在国内的主要城市都有华为的核心产品。在交换机市场，华为超越了世界巨头朗讯和西门子，成为两家最大的供应商之一。

在如此辉煌的成绩面前，任正非不想成为在天上越飞越高的"鸟"，带着一群听不懂"鸟语"的"猪"。任正非认为，华为的最高境界就是无为而治。而实现无为而治是管理者实现"从心所欲不逾矩"的长期修炼，行为英雄化不仅会破坏公司的流程化，严重的还会导致公司最终分裂。

任正非希望，华为不要成为一个人的企业，以前那种凭借几个高层管理者的经验和能力去判断、做决策的时代已经过去。在流程上运作的干部，不要习惯于事事都请示上级，这是错误的。已经有规定或者已经成为习惯的东西，不必请示，应快速让它通过。对此，任正非向华为人发出号召："我们要逐步摆脱对技术的依赖，对人才的依赖，对资金的依赖，使企业从必然王国走向自由王国，建立比较合理的机制。"

【辅助阅读】标准化管理的价值

标准化管理最终将表现出指导、协调、监督、稳定四大价值功能，从执行到管理层面分别发挥作用。

①指导。标准的最大价值是，它可以帮助现场人员从工作标准中了解自己应该做什么、不应该做什么，从而更快地解决现场工作中遇到的各类问题。

②协调。标准可以将现场管理所涉及的各要素、各部门、各环节合理地组织起来，形成一个有机整体，使它们之间建立起良好的配合关系，有效地实现标准化的计划与目标，建立起标准化管理的正常秩序。

③监督。现场管理者按照既定的标准，对改善活动进行监督和检查；一旦发现有所偏差，及时采取纠正措施。监督的目的是保证改善活动能够严格按计划进行，进而保持改善效果的稳定性。

④稳定。工作标准的存在可以使工作结果保持相同或相似的状态，即便是不同的人，或者不同的时间做事都能保证结果的稳定。

任正非将华为初期的发展看成第一次创业，那时候的华为公司规模小，人也少，华为是靠着企业家行为，凭着感觉做市场、凭着感觉抓管理。当公司规模逐渐扩大的时候，从前那种"拍脑袋"的个人化色彩浓厚的行为向职业化管理的转变就成为必然，华为需要步入二次创业期，而二次创业的目标，就是用十年时间让各项工作与国际标准或国际惯例接轨，塑造出不依赖于人的流程文化。

任正非说："慢慢淡化了企业家对它的直接控制，那么，企业家的更替与生命终结就会与企业的命运相分离了。长江是最好的无为而治，不论你管不管它，都不废江河万古流。"任正非希望华为将来也能够像长江水一样，没有领导者也能自动、自发地奔向成功。就这样，华为的标准化管理开始设计并逐步运作起来。

3.2 设计标准

工作标准的设计是企业推行标准化管理首先需要考虑的问题。华为发展初期，工作标准还不太健全，人们凭借自己的经验和能力进行决策和工作。那时候，员工习惯性地向领导请示命令，甚至一些中高级干部都习惯于机械地向领导请示。明明有章可循、可以自己独自决定的问题，还要向领导请示，事无巨细都希望领导做决策，这就极大地降低了工作效率，也容易滋生官僚习气。就像任正非说的那样，企业主要的管理控制权都掌握在企业家或掌握了关键技术的人手里，很多东西都没有工作标准可言。

（1）标准与必要性。

随着华为的不断发展和业务量的增加，单一的靠企业家行为已经不能有效地覆盖企业各个方面的管理，客观上需要企业根据业务状况，制定和执行科学的工作标准，以辅助推进标准化管理。只有通过这种标准化管理，才能有效并快速地满足服务业需要。

对此，华为内部曾发表过一篇《标准不是一纸空文》的文章，对华为不遵从流程和标准的行为提出了批评："作为个别用户，您也许体会不到标准有多么重要，但作为一个大型制造企业的内部 IT 热线中心，我们深深感到制定和推行标准的必要性和紧迫性。当今，信息技术迅猛发展，产品换代日益加快。像我们这样拥有一万多名员工的大公司，如果计算环境不实施标准化，各部门或个人的硬、软件平台全都根据自己的需要进行选择和配置，势必五花八门。那么一旦有人遇到故障，很难想象能够寻出一位'全能技术好手'来应对它，即使是整个IT热线中心倾城出动，也未必能够应付这些千奇百怪、毫无规律的各种软件、硬件故障，更谈不上经验积累。"

可以说，标准的系统设计，帮助华为将以往的"人治"变成了科学的"法治"，而华为也切实通过标准的系统设计实现了工作的有序开展。

【辅助阅读】 标准的形式

标准通常表现为《工作标准书》文本。在改善过程中，现场管理者可以根据各层级在现场改善过程中所履行的职责和扮演的角色不同，分别制定相应的工作标准。通常，工作标准细分为作业标准和管理标准。

作业标准是指针对日常作业而设计的标准。作业标准的制定必须包括以下五方面内容：工作程序与作业步骤、方法与标准、物料、用具、人员配置。在现场中，每个岗位的作业及改善活动大多是由该岗位的负责人员负责的，工位上或办公室里悬挂该岗位作业的详细步骤，岗位负责人必须严格遵守。

管理标准是指针对现场中需要协调统一的管理事宜而设计的标准。管理标准通常有以下几种类型：管理基础标准、管理方法标准、管理工作标准、生产过程标准。

华为的标准设计是非常广泛的，甚至对出差准备这类简单的事项也会专门设定标准。一位老员工发现，在为客户讲解产品时经常出现设备对接不良，给客户带来不佳的观感；而在此过程中有时还会出现设备遗失等问题。为了避免出现这类问题，华为特别设计了准备工作清单，明确责任人，如表5—2所示。

表 5—2   出差准备清单

物品	数量	负责人	确认
投影设备	两台	客户经理	
便携电脑	两台，并做好备份	产品经理	
印刷资料	指定数量	秘书	
小礼品		仓库保管员	
注：在出差前，确认所有设备能够正常使用和对接，在确认后在空格内画√。			

华为设计了这一标准后，同类问题几乎再未出现过了。

（2）标准与传承性。

为了促进华为标准化管理，1996 年，华为聘请了包括吴春波在内的几名中国人民大学教授起草了《华为公司基本法》，以便在此前提导向下去设计系统而细致的工作标准。然而，就在《华为公司基本法》尚处于构思阶段时，却有人送给任正非一本 19 世纪的美国宪法。当时，任正非看着这本宪法感慨道："今天看来，并不高明，但它指导了美国二百多年的发展，奠定了美国今天的繁荣。"因此，任正非也希望《华为公司基本法》能够在 20 年后，即使没有什么价值了，也必须能够规范、指导华为人的工作，能够将企业成功的基本原则和要素系统化、规范化、制度化，将企业家的智慧转化为企业的智慧，并且不断传承下去。

关于华为工作标准的传承性，当时任正非曾拿华为和西门子等国际大企业进行比较。任正非认为华为也有优秀的运营商，甚至比西门子的运营商还多，可华为的销售额还远远比不上西门子，其中必有原因。任正非说："西门子的产品具有很好的继承性。很多运营商，尤其是固网的运营商始终面临着来自资本市场的压力，必须降低资本开支。华为不能只着眼于控制和降低硬件产品的价格，同时也需要降低整体解决方案的价格，包括软件、服务以及其他的相关支出。因此，华为要在国际上树立自己的品牌，就必须拥有可继承性、可扩充性的产品，也就是说，所有产品都要严格按照一定的标准去开发，运营商购买后只需要进行升级就可以了，不用将整套设备全部替换。"

1998年，华为引进英国国家职业资格管理体系，并率先在秘书部建立任职资格认证体系，制定了文秘行为标准。华为引入任职资格标准的目的是帮助华为实现标准化管理。对此，任正非是这样说的："英国这个国家，它的法律和企业管理条例是非常规范化的，在世界上应该是高水平的，你看看英属殖民地，法治都很好，都是来源于它有周密的、全面的法治环境与建设。"华为的任职资格尝试获得了巨大的成功，不仅解决了秘书的职业发展通道问题，也极大促进了秘书的积极性，工作效率得到明显提升。于是，华为的人力资源部门也开始制定其他部门的任职资格体系。

【辅助阅读】标准与经验传承的关系

标准化管理的核心就是老员工将工作过程、技巧、方法等加以总结，形成文本保留下来，并在新员工入职后全面系统地传授于他。如果没有标准化，当老员工离职时，他会将所有已发生问题的处理方法、作业技巧等装在脑子里一起带走，而新员工可能重复遭遇以前的问题而慌乱应对，即便在工作交接时有所传授，但仅仅凭借个人记忆也很难完全记住。而且，如果没有标准化，不同的师傅会带出不同的徒弟，其工作结果的一致性可想而知。

但是，如果能够将作业程序和作业方法等制成标准，那么这些问题就可以迎刃而解：人们可以不断重复同样的程序，这不仅有利于缩小个体作业差别，还有利于形成群体习惯，消除不合理的和不必要的动作和程序，增进工作效果的一致性和可控性。

秉持着"必要"和"传承"两大概念，华为基于实际需要，设计出了一套有效的标准体系，完成了对标准化管理的设计。

3.3 标准落实

在标准化建设过程中，最让人头痛的一个问题是：人们对标准化建设工作存有抵制、反对的态度，这也是导致标准化建设失利的最主要原因之一。

【辅助阅读】为什么人们抵触标准化建设？

从心理学角度来看，人的心理很容易进入满足现状的状态。因此，企业内员工产生抗拒心理，通常是人们对原有工作状态的偏爱或行为惯性的反作用力表现。此时，员工会因不愿意改变现状，而采取对抗心理行为。特别是那些现行制度标准的得利者，如果打破现有的工作模式，是否能给他们带来益处，这是他们首先去考虑的因素之一。如果不能满足他们心中的更大的利益要求，或给他们带来切实的便利，那么他们是绝对不会支持标准化建设的。

基于这样的分析，华为从两个角度出发，去消除建设过程中遭遇的种种不利因素。

（1）消除对标准本身的异议。

有相当一部分人对工作模式的标准化和优化是表示认可的，但是他们对标准本身的界定和设计并不满意。一个最常被作为异议抛出的问题是：这种做法做到这样的程度，就算是标准水平了吗？因为，如果他认为标准水平过高、过严，他会认为标准是难以落实的，所以他"不给自己添麻烦"——不去落实标准；对于他而言，标准水平偏低、宽松，又可能使其认为缺少挑战价值，或认为"标准不完善"，不值得落实。

对于这种因对标准本身的质疑而抵触标准化建设工作的情况，华为采取的做法是：以最优表现作为标准。这一点与大野耐一的观点是一致的。

【辅助阅读】 大野耐一的标准设计思想

大野耐一认为：应该以使用时间最短的那次或工作完成数量最多的那次作为标准。部分管理者认为，这样的标准听起来似乎有些苛刻。

大野耐一对此作出的解释是：之所以选择时间最短或完成数量最多的那一次作为标准，是因为那一次采用了最正确的工作方法。即使对同一项工作任务操作 10 次，并且每次都采用相同的操作方法，时间上仍然会存在一定差异。其中时间最短的一次，恰恰是因为采用了最恰当的做法。但是，为什么其他 9 次却花费了更多的时间呢？即便时间差实际上很小（也许仅仅是几秒钟），仍然需要分析出原因所在。一项工作未得以顺利开展，必然是操作不当所致。因此，用"平均时间"来工作是不精益的做法。

在标准下达后，华为会由管理者和导师去宣贯标准的落实，对能力不足的人员给予技术和方法上的帮助和支持，使之具备参与标准化管理的能力。

（2）消除情绪上的抵制。

还有一部分华为人并不关注标准内容设计问题，认为标准化管理对自己毫无益处，故而对其表示抵制。任正非向这部分人如此解释："前人已经做了错事，走了那么多弯路，认识到今天的真理，我们不去利用，却要去重新实践，自然就浪费了我们宝贵的青春年华。"因此，华为公司高价聘请很多来自世界一流高科技公司的专家，帮助华为一步一步地实现工作的标准化管理。

而对于那些沉溺于旧有工作模式而对标准化管理缺乏热情甚至非常抵制的人员，华为提出了"易岗易薪"的口号，对不能胜任工作、不服从调动、不能吃苦耐劳的干部员工全部调离，或脱产学习，或调岗，同时报酬也要发生变化。通过对应的管理模式辅助标准化管理的推进，使得员工珍惜工作，也更乐于接受标准化管理和更严格的工作质量要求。

之后，华为每个人都能够在一段流程上实现标准化运作，彻底实现"无生命的管理"：管理者每天打高尔夫球，公司也依然能够持续健康地发展。任正非说："我相信这些无生命的管理会随着我们一代又一代人死去而更加丰富完善。几千年后，不是几十年，这些无生命的管理体系就会更加完善，同时又充满活力，这就是企业的生命。"

3.4　标准优化

在实践中，每当提及标准化管理，总有一小部分人表示出如下困惑："我们怎么可能使我们的员工以完全相同的方式做事呢？""员工不是机器，要是我们让每个人都采用相同的做事方法，就无法发挥他们的创造力了。"其实，这个困惑不难理解，毕竟"标准化"这个名词代表着相同的做法，而且部分企业的确是因不恰当的标准化管理压制了员工的创造力。

我们试想一下：在企业中，人们一方面要求每一项工作实施和流程规划都是标准化的硬性规定，不容许出现任何偏差；另一方面，又要求在工作过程中秉持柔性原则，能够根据环境变化迅速做出调整。也就是说，"在达成标准一致的同时，又兼容创造力"，这是否是一个明显的悖论呢？非也。

事实上，一个优秀的企业会借助标准化管理而获得更多发挥创造力的机会。

【辅助阅读】标准化与创造力的平衡

美国企业家马里奥特说："绝不能将不动脑筋地遵守和考虑周详地制定标准混为一谈，在我们的事业中，后者已被证实是促使我们成功的主要推动力之一。""即使是解释最详尽的程序，也无法涵盖所有可能发生的状况、问题或紧急事件……健全的制度和标准化程序所做的就是在一开始就解决常见问题，使人们可以专注于那些不常见的问题。"

由此可见，针对工作中最重要和常见的层面制定标准，使人们能够在无须摸索方法的情况下开展工作，这才是关键。这样一来，人们才能将能力专注于更需要花心思关注的问题（如解决新发生的问题和优化当下标准）。

华为采取的做法是：首先了解整个作业流程中有多少个部门应该实施标准化，辨识最重要且一再重复执行的工作内容，明确如何加以准确无误地执行，并如实记录下所有方法，再要求人们如何严谨地遵循这些标准程序来工作。而在大多数工作中还存在着相对不太重要的部分，可接受度较宽泛，执行率较低，因此无须过于严格地加以控制。华为只注重那些能够产生最大效益的部分，严格遵守工作中最重要的层面，因而能够一贯地产生优异成果。

基于此，虽然华为以强调标准化管理而著称，但是所谓的"高度标准化"并没有产生一个命令加控制的工作环境，华为人也没有因此而变得呆板。当然，华为不仅在内部日常工作管理方面，还在市场竞争与合作管理方面实现了标准化与创造力的结合。

2012年，华为与腾讯建立了联合创新中心。该中心设立后，双方在标准化管理方面，共同推动联合创新中心输出的技术成果，这些技术成果得到了国际标准组织（ONF、IETF等）的认可。这些实践成果无疑是华为标准化与创新力结合的最佳呈现。

不过，华为的标准化管理并不要求"标准一旦制定，就始终如一、再无变化"。"三化管理"（先僵化、后优化、再固化）便体现出了华为人"遵从标准——优化设计——新的标准化"的标准优化过程。

当然，华为对标准优化的时间点也是有所限制的。任正非曾告诫华为员工："5年内不许你们的幼稚创新，顾问说什么、用什么样的方法，即便认为不合理也不许你们改动。5 年之后，把人家的系统用好了，我可以授权你们进行局部的改动。至于进行结构性的改动，那是 10 年之后的事情。"也就是说，任正非希望华为人能够脚踏实地地按已经研究设计出的标准，去呈现标准化行为，在此前提下考虑业务创新。而当有一天，华为人真正将"标准"娴熟地运用后，再去考虑其优化空间的问题。通俗地说，在没学好走路之前，不要学跑步。

4. 自我管理

自我管理是人们对自身心理与行为的主动的综合性掌握。它主要通过自我意识、行为规划与行为控制，达到约束自身心理和行为、保障自身行为效果的目的。对任何人来说，善于自控者，皆更容易成就事业、梦想和未来。而华为之所以能够迅速成长、叱咤行业，其背后隐藏的恰恰是华为人高度的自我管理意识和踏踏实实的自我管理能力。

4.1　主人翁意识

美国作家奥瑞森·马尔腾写过一本书，书名为《与公司共命运》。这本书指出：企业和员工并不仅仅是工资与工作的关系，也不仅仅是雇用关系，而是命运共同体。在华为，任正非同样非常重视对主人翁意识的培养。他要求华为人摆正自己的位置，积极参与工作，与华为同呼吸共命运，让公司和个人实现共同发展。

对此，任正非说过这样一段话："有人说：我是打工的，我拿这份工资，对得起我自己。我认为这也是好员工，但是他不能当组长，不能当干部，不能管三个人以上的事情，因为他的责任心还不够。打工，也要负责任，在生产线上出现的一个很小的错误，如果当场解决，浪费的财产可能是一块钱；当我们把这个机器装到现场的时候，造成的损失至少是一千块钱。间接损失包括社会影响、包括客户对我们的不信任，这个损失绝不是一千块钱可以衡量的。这样损失了你涨工资的空间，因为利润已转化为费用，拿什么来提升。"

任正非认为，华为公司要想不断提高核心竞争力，保持持续增长的发展势头，就需要有一群责任心很强的内部人员，就像华为在招聘时说的那样："我们招聘的不是员工，而是合伙人。"这些人能够站在公司发展的角度思考和行事，与华为同舟共济，而不是对什么工作都无动于衷，甚至逃避责任。

【辅助阅读】主人翁意识与自我管理

主人翁意识是指以当家作主的态度参与工作、管理的意识和态度。它的主要特征是：具有高度的事业心和责任心，在个体工作岗位上充分发挥出其主动性、积极性和创造性；努力提高工作效率，积极完成工作任务，等等。具有主人翁意识的个人会积极、自觉、自愿地进行自我管理，追求整体长远目标任务，这是自我管理的意识前提。

实践证明，任正非的管理思路是非常精准的。从华为管理实践来看，无数的华为人以实际行动诠释着他们的主人翁意识，他们自觉地进行自我管理，且自我管理的成果也非常可观。

2001年，华为正处于海外拓展时期，对华为人来说，去海外工作既新鲜又是挑战。当时，公司指示几位员工共同负责筹建亚太片区。期间，进行装修的几个月是非常辛苦的，虽然没有上级领导直接监督，但她们却将每天的工作安排得紧锣密鼓，而且每个人都精力旺盛。特别是当供应商对华为公司的利益有损害时，她们甚至会拉着客户开会到半夜，直到对方妥协为止。最终，她们圆满完成了片区平台交付的任务，并比原计划提前了2周的时间，保障了公司片区运作的顺利启动。

这样的事例非常多。围绕每一项工作的贯彻过程，主人翁意识使华为人表现出敬业的态度，积极自主地安排个人工作，这也是华为人自我管理的直接呈现。当然，华为人高效的自我管理并不仅仅依赖于意识，更重要的是掌握自我管理的方法，比如计划管理、资源协调以及行为控制。

4.2 工作计划

美国企业家理查 S. 史罗马在《无缪管理》一书中指出："对一件方案，宁可延误其计划之时间以确保日后执行之成功，切勿在毫无适切的轮廓之前即草率开始执行，而终于导致错失方案之目标。"这是对工作计划管理的价值的最大肯定。华为人对自我计划管理亦是非常重视的。

（1）计划与量力而为。

计划是自我管理的依据，而量力而为是对实现预期的评价与判断。在华为，对这两者的考量是非常严格的。

比如，华为公司的产品开发流程分为概念阶段、计划阶段、开发阶段、验证阶段、发布阶段和生命周期管理阶段 6 个阶段。根据 IBM 咨询顾问指导设计的产品开发流程，产品开发的计划阶段周期加长，极为重视计划阶段对技术方案的制订以及各领域实施方案的制订。这种方法要求"产品开发计划达到高可行性后才可以进入开发和验证阶段"，这样在实施过程中便不会因计划不可行而导致返工，整个项目开发周期也会大大缩短。

在这里，"可行性"实际上便是"量力而为"的前提条件，而为了保障高可行性，华为人特别重视的一个问题就是对工作能力的合理评估，即：量力而为。

任正非这样说道："如果你发觉自己没有足够的时间去做真正重要的事，那么你必须学会减少你的责任，这样你才能有足够的精力和时间。"意思是说，无论是员工还是管理者，都要权衡自己的工作能力，确保有足够的时间和精力把事情做好。

以华为来说，虽然华为员工中具有大学本科以上学历者超过 85%，而且都掌握着业内先进技术并从事电信研究工作达 5 年以上，但是，华为会从个人应知、应会、专业知识、可塑性、背景、个人反应能力、人际关系、实际工作经验等方面，对员工进行考核，并将之分为 ABCD 等不同类型。

针对这些不同类型的员工，华为管理者还会有针对性地为他们分配任务，确保工作任务与员工的能力相匹配。与此同时，华为员工们也会根据自身能力水平来安排自己的任务计划，确保在自己的努力下能够实现计划目标。如此一来，各类工作计划便能够真正成为华为的"可实现"计划，而不是空中楼阁。

（2）让计划赶得上变化。

在工作中，即使人们的工作统筹能力再强、计划得再仔细，仍然会有意外情况突然发生。比如领导、同事或者客户突然提出一个要求，于是人们不得不放下手头的工作，去满足那个要求。最终，"计划总是赶不上变化"自然也成了工作中最常听到的抱怨。

对于这个问题，永远采用拒绝法是不被建议的。不过，华为人选用了一种宜己宜人的解决办法：为工作设置裕留部分。所谓"裕留"，是指在计划安排时，多留出一些时间或资源，以便有余地处理临时性、突发性事件。倘若真的在工作的过程中出现"不测"，就有足够的时间进行改正，以保障作业的顺畅和安全。

在华为，员工会习惯性地作出时间裕留。如果客户要求 9 个月内完成交付任务，华为人就会把交付时间缩短为 8 个月，剩下的一个月时间用来处理突发事件。如果领导让自己周末之前提交项目策划书，员工绝不允许自己在周五下班的时候踩着时间点把策划书交给领导，因为他们还要为自己留出一点时间来修改。

这种聪明的做法确保了华为人的工作始终处于掌控之中，哪怕工作过程中出现一点意外，他们也能够有充足的时间进行修正，进而避免了"计划赶不上变化"的情况出现。

【辅助阅读】 裕留的前提条件

通过裕留方式来制造计划弹性时，必须把握一定的"度"。如果弹性过大，难免会出现懈怠之心，计划很容易被拖延下去，自然也难出成果。因此，在设置裕留部分时，必须获得准确的资源信息，在此基础上去设定计划的弹性空间。

①获取准确的资源信息。资源包括人力资源、物力资源和信息资源。资源信息的准确性直接决定了改善行动计划的制订和计划结果的实现。

②随时掌握当前资源信息。在实践中，应随时掌握企业当前的资源利用情况，进而设定适宜且具体的资源量，并随时调整其他改善行动，以协调改善目标的达成。

────────────────────────

（3）计划进度控制。

再完美的计划，如果没有有力的实施也是枉然。为了确保预期计划的有效实现，最重要的莫过于对计划进度的控制。在华为，人们的工作任务很多且交期紧张，但是华为人却几乎不会出现交期延误的情况，反而经常提前完成工作任务。

Optimus是葡萄牙最大的私营企业Sonae和法国电信合资的电信企业，经过慎重的考虑和抉择，Optimus选择华为实施其UMTS项目。按照项目计划，2006年的建设量是10个月内完成500多个基站，第一阶段在一个半月内要完成全部基站数量的30%，其中包括搬迁80多个现网基站，同时完成其余基站的新建。虽然此项目工程交付时间紧，任务重，但是华为的项目组却经过艰苦不懈的努力，按时完成了第一阶段所有的基站搬迁工作以及新基站建设工作，高峰期达到每周建设40多个基站的工作量，网络指标亦达到客户要求。

面对交期颇紧的项目，华为人凭借对计划进度的控制顺利完成了任务。一位工程师对该计划进度控制方法进行了总结：在计划实施后，华为人对计划完成时间和任务量进行专业分析，将其分成单项目，建立单项的月、旬计划进度控制图表，以便对单项的月、旬进度进行监控。

总体而言，对工作计划的严谨设计和对计划实施进度的严格控制，既是华为人从时间管理角度实施的有效的自我管理措施，同时也是华为在工作哲学领域中被验证高效且极为深刻的实践体验。

4.3　善用资源

在工作中，一部分人对自己的定位存在误区，认为自己仅仅是一个工作者，对于工作中需要哪些资源漠不关心，结果经常陷入工作效率低下的局面。这实际上是人们在自我管理方面常遇到的一种认知误区。

华为人对此抱持的思路是：人们在工作中不应把自己简单地定位成工作者，而应该定位为管理者，并树立面向企业资源的管理意识，对人、事、物等资源进行合理统筹，这样才能成为真正的高效工作者。

（1）资源协调的实践。

华为某项目经理曾总结过自己在推进项目过程中的种种困难，其中资源匹配和人员协调尤为重要。

一般来说，从项目需求提出，到 CDT 项目运作完成，许多项目往往要花一年半时间。这其中除了经历公司的层层审批以及 CHARTER 胶片需要攻关大领导的评审外，还需要协调来自各个部门的项目成员。在产品开发过程中，如何有效管理来自总部及各研究所的成员，这是华为研发中的一个大难题。

因为，各领域代表之间的沟通存在一定难度，就算勉强召开一次电话会议，整个过程安排也显得非常不周密。同时，代表们平时需要关注很多项目，因而对产品的熟悉程度往往相对较差，所以产品开发几乎完全靠项目经理去推动协调。而在项目资源的调配上，他们也经常陷入困局，比如研发人员希望能加快速度，采购人员则希望能控制成本，服务人员又可能希望产品能安装方便。当工作领域有冲突时，就常常像是一群零散的人员在被时间点追赶着一路狂奔。

这种情况不仅在华为，在整个通信领域研发工作中几乎都是一种常态；但是对于一个追求高效工作的企业来说，这样的行为显然是不被允许的。

为此，华为要求华为人锻造出强有力的资源调配能力，在资源调配方面占有主动地位，这样才能让资源条件充分支持任务目标的实现，推动项目的持续进展，让工作圆满完成。时至今日，华为人已经非常重视资源管理，且具有较强的资源管理能力。如果观察华为的日常工作会很容易发现，华为公司会为员工提供最优秀的技术支持、合作伙伴、指导老师以及先进的开发设备。在这样一个具备优势资源的开发平台上，人们可以把自己的设想转化为产品。这也是很多人愿意到华为发展的重要原因。

（2）资源协调的范畴。

在华为，资源协调不仅限于某种物资，它还包括一切人力和物力，具体包括工作者本人、领导、同事、下属、服务的客户、供应商、工作设备和资材等。

因此，当人们接到工作任务以后，会迅速进行资源规划。例如，工作中需要向谁汇报和请示，怎么样才能通过？工作中需要和哪些人员对接？和工作相关的技术资源有哪些，有哪些渠道可以获得？关键物料是如何供应的，个人在工作中如何获取？实验设备以及环境资源如何，个人在项目中如何获取？

每一项工作所面临的资源需求都不一样，华为人会依据工作需要，做好资源统筹工作。同时，在工作过程中，随着自己的工作进度，适时跟踪自己的资源配套情况，在必要的情况下进行跟催，确保自己在资源匹配上获得优先权。

【辅助阅读】美国全食超市的资源协调

美国全食超市公司一共拥有194家分店，每年创造近60亿美元的市场销售总额。如果按每平方米面积计算，这家公司是美国利润最丰厚的食品零售商。

这家企业是怎么做到的呢？这家公司要求每位团队成员都要成为一位经营者，决策团队成员去留、品类引进等各项事情。如此，员工仿佛是在经营着自己的小生意，对所有资源都会考虑到位并做到合理统筹，自然他们的工作效率也比别人要高出很多。

4.4　行为控制

工作行为控制是指对工作选择和行为过程作出一系列要求和把握，它对自我管理而言是极为重要的。在这方面，华为人提出了无数独特的观点，下面我们借由两个小方面来窥见一斑。

（1）先去摘好摘的果子。

很多人认为，工作时应优先选择那些看起来最有价值的事情，于是，往往忽视了身边的一些最简单、最容易完成的事情。这种现象是较为常见的，这在一家法国知名报纸举办的有奖智力竞赛中得到验证。

【辅助阅读】法国作家贝尔纳的回答

法国一家知名报纸曾经举办过一次有奖智力竞赛，其中有道题目是这样的：假如法国最大的博物馆卢浮宫发生了火灾，在情况紧急中，只允许抢救出一幅画，请问你该抢救哪一幅？

人们纷纷给出不了不同的答案，有的说应抢救达·芬奇的《蒙娜丽莎》，有的说应抢救凡·高的《向日葵》……毫无疑问，人们都在"抢救"各自认为最有价值的那幅名画。

然而法国作家贝尔纳的答案是："我抢救离门口最近的那幅画。"分析结果是：虽然离门口最近的那幅画不是最有价值的，但是把它抢救出来却是最有把握、最可行的。最后，经过评审委员会一致同意，法国作家贝尔纳的答案成为最佳答案。

***

这个故事在华为内部培训课上讲过多次，而对贝尔纳回答的分析结果也影响着一批又一批华为人：先摘好摘的果子，做事从最容易、最有把握的地方开始！就像任正非在华为发展初期时曾经说的那样，每一项技术创新都不要过于盲目突破，而要简化创新，从自己最擅长的部分开始突破。

然而，这也并不意味着做事时投机取巧、避重就轻，而是使人们从微小的成功中获得一种信心——"一定能把目标实现"，进而在以后的工作中，就能够扛得起命运的重担。同时，这也是一个循序渐进的过程，人们采取由易到难的方式去做事，其在应对工作时承受力和掌控力会更强。

（2）机会偏多于踏踏实实工作者。

任正非严肃地告诫华为人："机会偏多于踏踏实实工作者。"他认为，工作不踏实，往往会给企业带来严重的后果。在华为，一个很不起眼的插头或连接线，一个容易被人忽视的数据，都可能让企业产品全部报废，最终影响到整个企业的形象。因此，任正非希望员工不要眼高手低，要做一个踏踏实实的、在本职工作中有所作为的人。

华为员工王某转正没多久，就接到了一个网络产品线新立项的重点项目——跟踪写作某项目手册的任务。由于项目时间很紧张，在很多安装环节连自己都没有好好验证的情况下，他就想当然地写入手册里了。经过几个月的"努力"，他的"处女作"总算问世了。就在他得意时候，用服那边传来邮件，说参考他写作的安装文档以后，服务器安装漏洞百出。

他刚冒出半个头就被一棍子打了下去，冷静下来并仔细分析出自己的问题：为了赶进度，在没有实践的情况下就想当然地编写文档，很多问题到了一线以后自然而然就被暴露出来了。因此，他决定重新编写文档，并且都是亲自搭建环境、安装。经过反反复复地多遍验证后再落笔。他又花了近一个月时间重新编写出来的文档，终于得到了用服的认可，他也总算为自己找回了"面子"。

如果王某从一开始就踏踏实实地工作，那么他接下来也不必再花一个月继续努力了。就像任正非说的那样，工作就相当于在给铁轨上的一段枕木钉道钉，要有务实精神，自己才能得到成长，企业也才能得到发展。

5. 问题改善

问题是指某件事或者人员等已经发生的，或者确定即将发生的，与预期状况不一致的事件。也就是说，问题是现有状况与预期状况之间的差距。纵观通信业甚至其他行业，当无数人在细数自己已然获得的荣耀时，华为人却在反省自己身上存在的问题，寻求进一步优化和改善的空间。华为人这种在精神上的骄傲和追求上的不满足，是非常值得称道的。

5.1　直面问题

每个企业的进步皆始于对问题的重视，更准确地说，是始于人们对当前问题的正确认知。如果对问题的认知度欠缺，那么势必会妨碍人们有效地处理眼下的工作，进而影响企业预期目标的实现。

通常情况下，人们无视企业问题的表现有两种：一是不承认问题；二是忽略或掩盖问题。

人们表现出此类行为的根本原因有两个：

一是精神层面的原因，主要是指自尊心作祟。通常情况下，人们把犯错或问题视为异常、"丢面子"，如果自己的错误被公开展露，并因此受到他人的指责，简直是一件要命的事情。因此，人们通常不会和他人分享问题，而总是不动声色地尝试自己解决问题。

二是物质层面的原因，主要是指经济上的受损。伴随着问题的被发现，人们很可能因问题的发生而受到惩罚，导致个人利益受损，这是人们不愿意接受的。

研究表明，尽管多数企业都希望能够从错误中得到教训，但却总是"难以成行"。一旦牵涉众多利益之争，"从错误中总结经验教训"便会成为一件"几乎不可能"的事情。更多的人宁愿花费大把的时间和精力，来为自己的错误作辩解，也不愿意主动坦承自己犯下的错误，从中总结必要的教训。一些管理者否认存在问题，一些员工隐藏问题、不予申报，往往是基于前述原因。而一些企业领导者又经常做出自我辩解的行为，这更使得企业上下无视问题的现象愈演愈烈。

不过，即便人们不愿意承认问题或掩盖问题，但仍然应该意识到问题的客观存在——它不会因为我们的不喜欢而消失。而要避免问题已经造成或可能造成的浪费或灾难，每个企业人都需要将勇敢面对问题视为一种责任和习惯。事实上，很多成功企业及成功者都有一个共同的行为特征，就是重视问题。

【辅助阅读】重视问题的典型事例

在丰田公司，员工们会主动寻找准缺陷，并及时地向管理者或领导者报告；后者也欢迎员工作出这类汇报，积极地接纳改进的机会，而不会责怪带来坏消息的人——管理者或领导者为能在问题初露端倪之时发现问题而高兴，因为他们将问题视为"开启秘密宝藏之门的钥匙"。

如今，一些成功者已经开始尝试主动发现问题，并进行自我纠正。比如沃伦·巴菲特，他曾在2009年致股东的一封信里进行了自我检讨，并给自己提出了一系列行为标准："2008年，我进行了一些愚蠢的投资。我至少犯了一个重大错误，还有一些错误虽然不是太严重，但也造成了不良的后果。此外，我还犯了一些疏忽大意的错误。当新情况出现时，我本应三思自己的想法，然后迅速采取行动，但我却只知道咬着大拇指发愣。"

其实，这类检讨不仅应该在企业的董事会上听到，在小组讨论会上也同样应该听到。对问题视而不见，只会让问题越积越多，直至如火山般爆发；而主动发现问题，却有助于我们实现目标，有助于我们取得更大的成绩。

与他们一样，华为对管理和工作中存在的各类问题都是非常重视的。这一点在华为是到处可见的。《华为真相》的作者程东升就有切实的体会，他也在自己的文章中有过这样详细的描述：

2000 年 3 月，华为成立了资料开发部，专门整理、编制各种技术资料。为提高技术手册的质量，资料开发部总编办组织了一次归档资料突击测试。结果，一本 125 页的技术手册，在没有全部检测完毕时，就发现了 163 个文字、数字不规范，甚至是明显错误的地方。比如，"登录服务器" 写成了 "登陆服务器"。在另一页上，赫然印刷着 "机房要能密封，直径大于 5mm 的灰尘浓度 $\leq 3 \times 104 \mathrm{mg/m}^3$"，实际上，直径大于 5mm 已经是颗粒很大的沙子了，不能称之为灰尘了，在这样的机房是不可能放置交换机等设备的。原来 "5mm（毫米）" 应为 "5um（微米）"，一个符号之差可谓谬之千里。华为人认识到了细节的重要性，并一丝不苟地落实，终于把资料的错误率降低到了合理限度内。

程东升描述的问题表面上看似乎不大——一些读者可能认为这仅仅是语言描述不规范，但由此却足以窥见华为人对问题的重视——这种重视是广泛而深刻的，绝不分问题大小与属性。

为了特别强化人们对问题的重视，华为特办了《管理优化报》。与《华为人》弘扬正面精神不同的是，该报纸全部是在公布华为内部的问题，一旦人们发现内部经营、管理、工作中存在问题，便可以直言不讳地发表在该报上，按照任正非的话说："不需要任何润色，只要没有错别字，就一个字不差地公布出来，让责任人认识到问题所在。"华为人经常戏谑地说："如果《华为人》是华为的天堂，那么《管理优化报》无疑是华为的地狱。"然而我们不得不说，这种狠狠地敢于自揭伤疤的精神在国内企业中是很难见到的。此外，华为还广泛使用一系列的问题研究方法，并为系统养成人们的问题总结意识而全力打造批判文化，等等，这都是华为关注问题的点滴呈现。

5.2 问题之源

反思问题，解决问题，带来的是团队或个人的成长。然而，一些人面对问题时总是浅尝辄止，认为自己没必要去深究，或者自以为找准了问题的要害。在没有查找出真正原因的前提下就匆忙采取应急措施，表面上似乎解决了问题，实际上还会出现相同麻烦，结果让自己赔上了更多的资源。因此，对于工作中出现的问题，华为要求所有人都具备追根溯源的精神，并强调"这就是一流企业员工与普通企业员工的差距所在"。

（1）一查到底。

找到问题的根源最重要的是从根本上发现问题产生的来龙去脉和真实原因，要做到这一点需要相当的耐心和毅力。这需要我们在工作中注重对这种精神的培养。

华为曾从德国请了一批专家帮助优化 PCB 制造流程。在优化的前期是帮助华为项目组做现状调查工作，需要收集成千上万的数据。由于数据常常是突然的，而专家到现场的时间又是有限的，因此，项目组的人总是紧张。结果是，这边才完成一组数据或资料收集，以为可以松口气了，那边又有一组数据等着去收集了……

可是，德国专家们一个个心平如镜，耐心地等待项目组将数据一点点收集完成，逐一理解和确认以后，还要全数复制一份，锁进密码箱。等到专家们走访现场的时候，从一楼到二楼到三楼，整整一天都在生产现场转悠，不会漏掉任何角落，华为项目组的人跟在他们后面腿脚早就不灵便了，可专家们似乎毫不在乎，不断提出新的建议。这样，一天下来就能够发现几十个问题。

因此，华为非常注重对"凡事彻底"精神的培养，这一点与丰田生产方式的创始人大野耐一说的一样，要"一直找，直到找到为止"。

【辅助阅读】大野耐一：一直找，直到找到为止

工厂丢失看板的事情经常发生，不知该如何是好的企业顾问林南八先生决定以增加看板数量来解决此事。这样一来，有时就会出现多余的库存。知道这件事后，大野耐一勃然大怒，强令林南八"去找回丢失的看板"。可是，林南八找了一个小时左右也没有找到。

林南八把情况如实地向大野先生作了报告。大野先生又一次大声斥责道："只过了一个小时就说'找不到'，这算什么事?"于是，林南八又去四处寻找，可还是没有找到。

大野先生问："你知道为什么找不到吗?"林南八不知该如何回答才好。此时，大野先生补充说道："这很简单! 只是因为你没有一直找，直到找到为止!"

不肯服输的林南八又四处寻找了一番，终于找到了丢失的看板。原来是被油粘在了几个零件箱的底部。林南八对此加以改善之后，看板就再也没有丢失过。

增加看板数量只不过是权宜之计，不管增加多少，还是会丢失。查明真正原因，采取了防止被油粘上的改善措施后，才可以说是彻底地解决了问题。因此，找到问题的根源首先要培养"凡事彻底"的精神，不要总是隔靴搔痒。

为了帮助自己找到问题的根源，华为人找到了一个非常有效的工具——根因分析。有过培训经验的人都知道，根因分析的画法很简单，谁都可以依葫芦

画瓢画出一个"漂亮"的鱼骨图，但是要想通过鱼骨图找到根因，却是一项不容易的工作。

一次因为客户设备出现了故障，华为人和客户正在开原因分析会，大家针对一个症结问题进行头脑风暴。第一次，他们提出了60多个原因；第二次，又对另一个症结问题提出了40多个原因；第三次，有成员开始质疑，会议现场又变成了"战场"，会议毫无进展。

这时，有一个客户提议直接拍了根因算了。可是赵荣（化名）却不同意，他说："要是我们现在就拍了根因，跟对病人下错药有什么两样？我们不仅会做很多没意义的工作，也会给我们公司造成名誉上的损害。"最后，他们求助于大圈长。

大圈长显然有经验多了，他不停地问问题，经过无数次讨论后，鱼骨图的逻辑就理清了，现场的人终于找到了"嫌疑犯"。看到华为人这种"较真"的工作态度，客户投以赞许的目光。

如今，很多华为的员工都有一个特殊的文件夹，名字叫作"根因分析"，赵荣也不例外。在赵荣的文件夹里面完完整整地保存了近40余稿鱼骨图，足以证明华为员工对问题的较真态度，而这正是现如今华为员工的真实写照。

对于问题，要深究严查，一定要查清其背后的真正原因——华为员工的这种做法是非常值得借鉴和学习的。

（2）多自问。

发现问题后，"凡事彻底"的耐心固然很重要，可是人们对工作中的异常问题依然无可奈何，想破头皮也想不出究竟是哪里出错了。问题没有得到改善时，人们会很容易妥协，而问题自然不会得到解决。事实上，并不是人们找不出问题的根本原因，而是尚未掌握有效的方法。

在华为，人们会通过下面这一系列步骤来发现问题及根源。

首先，把握问题现状。在这个步骤中，华为员工会自我设问：我现在知道什么？实际发生了什么事情？还有其他的小问题存在吗？我需要去何处调查取证？我需要关注哪些问题？谁可能掌握有关信息？等等。通过对这些问题的解答，华为员工便可以大致了解问题的现状是什么。

其次，着手调查问题。此时，他们又会提出这样的问题：这个问题为什么会发生？我能看见问题的直接原因吗？如果不能，我怀疑什么是潜在原因？我怎么核实直接原因呢？

最后，依据事实来确认直接原因，经过确认后，制订改善方案。

这样的自我追问看起来是个简单的过程，但真正实践起来却绝非易事。很多华为员工都有过痛苦的体会："刚开始的时候，怎么着也能把'为什么'问上一两遍，但是后来就问不下去了。这个时候的一般做法就是，抓几个'嫌疑犯'给自己个台阶下，然后就完事了。有些问题的原因是很难找到的，真正要做到反复向自己问'为什么'，直到把问题弄明白是一件非常困难的事情。"

的确是这样。人们在反复地问自己几遍"为什么"仍然得不到所希望的答案以后，经常会做出妥协，然后随便找两个原因敷衍了事。所以，在工作中追问"为什么"最重要的就是有相当的耐心和毅力，这也是华为问题管理中着力强调的一点。

5.3 总结与提高

任正非曾当着华为人的面尖锐地指出："一个不善于总结的公司会有什么前途？"他还特意说了这样一段话来鼓励华为人要学会总结问题并实现更进一步："现在给你一把丝线，你是不能把鱼给抓住的。你一定要将这把丝线结成网，这种网就有一个个网点。人生就是通过不断地总结，形成一个一个的网点，进而结成一个大网。如果你不善于归纳总结，就会像猴子掰包谷一样，掰一个，丢一个，你最终将没有一点收获。大家平时要多记笔记、写总结，不想进步的人肯定就不会这么做。"在华为，总结行为主要涉及两个方向：一是从自己身上直接找问题，二是以其他企业或个人为案例，研究管理或工作是否存在问题，而后向内自省，直击自己潜在或显在的问题。

（1）面向个人的问题总结。

每一个聪明的企业人都会通过总结自己在工作中遇到的各类问题，不断提高自己的能力，避免自己走弯路或走错路。华为的一位 PDT 测试经理就发出这样的感触："站在走过 IPD 流程后的今天来回顾，才发现以前是在凭着一股热情和责任感工作，但是由于对产品路标、工作计划等缺少设计，所以，虽然我们每个人都忙得焦头烂额，但却对产品'什么时候能够稳定'、'什么时候能够最终发布'等问题无法把握。而这次我们经历的是一个没有'英雄'的联调，不到 10 天的时间就顺利结束。从开始立项到版本终结，只用了 9 个月的时间，是该产品以前的版本所从未有过的。这就是职业化的威力！"

对此，任正非深以为然。他在内部讲话《从泥坑里爬起来的就是圣人》中强调：要不断地检讨今天，规划明天。当华为在 NGN 上重获成功时，G9 在泰国 AIS 再次遭遇路障，被退网；HLR 在泰国、云南的瘫局，也为华为发出了警示。然而到了 2008 年 6 月 30 日，GU 核心网销售了 8.3 亿用户，CDMA 核心网销售了 1.5 亿用户。在此过程中，如果华为没有形成问题管理的意识和习惯，那么他们是很难取得后来的成功的。

任正非将这个成功的过程归纳为一句话：只有对以往实践进行回顾和反思，发现自己工作和管理中存在的问题，华为才有机会去提升和完善。

（2）面向他人的问题总结。

作为华为的总裁，任正非极力推崇从别人的问题或失败中总结经验教训，以避免自己身上发生相同的问题。任正非说："没有比较，就很难认清自己，也就会不思进取。对企业来说是这样，对个人来说也是如此。"因此，任正非提出，最好的管理办法就是要向一个领域的佼佼者学习，与优秀的人物交流，从他们以往的失败经历中吸取教训，这样才不会走弯路。

此外，任正非还建议华为人进行逆向思考：透过其他企业或其他人的优势，来自省本人在企业管理或工作中是否存在问题。任正非和华为公司骨干曾多次访问美国、日本和欧洲国家，观察一些企业先进的管理模式，同时反思华为管理中是否存在问题，并从对方管理中为华为摸索处理问题的方法。

从1992年开始，任正非就开始频繁地出国访问。在任正非访问了阿尔卡特设在法国北部的工厂以及德国西门子公司后，他就被这些企业的先进生产技术和员工敬业精神震动，这也让任正非有很大的感触，并意识到自己的问题。在《我们向美国人民学习什么》一文中，任正非还特意说了这样一番话："五百年春秋战国如果缩到一天内进行，谁是英雄？巨大的信息潮，潮起潮落。随着网络技术与处理技术的进步，新陈代谢的速度会越来越快。因此，很难再有盖棺定论的英雄，任何过路的豪杰都会对信息业的发展给以推动。我们应该尊重他们，学习他们，批判地继承他们。"

任正非认为，无论是国内还是国外的竞争对手，都有值得华为去关注的优点或问题，而与此同时也意味着华为身上存在对应的问题或在未来需要避免的问题，这些都是华为必须重视并深刻系统地进行学习或总结的。

【辅助阅读】问题总结的理解

问题总结是问题管理的最后阶段。问题处理完毕后，管理者和员工须反思问题处理过程中的经验和教训，形成书面的总结报告。问题总结与分析的主要内容包括：问题分析是否到位，问题源是否抓取准确，问题处理是否彻底，是否可以形成规避措施或作为紧急预案，等等。

问题总结是一个不断超越的过程，其终极目标是避免问题再发。因此，在问题总结过程中要总结出一套便于日后参照执行的结论，而不是为了总结而总结。

5.4 处理机制

当然，华为的问题管理绝不是一阵风，如今问题管理已经成为华为人的一种行为习惯，并且成为华为的企业文化之一。

（1）问题管理的氛围建设。

实践发现，人很容易受到周围环境氛围的影响。企业文化展现出什么样的价值观念和行为方式，企业人便会自然地朝着这样的方向努力。所以，华为管理者要倡导问题管理文化氛围的建设，而员工则要努力参与问题管理活动。

为此，华为特别设计了问题管理的基本流程，比如问题提出的方式、问题剖析的细致程度等，并将整个问题的讨论过程公之于众。虽然人们最初有些难为情，但当这种问题管理氛围形成后，华为人反而不以为耻，因为他们将这视为自我完善的一种途径。在任正非看来，只有"不要脸"，敢于发现问题，人们才会有机会进步。故而，在这种气氛影响下，华为人无不积极地找问题，如果有人说"没问题"，那他们反而会不习惯。

（2）问题管理的态度要求。

对待问题管理，华为人是比较主动的。一位普通员工是这样表述自己的态度的："既然企业决定实施问题管理，而我身为企业一员不可推卸自己的责任。那么，我为什么不主动选择一件自己想要去做的事情呢？"在这种思维模式下，华为人往往非常清楚一个问题从被发现到被处理的整个过程和逻辑，进而自动自觉地去思考和付诸问题管理行动。

从另一个角度来说，华为人对问题管理是极有兴趣的。这种兴趣使得他们在参与问题管理时极具热情，即便遇到障碍或困难，也会主动想办法解决掉。

（3）问题管理的组织过程。

华为的问题管理，通常会在民主生活会中进行。虽然华为倡导内部人员保持开阔的心胸去面对民主生活会上较为激烈的问题管理形式，但也要考虑对个体情绪的控制——大多数人并不喜欢被指出自己是问题或问题源，所以，企业仍然需要从源头上避免在民主生活会中产生"不成兄弟，反为仇人"的结果。

基于此，任正非明确规定了开展"刺刀见红"的批评会时的注意事项。

"首先，基层的民主生活会必须要有至少一个高层领导来主持控制；会议要在大庭广众之下召开，问题要向所有参会人员公开，即使之前有过节，也不能背离民主生活会的基本原则，借机抓住同事的小辫子。"

"其次，保证与会人员的广泛性，让所有人都能充分地表达自己的想法，而不是只让少数人批评或指出问题，这样既可以发现问题，也可避免有失公允的情况出现。"

"最后，要就事论事。指出同事缺点时，一定要建立在客观的基础上。看到同事出现问题，应该及时、诚恳地向其说明，不在背后议论同事的失误和缺点。"

当然，华为召开民主生活会，绝不是为了让华为上下简单地描述自己遇到的问题，为工作开展不理想找借口，发泄一下个体情绪，便不了了之；其更重要的部分是引导人们发表建议，抛砖引玉地诱发现场所有人的智慧，让每个人都能够说出一份独特的问题处理方案。这才是对问题管理真正有益的关键所在。

【辅助阅读】丰田的问题管理与民主讨论会

在丰田，民主生活会被赋予另一个名字——"民主讨论会"。在会上，员工会尽情展示自己，说出自己的想法，哪怕想法是错误的。为此，丰田还广泛推行合理化提议制度，就是要促动全员参与问题管理，进行创造性思考，希望激发全体员工的创造性思维，以征求大家的"好主意"，从而实现持续不断的问题管理水平提高和工作/管理状态优化。

通过组织民主生活会，华为在企业内部搭建了一个发现问题、讨论问题与解决问题的平台，在这个平台中人们以"批评与自我批评"的形式获得成长和进步，这与任正非一直倡导的开放型组织、学习型组织等组织哲学和战略理念不谋而合，共同推动着华为人逐步提高与进步。

因此，以华为为代表的相当一部分成功企业，无不极度重视群体组织的智慧，并引导人们积极地说出自己的想法。对于好的建议，予以接受；不好的建议，也肯定对方的努力，在最大程度上激发所有人参与问题管理的积极性。

1987 年，华为由 6 位股东于深圳集资注册，注册资本仅 2.1 万元；主要业务为代理销售用户交换机（PBX）。

1988 年，华为正式运营，员工 14 人。主要业务为代理 HAX 模拟交换机、小型程控交换机、火灾警报器等。

1989 年，开始研制 24 口用户交换机 BH－01。

1990 年，自主研发面向酒店和小企业的 PBX 技术并投入使用。

1991 年，华为员工人数达到 20 人。研制开发 BH－03 交换机并销售；研制开发 500 门 HJD－04 用户交换机。

任正非文章或讲话：

《在清产核资动员会上的讲话》

1992 年，华为销售额突破 1 亿元，员工人数超过 200 人。启动了 C&C08 2000 门数字程控交换机的开发项目；开始研发并推出局交换机 JK1000。

任正非文章或讲话：

1.《赴美考察散记》

2.《胜利祝酒词》

3.《团结奋斗，再创华为佳绩——与市场培训人员座谈》

1993 年，华为销售额达 4.1 亿元，员工人数达到 400 人。研发 C&C08 万门交换机，研制 C&C08 2000 门数字程控交换机；成立莫贝克通讯实业公司。

任正非文章或讲话：

1.《关于人才的对话》

2.《1993 年年终总结》

1994 年，华为销售额达 8 亿元；员工人数达到 1 000 人。开发无线通信领域产品 ETS450；C&C08 交换机通过鉴定；C&C08 万门交换机通过鉴定并开通。

任正非文章或讲话：

1.《致新员工书》

2.《从二则空难事故看员工培训的重要性》

3.《脚踏实地才能有所成就》

4.《明年会更好》

5.《对中国农化网和交换机产业的一点看法》

6.《脱胎换骨，再攀高峰》

7.《集中力量打歼灭战》

8.《集中力量重点突破》

1995 年，华为注册资本为 7 005 万元，销售额 15 亿元，员工人数达到 1 200 人。C&C08 交换机通过生产定型鉴定。成立北京研究所、知识产权部、中央研究部。首次以第 26 名进入中国电子百强；入选广东最大 100 家工业企业。

任正非文章或讲话：

1.《目前形势与我们的任务》

2.《不前进就免职——在生产系统干部就职仪式上的讲话》

3.《胜负无定数，敢搏成七分——在市场部竞聘现场答辩会上的讲话》

4.《要建立一个均衡的平台——在公司秘书业务培训班上的讲话》

5.《解放思想，迎接 1996 年市场大战》

6.《在第四届国际电子通信展华为庆祝酒会上的发言》

7.《在集体奋斗中发挥个人才智》

8.《励精图治，再创辉煌——在财经采购系统干部就职仪式上的讲话》

9.《英雄好汉站出来——在市场总部高、中级干部就职仪式上的讲话》

10.《我们要向市场、开发、创造性工作倾斜——在工资改革汇报会上的讲话》

1996 年，华为销售额达 26 亿元，员工人数达到 2 400 人。莫贝克通讯实业公司委托经营期结束，更名为"华通通信股份有限公司"；与香港和记电信签订 3 600 万美元合同，为其提供固定网络解决方案。成立海外市场部，博士后工作站挂牌，成立终端事业部。向云南丽江地震灾区捐款 20 万元及两套通信设备；参加俄罗斯国际通信展；公司总部搬入科技园。

任正非文章或讲话：

1.《加强合作，走向世界——在深圳华为通信股份有限公司与云南电信器材厂通信电源合作签字仪式上的讲话》

2.《赴俄参展杂记》

3.《要树立服务意识、品牌意识、群体意识——在行政系统员工对话会上的讲话》

4.《秘书体系是信息桥——与中国人民大学孙建敏博士谈秘书体系建设等问题》

5.《培训：通向华为明天的重要阶梯——在人力资源部培训工作汇报会上的讲话》

6.《管理改革，任重道远——在管理工程事业部工作汇报会上的讲话》

7.《当干部是一种责任——在市场部全体正职集体辞职仪式上的讲话》

8.《反骄破满，在思想上艰苦奋斗》

9.《再论反骄破满，在思想上艰苦奋斗——在市场庆功及科研成果表彰大会上的讲话》

10.《做好基础工作，逐步实现全面质量管理——在品质系统工作会上的讲话》

11.《持续技术领先，扩大突破口——答中央电视台记者问》

12.《我们是要向前迈一小步，而不是一次大飞跃——在技术能手大比武之前的讲话》

13.《团结起来接受挑战，克服自我融入大我——在 1996 年 12 月 28 日公司各条战线优秀员工报告会上的讲话》

14.《坚持顾客导向，同步世界潮流——在北京市电信管理局和华为公司 C&C08 交换机设备签字仪式上的讲话》

15.《实行低重心管理，层层级级都要在做实上下功夫——在劳动工资汇报会上的讲话》

16.《苦练基本功，争做维护专家——在服用工程师培训动员大会上的讲话》

17.《不要叶公好龙——在管理改革工作动员大会上的讲话摘要》

1997 年，华为销售额达 41 亿元，员工人数达到 6 000 人。在天津大学推出国内第一个 201 卡号系统；C&C08 交换机在香港和记电信商用，并进入俄罗斯；科研投入达 4 亿元，占全年销售额的 10%；与俄罗斯贝托康恩股份有限公司、莫斯科电信股份公司签署合资建厂协议；与 Hay Group（合益集团）合作进行人力资源管理变革；分别与摩托罗拉、IBM、英特尔、SUN、高通、德州仪器和微软成立联合实验室。

任正非文章或讲话：

1.《悼念杨琳》

2. 《坚定不移地推行 ISO9000——对市场部培训干部的讲话》

3. 《加强用户服务中心建设，不断提高用户服务水平——在用户服务中心1997 年管理培训班上的讲话》

4. 《练就一流技术学习、一流管理，提供一流服务——在用户服务中心管理培训班毕业典礼上的讲话》

5. 《走过亚欧分界线》

6. 《不要忘记英雄——在来自市场前线汇报会上的讲话》

7. 《秘书如何定位——在秘书座谈会上的讲话》

8. 《资源是会枯竭的，唯有文化才能生生不息——在春节慰问团及用服中心工作汇报上的讲话》

9. 《建立一个适应企业生存发展的组织和机制——与 Hay 专家在任职资格考核会上的对话》

10. 《在流动中寻找自己的位置，在流动中锻炼提高自己——谈今年秘书体系工作》

11. 《当代青年怎样爱国——在 9 月 16 日与员工关于钓鱼岛事件座谈会上的讲话》

12. 《为提高电信网营运水平而努力——在广东省邮电管理局与华为公司共建广东省商业网框架协议及共建"新技术联合实验室"协议签字仪式上的致辞》

13. 《自强不息，荣辱与共，促进管理的进步——在机关干部下基层，走与生产实践相结合道路欢送会上的讲话》

14. 《谈干部队伍建设》

15. 《提升自我，找到切入点，迎接人生新挑战——与客户工程部座谈纪要》

16. 《谈学习》

17. 《呼唤英雄——在公司研究试验系统先进事迹汇报大会上的讲话》

1998 年，华为销售额达 89 亿元。SDH 光传输系列产品全面通过产品鉴定；GSM 系统在内蒙古邮电局成功开局；与 IBM 的合作项目"IT 策略与规划"启动；全套 GSN 系统通过信息产业部组织的鉴定。捐赠 2 500 万元，设立了"寒门学子基金"，资助家境贫寒的大学生完成学业；向河北地震灾区捐赠价值 50 万元的通信电源设备；向遭受洪水灾害的国内灾区捐赠 1 500 万元和价值 2 500 万元的无线设备。

任正非文章或讲话：

1.《小改进、大奖励——在公司品管圈（QCC）活动成果汇报暨颁奖会上的讲话》

2.《全心全意对产品负责，全心全意为客户服务——在欢送华为电气研发人员去生产用服锻炼酒会上的讲话》

3.《华为的红旗到底能打多久——向中国电信调研团的汇报以及在联通总部与处级以上干部座谈会上的发言》

4.《刨松二次创业的土壤——关于管理体制改革与干部队伍建设》

5.《我们向美国人民学习什么》

6.《狭路相逢勇者生》

7.《加强夏收管理，促进增产增收——在第三批机关干部赴前线欢送会上的讲话》

8.《不做昙花一现的英雄》

9.《在"委员会管理法"评审会上的重要讲话》

10.《要从必然王国走向自由王国》

11.《规划中运行，运行中优化——在"委员会整改工作汇报"会上的讲话》

12.《在自我批判中进步——在 GSM 鉴定会后答谢词》

13.《希望寄托在你们身上——在中研部"品格的成熟铸就产品的成熟"交流会上的讲话》

1999 年，华为销售额达 115 亿元，员工人数达到 12 000 人。成为中国移动 CAMEL Phase Ⅱ智能网的主要供应商。在印度班加罗尔设立研发中心；坂田生产中心落成投产。

任正非文章或讲话：

1. 《大浪潮头当自立——在 GSM 春节培训中的讲话》

2. 《在实践中培养和选拔干部》

3. 《中国人今天说不》

4. 《学习 IPD 内涵，保证变革成功——在 IPD 动员大会上的讲话》

5. 《创业创新必须以提升企业核心竞争力为中心》

6. 《全公司上下一条心把集成供应链项目做成功——在集成供应链（ISC）项目软启动阶段的讲话》

7. 《把生命注入产品中去——在欢送博士去做工人酒会上的讲话》

8. 《自我批判触及灵魂才能顺应潮流——对 1999 年管理要点分组讨论情况的评述》

9. 《能工巧匠是我们企业的宝贵财富》

10. 《任正非总裁答新员工问》

11. 《在实践中培养和选拔干部——在第二期品管圈活动汇报暨颁奖大会上的讲话》

12. 《自我批判和反幼稚是公司持之以恒的方针——在华为电气学习〈1999 年十大管理要点〉汇报会上的讲话》

2000 年，华为销售额达 220 亿元，员工人数达 16 000 人。与摩托罗拉签订产品合作协议，共同为中国及亚太地区提供 GSM 设备和端到端解决方案。与 SUN 建立联合实验室；在硅谷、达拉斯、斯德哥尔摩设立研发中心。

任正非文章或讲话：

1. 《凤凰展翅，再创辉煌——在"市场部集体大辞职四周年颁奖典礼"

上的讲话》

2.《华为的机会与挑战——与 Mercer（美智）公司顾问座谈摘要》

3.《一个职业管理者的责任和使命——在高级副总裁以上干部就〈华为人〉报一篇短文〈无为而治〉，以公司治理为题作文考试前的讲话》

4.《法务工作要标准化、社会化，压缩人员编制，提高业务能力——在法务人力资源管理汇报会上的讲话》

5.《创新是华为发展的不竭动力》

6.《为什么要自我批判——在中研部将呆死料作为奖金、奖品发给研发骨干大会上的讲话》

7.《活下去是企业的硬道理》

8.《与身处逆境的员工对话录》

9.《全公司各环节都要把代理商作为第一客户来对待——在代理商座谈会上的讲话》

10.《做实、做实、再做实——在 GSM 产能备战会议上的讲话》

11.《加强培训中心的建设——在培训中心工作汇报会上的讲话》

12.《把握机遇，脚踏实地迎接大发展——在与南研所干部、员工座谈会议上的讲话》

13.《再接再厉，努力夯实员工培养——在员工培训一营汇报会上的讲话》

2001 年，华为销售额达 255 亿元。与华虹 NEC、南通富士通联合研制国产 ASIC 芯片；与德国 STNB 电信公司正式签订合同，城域光网络进入德国市场；以 7.5 亿美元的价格将非核心子公司安圣电气（原华为电气）出售给艾默生。加入国际电信联盟；CDMA 打通第一个电话。

任正非文章或讲话：

1.《北国之春》

2.《雄赳赳，气昂昂，跨过太平洋——在欢送海外将士出征大会上的讲话》

3.《分层授权 大胆创新 快速响应客户需求——在研发组织运作优化汇报会上的讲话摘要》

4.《坚决把流程端到端打通——在听取 ISC 项目汇报时的讲话》

5.《我的父亲母亲》

6.《华为的冬天》

7.《贴近客户,奔赴一线,到公司最需要的地方去——欢送研发及管理干部走向市场前线的讲话纪要》

8.《精简机关,压缩编制,提高人均效益》

2002 年,华为销售额达 221 亿元,海外常驻员工达到 2 000 人。为摩托罗拉提供 G8M、GPR8、WCDMA 等领域的 OEM 产品。缴纳国税、地税共 20.6 亿元人民币,缴纳各项海关关税和增值税 7.55 亿元;研发投入 30 亿元人民币,当年发明专利申请达 1 003 件,居国内首位。与 NEC 共建 3G 移动互联网开放实验室;与微软成立联合实验室。

任正非文章或讲话:

1.《认清形势,坚定信心,以开放的心胸和高昂的斗志和公司一起渡过难关——在战略预备队伍建设思路汇报会 & 国内营销组织精简方案汇报会上的讲话》

2.《我们必须用内心之火、精神之光点燃部属必胜的信念——在营销干部务虚会议上的讲话》

3.《迎接挑战,苦练内功,迎接春天的到来》

4.《我们未来的生存靠的是质量好、服务好、价格低——在营销系统干部培训中的讲话》

5.《以绩效为中心,以结果为导向,努力提高人均效益——在人力资源大会精神传达会议上的讲话》

6.《认识驾驭客观规律,发挥核心团队作用,不断提高人均效益,共同努

力渡过困难——在华为研委会会议、市场三季度例会上的讲话》

7.《加强道德素质教育，提高人均效益，满怀信心迎接未来——任正非总裁与智能、主控、信令、资料部部分员工座谈讲话纪要》

8.《坚持以长远利益为导向的人力资源政策——在华为申请虚拟受限股权部分兑现员工座谈会上的讲话》

2003年，华为合同销售额达317亿元，员工人数达到22 000人。累计申请国内专利4 628件，申请PCT国际专利和国外专利641件，获得专利授权1 127件。全球交换机新增市场份额32%，排名第一；注册了华为终端有限公司，注册资本7.6亿元。STM–64 MADM光传输系统获2002年国家科技进步二等奖；在中国电子信息产业发展研究院、中国信息化推进联盟主办的"2003年中国IT服务年会"上，华为荣获"国内网络产品最佳用户服务满意度奖"、"中国IT认证培训服务用户满意奖"；被《21世纪经济报道》评为IT行业最佳雇主。

任正非文章或讲话：

1.《产品发展的路标是客户需求导向，企业管理的目标是流程化的组织建设——在PIRB产品路标规划评审会议上的讲话》

2.《在理性与平实中存活——在华为公司内部干部管理培训班上的讲话》

2004年，华为合同销售额达462亿元，员工人数为22 000人。赢得中国电信国家骨干网优化合同；获得荷兰运营商Telfort价值超过2 500万美元的合同。被《财富》杂志评为"全球100强最大私营公司"；Lightreading发布报告，华为在世界十大初创公司中排名第二；缴纳国税、地税、各项海关关税和增值税35亿元人民币；获得Frost & Sullivan"2004年亚太最有前途的设备提供商"和"2004年亚太最佳宽带设备提供商"两项大奖。为东南亚海啸受灾国捐赠2 000多万元和价值2 000万元的通信设备。

任正非文章或讲话：

1.《要从必然走向自由——为阿联酋3G工程总结一书写序》

2.《关于 2003 年经营及预算目标完成情况向董事会的述职》

3.《继续提高人均效益 建设高绩效企业文化——在干部工作会议上的讲话》

4.《在 2004 年三季度国内营销工作会议上的讲话》

5.《尼日利亚是干部成长锻炼的上甘岭——与尼日利亚员工座谈会上的讲话》

2005 年，华为销售收入达 482.72 亿人民币，员工人数超过 30 000 人。与英国最大电信运营商沃达丰正式签署了全球采购框架协议。荣获 Frost & Sullivan 颁布的"亚洲最佳的无线设备供应商"、"最佳 NGN 设备供应商"和"最佳光网络设备供应商"三个奖项；获 2005 年全球十大最成功的私营电信企业第一名；获英国最佳中国投资者年度大奖；《互联网周刊》"中国电信供应商100 佳"第一名。获得了中国生产和销售手机的许可。缴纳国税、地税、各项海关关税和增值税 40 亿元；为广东洪灾区捐款 380 多万元。成立关联企业"慧通公司"。

任正非文章或讲话：

1.《致新员工书（新版)》

2.《要从源头上减少信息垃圾》

3.《关于华为大学与战略后备队的讲话》

4.《华为公司的核心价值观——在广东省委中心组的发言》

5.《将岗位问责制落实到实处》

6.《认清形势，加强组织建设和后备干部培养，迎接公司新发展》

7.《把财经管理体系建成跟随公司业务快速变化的铜墙铁壁——在欧洲地区部财经管理干部培训班上的讲话》

8.《鼓励创新更须保护知识产权》

2006 年，华为销售收入达 110 亿美元（664 亿人民币），员工人数为 61 909

人。与北电网络宣布成立合资公司，共同开发"超宽带"项目；与沃达丰签订3G手机战略合作协议；与摩托罗拉合作在上海成立联合研发中心，开发UMTS技术。已累计申请专利19 187件，共获得专利授权2 742件。

任正非文章或讲话：

1.《冰岛游记》

2.《上甘岭是不会自然产生将军的，但将军都曾经是英雄——在苏丹、刚果、贝宁代表处员工座谈会上的讲话》

3.《2006年新春献词》

4.《打造一支品德过硬，敢于承担责任，敢于和善于坚持原则的职业化财经队伍——关于财经干部管理的讲话》

5.《天道酬勤》

6.《与港湾高层杭州谈话会议记录》

7.《华为大学要成为将军的摇篮——在华为大学和党委领导座谈会上的讲话》

8.《改变对干部的考核机制，以适应行业转型的困难发展时期》

9.《全流程降低成本和费用，提高盈利能力——在EMT办公例会上的讲话》

2007年，华为合同销售额达938亿人民币，员工人数达到83 609人。世界海拔最高的珠峰6 500米基站测试开通；获最具全球竞争力中国公司和欧洲之星；成为欧洲所有顶级运营商的合作伙伴；以太网交换机获国家质监局"中国名牌产品"；获2006年深圳科技创新奖（原科技进步奖）；获2006年广东省质量管理先进企业。

任正非文章或讲话：

1.《财经的变革是华为公司的变革，不是财务系统的变革——在财经变革项目规划汇报会上的讲话》

2.《要快乐地度过充满困难的一生——给陈珠芳及党委成员的一封信》

3.《以"选拔制"建设干部队伍，按流程梳理和精简组织，推进组织公开性和均衡性建设》

4.《将军如果不知道自己错在哪里，就永远不会成为将军——在独联体片区的讲话》

2008 年，华为全球销售额达到 233 亿美元，国际市场销售额占比超过 75% 。与北欧第一大综合营运商 TeliaSonera 签署了全球第一个 LTE/SAE 商业网络系统，这是全球第一个 4G 网络合同；首次在北美大规模商用 UMTS/HSPA 网络，为加拿大运营商 Telus 和 Bell 建设下一代无线网络。向汶川地震灾区捐款 2 630 万元；累计申请专利 35 773 件；正式加入国际行业环保组织 GESI；被《商业周刊》评为全球十大最有影响力的公司。

任正非文章或讲话：

1.《在 PSST 体系干部大会上的讲话》

2.《人生是美好的，但过程确实是痛苦的——在与优秀党员座谈会议上的发言》

3.《从汶川特大地震一片瓦砾中，一座百年前建的教堂不倒所想到的——在中央平台研发部表彰大会上的讲话纪要》

4.《只有自我批判才会成为强者——在核心网产品表彰大会上的讲话》

5.《珍惜生命要从自己关爱自己做起——与孟加拉、坦桑尼亚、刚果（金）、肯尼亚、巴基斯坦、阿富汗、利比亚、安哥拉员工座谈纪要》

6.《不要试图做完人——在优秀党员座谈会上的发言》

2009 年，华为全球销售额达 1 491 亿元，员工人数超过 95 000 人，员工持股计划参与人数 61 457 人。成功交付全球首个 LTE/EPC 商用网络；在挪威奥斯陆布置全球首个 LTE 商用网络。获得 IEEE 标准组织 2009 年度杰出公司贡献奖；无线接入市场份额跻身全球第二；获《全球通信商业》双项创新大奖。向国家缴纳各项税收共计 160 亿元；在日本东京和北美建立 LTE 实验室。

任正非文章或讲话：

1. 《加快 CFO 队伍建设支撑 IFS 推行落地》

2. 《开放、妥协与灰度——在 2009 年全球市场工作会议上的讲话》

3. 《深淘滩 低作堰——在 2009 年运作与交付体系奋斗表彰大会上的讲话》

4. 《让一线直接呼唤炮火——在销服体系奋斗颁奖大会上的讲话》

5. 《具有"长期持续艰苦奋斗的牺牲精神，永恒不变的艰苦朴素的工作作风"是成为一个将军最基本的条件》

6. 《CFO 要走向流程化和职业化，支撑公司及时、准确、优质、低成本交付——与后备干部总队 CFO 班座谈纪要》

2010 年，华为全球销售额达 1 580 亿人民币，员工人数达 111 855 人，各项福利保障支出 19.7 亿元。入选美国《财富》2010 年世界 500 强，列 397 位；美国知名商业媒体《快公司》评出 2010 年最具创新力公司，华为位列第五；GSM 用户突破 10 亿；累计申请中国专利 31 869 件，PCT 国际专利申请 8 892 件，海外专利 8 279 件，已获授权专利 17 765 件，其中海外授权专利 3 060 件。

任正非文章或讲话：

1. 《2010 年新年致辞：春风入暖送屠苏》

2. 《在 2010 年 PSST 体系干部大会上的讲话》

3. 《改善和媒体的关系》

4. 《在人力资源管理纲要第一次研讨会上的发言提纲》

5. 《在 2010 年全球行政人员年度表彰暨经验交流大会的讲话》

6. 《拉通项目四算，支撑项目层面经营管理——在 IFS 项目汇报会上的讲话》

7.《华为不再做"黑寡妇"》

8.《以客户为中心，加大平台投入，开放合作，实现共赢——在PSST体系干部大会上的讲话》

2011年，华为营业收入达2 039亿人民币，员工总数达138 000人。正式成立IT产品线，该产品线将为客户提供定制化的云计算解决方案。在2011年《财富》世界500强排行榜上，华为排352位；累计申请中国专利36 344件，PCT国际专利10 650件，外国专利10 978件，华为的研发费用支出达37.6亿美元；2011年中国民营经济500强出炉，华为荣登榜首。加入全球130个行业标准组织，共向这些标准组织提交提案累计超过28 000件；在德国、瑞典、英国、法国、意大利、俄罗斯、印度等地设立了23个研究所；公司发出"关于成立2012实验室的通知"；华为独家冠名赞助2011年意大利超级杯北京赛；与TELUS及卡尔顿大学联合在加拿大建立云计算实验室。

任正非文章或讲话：

1.《从"哲学"到实践》

2.《在华为能源业务进展汇报会议上的讲话》

3.《如何与奋斗者分享利益》

4.《一江春水向东流》

5.《在华为大学干部高级管理研讨班上的讲话》

6.《做事要霸气，做人要谦卑，要按消费品的规律，敢于追求最大的增长和胜利》

7.《以"选拔制"建设干部队伍，按流程梳理和精简组织，推进组织公开性和均衡性建设——在干部高级管理研讨班上的讲话》

2012年，华为员工达14.6万名。华为公司正式将华为终端总部项目落户松山湖高新区（该项目协议投资总额约100亿元，用地1 900亩）；华为商城正式对外营业。华为入选《财富》世界500强榜单，名列351位，比上年上升

1 位，连续三年进入世界 500 强榜单；2012 年 LTE 全球峰会上，华为荣获
"LTE 最佳商用表现" 和 "LTE 最佳核心网" 两项大奖；华为于上海举办的
"2012 中国增长、创新与领导力峰会" 上，荣获 Frost & Sullivan 授予的全球电
信云市场领域唯一奖项——2012 年全球最佳实践奖："年度全球电信云市场杰
出成就奖"；品牌中国产业联盟发布 "2012 品牌中国 1 000 强" 榜单，此次是
品牌中国产业联盟第二次向社会公众发布该榜单，腾讯、华为、阿里巴巴名列
前茅。新一届董事会、监事会在市场大会上进行自律宣言；华为与中软国际有
限公司签署协议成立一家以聚焦软件外包业务的合资公司。

任正非文章或讲话：

1. 《董事会领导下的 CEO 轮值制度辨》

2. 《力出一孔，利出一孔》

3. 《不要盲目扩张，不要自以为已经强大——在市场工作大会上的讲话》

4. 《在 2012 实验室的讲话》

5. 《安全是竞争力，更是价值观》

2013 年，华为销售收入达 2 390 亿元人民币，同比增长 8.5%；员工逾 15
万人，研发占比 45% 。美国《时代周刊》公布了全球 100 位最具影响力人物，
华为公司创始人和首席执行官任正非入选巨擘类最具影响力人物；2013 年
《财富》世界 500 强排行榜发布，华为以 349 亿美元的年营业收入排名第
315 位。

任正非文章或讲话：

1. 《要敢于超越美国公司》

2. 《用乌龟精神，追上龙飞船》

3. 《接受法国媒体采访实录》

4. 《在持股员工代表大会的发言摘要》

5. 《在片联开工会上的讲话》

6.《9月5日无线业务汇报会议上的讲话》

2014 年，华为销售收入达 2 882 亿人民币，海外销售占比 63%；消费者业务终端产品总出货量达 1.38 亿部，同比增长 7.8%；华为消费者业务销售收入 122 亿美元，同比增长 30%。全球移动宽带基础网络建设起步；3G 投资持续稳步上升，4G 投资快速发展；目前已为世界 500 强中的 106 家企业提供解决方案；智能手机 2014 年的表现使得华为品牌知名度由原来的 52% 上升至 65%。启动多项财务改革，包括实施"预算管理全景图"确定、启动全球税务风险管理项目、启动数据质量管理工作等。

任正非文章或讲话：

1.《在大机会时代，千万不要机会主义——在消费者 BG 管理团队午餐会上的讲话》

2.《喜马拉雅的水为什么不能流入亚马孙河?》

3.《与英国媒体会谈纪要》

4.《2014 年 6 月接受中国媒体采访实录》

5.《做谦虚的领导者》

6.《面对金融危机，华为该怎么办》

7.《华为为什么要学习"蓝血十杰"》

8.《在 2014 年华为人力资源工作汇报会上的讲话》

9.《聚集商业成功，英雄不问出处——在西研所业务汇报会的讲话》

10.《风物长宜放眼量——在成研所业务汇报会上的讲话》

11.《在后备干部项目管理与经营短训项目座谈会上的讲话》

12.《洞庭湖装不下太平洋的水——在 IT 产品存储产品线业务汇报会上的讲话》

13.《红过十分就成灰，华为正处于盛极必衰的阶段》

14.《在后备干部项目管理与经营短训项目座谈会上的讲话》

15.《未来的战争是"班长战争"——在2014年年中子公司董事会赋能研讨会上的讲话》

16.《在华为2014年第四季度区域总裁会议上的讲话》

17.《华为会怎么失败，华为会怎么垮掉》

18.《与CEC（道德遵从委员会）就非物质激励工作优化的座谈纪要》

19.《聆听任正非的心声：任正非接受法国媒体采访解读》

2015年，华为销售收入达3 900亿人民币，与Telefonica签署5G战略合作MOU，携手定义未来网络；华为启动2015企业业务ICT巡展，覆盖350个城市；华为开发者大会发布"沃土"：10亿美元扶持开发者合作伙伴；华为2015年云计算大会聚焦云生态建设；与ITU联合主办的"百老汇"论坛，论坛的主题是"加速ICT转型，丰富数字生活"。

任正非文章或讲话：

1.《任正非在2015年市场工作会议上的讲话》

2.《福布斯独家专访任正非：华为人和硅谷人都是"奋斗者"》

3.《华为还担不起世界领袖　任重而道远》

［1］黄卫伟主编．以奋斗者为本．北京：中信出版社．2014

［2］杨少龙．华为靠什么．北京：中信出版社．2014

［3］田涛，吴春波．下一个倒下的会不会是华为．北京：中信出版社．2012

［4］王永德．狼性管理在华为．武汉：武汉大学出版社．2007

［5］冠良．任正非谈管理．深圳：海天出版社．2009

［6］程东升，刘丽丽．华为真相．北京：当代中国出版社．2004

［7］汤圣平．走出华为．北京：中国社会科学出版社．2004

［8］李信忠．华为的思维．北京：东方出版社．2007

［9］程东升，朱月容．任正非如是说．杭州：浙江大学出版社．2008

［10］周俊宏编．华为教典．武汉：华中科技大学出版社．2012

［11］张利华．华为研发．北京：机械工业出版社．2009

［12］程东升，程海燕．任正非管理日志．北京：中信出版社．2008

［13］文丽颜等编著．华为人力资源．深圳：海天出版社．2006

［14］冠良．任正非管理思想大全集．深圳：海天出版社．2011

［15］华为人．1997—2015，第 44、66、70、71、72、75、81、82、84、95、107、113、114、118、141、162～312 期

图书在版编目（CIP）数据

华为你学不会／孙科柳，易生俊，陈林空著.—北京：中国人民大学出版社，2015.12
ISBN 978-7-300-22290-5

Ⅰ.①华…　Ⅱ.①孙…　②易…　③陈　Ⅲ.①通信-邮电企业-企业管理-经验-深圳市
Ⅳ.①F632.765.3

中国版本图书馆 CIP 数据核字（2015）第 315332 号

华为管理内训丛书

华为你学不会

孙科柳　易生俊　陈林空　著

Huawei Ni Xuebuhui

出版发行　中国人民大学出版社
社　　址　北京中关村大街 31 号　　　　　　　邮政编码　100080
电　　话　010－62511242（总编室）　　　　010－62511770（质管部）
　　　　　010－82501766（邮购部）　　　　010－62514148（门市部）
　　　　　010－62515195（发行公司）　　　　010－62515275（盗版举报）
网　　址　http://www.crup.com.cn
　　　　　http://www.1kao.com.cn（中国1考网）
经　　销　新华书店
印　　刷　涿洲市星河印刷有限公司
规　　格　170 mm×230 mm　16 开本　　　版　　次　2016 年 1 月第 1 版
印　　张　21.75　插页 2　　　　　　　　　印　　次　2017 年 2 月第 3 次印刷
字　　数　278 000　　　　　　　　　　　　定　　价　59.80 元
